中国特色小镇建设的

理论与实践研究

张登国◎著

人民出版社

目　录

序　言

2016 年 7 月，住房城乡建设部、财政部、国家发展改革委联合发布了《关于开展特色小镇培育工作的通知》，提出到 2020 年培育出 1000 个左右各具特点、充满活力的特色小镇。①2016 年 10 月，特色小（城）镇建设经验交流会在浙江杭州召开，住房城乡建设部公布了全国第一批 127 个中国特色小镇名单；2017 年 7 月，住房城乡建设部公布了全国第二批 276 个中国特色小镇名单；2017 年 12 月，国家发展改革委、国土资源部、环境保护部、住房城乡建设部四部委联合印发了《关于规范推进特色小镇和特色小城镇建设的若干意见》，要求各地区注重引入各类企业作为特色小镇的主要投资运营商，尽可能避免政府举债建设、加重债务包袱；②2018 年 3 月，国家发展改革委印发了《国家发展改革委关于实施 2018 年推进新型城镇化建设重点任务的通知》，对已公布的403 个中国特色小镇、96 个全国运动休闲特色小镇开展定期测评和优胜劣汰。③特色小镇就像一团星星之火，产生燎原之势。

特色小镇是解决传统城镇化问题的切入点。特色小镇的出现是我国城镇化

---

① 黄静晗、路宁：《国内特色小镇研究综述：进展与展望》，《当代经济管理》2018 年第 8 期。

② 《国家发展改革委　国土资源部　环境保护部　住房城乡建设部关于规范推进特色小镇和特色小城镇建设的若干意见》，见 http://www.ndrc.gov.cn/fzgggz/fzgh/zcfg/201712/t20171205_884867.html。

③ 《国家发展改革委关于实施 2018 年推进新型城镇化建设重点任务的通知》，2018 年 3 月 13 日，见 http://www.ndrc.gov.cn/gzdt/201803/t20180313_879342.html。

发展到今天的必然结果，是对城乡均衡发展的新探索，是对我国过去以大中城市为中心进行集中城镇化的实践反思。打造具有"中国文化底蕴"的特色小镇，创建区域社会充分就业机制、富民福民自我生长机制、高端产业集聚机制、特色传统产业集聚机制和特色文化传承机制，使特色小镇成为化解千城一面、产业雷同、粗放增长、环境污染、城市拥堵、人口膨胀等社会问题的突破口之一，成为新时期推进新旧动能转换、产业转型升级的重要载体之一。①

特色小镇是深入推进新型城镇化的重要路径。党的十九大报告确立了"以城市群为主体构建大中小城市和小城镇协调发展的城镇格局"②的新时代新型城镇化发展思路。特色小镇是小城镇的重要组成部分，是推进新型城镇化的重要模式。特色小镇通过在特定的空间场域集中人才、集聚产业、集约资源、集成功能，全面助推新型城镇化的发展。

特色小镇是推进供给侧结构性改革的空间载体。特色小镇是一种代表性场域，在空间上能融合产业功能、文化功能、旅游功能、生态功能和社区功能，构筑集产业链、资金链、人才链、创新链和服务链于一体的多维创新空间，能集聚各类高端要素，产生各种创新因子，孵化各种新型业态，提供新的产品供给，将是新常态下提供有效供给、提高供给质量、提升供给效率、完善供给制度的全新空间。

本书通过对产业集群理论、增长极理论、田园城市理论、城市更新理论等的梳理，为特色小镇的发展提供理论支撑和学理解读；通过对特色小镇的发展历程与政策嵌入进行初步探讨，展示地方实践自发性与国家政策嵌入性的内在关系机理，尤其是明确五大发展理念与特色小镇建设的内在逻辑统一性；另外，通过对特色小镇与新型城镇化、特色小镇与乡村振兴战略、特色小镇与产城融合关系的解读，分析了特色小镇建设的时代价值和未来发展潜力。

本书还对我国特色小镇建设存在的主要问题进行了探讨分析。比如，当前

---

① 张登国：《我国县域城镇化发展路径研究》，人民出版社 2018 年版，第 181 页。

② 习近平：《决胜全面建成小康社会　夺取新时代中国特色社会主义伟大胜利——在中国共产党第十九次全国代表大会上的报告》，人民出版社 2017 年版，第 33 页。

特色小镇建设中还存在缺乏资金支撑、土地和自然环境制约、政府多头领导角色不清、特色小镇缺乏特色、同质化现象严重、缺乏文化内涵支撑等问题。这些问题导致很多特色小镇陷入发展困境，容易产生特色小镇恶性竞争、发展乏力、缺乏可持续性等问题。

本书最后对我国特色小镇建设的模式选择和发展路径进行了初步探讨。首先，针对特色小镇的地理区位、人文传统和产业特色等，可以选择产业发展型模式、生态保护型模式、文化传承型模式、休闲旅游型模式等，并针对每种模式提出了发展定位、发展思路、发展目标和发展路径等。其次，从特色培育、科学规划、驱动力量、城市更新、地标特色等角度提出特色小镇的整体发展路径。最后，针对特色小镇建设中出现的一些共性问题提出解决思路，以促进特色小镇健康有序发展。

本书还有诸多不足之处，望大方之家能给予批评指正。

张登国

于中共山东省委党校（山东行政学院）

2019 年 9 月 18 日

第一章　特色小镇建设的理论概述

　　星罗棋布的特色小镇在我国大地上蓬勃发展，激发了全社会创新创业的新活力，描绘了城乡融合发展的新篇章。整体上讲，我国特色小镇的发展主要经历了三个时期，即浙江省率先提出特色小镇建设的探索期，习近平总书记对特色小镇发展作出重要批示的成熟期，国家和地方政策密集出台并付诸实施的推广期。特色小镇建设作为国家战略发展的关键环节，已经成为推动城镇发展、引领城乡经济一体化发展的重要途径。理论是实践的基础，要想建设好特色小镇，必须了解其基础理论知识，本章整理分析了产业集群理论、增长极理论、中心地理论、田园城市理论和"核心—边缘"理论的有关内容。此外，也对特色小镇的基本概念、特征和构成要素等做了详细说明。

第一节　特色小镇建设的基础理论

一、产业集群理论

（一）产业集群的内涵

　　"产业集群"一词最早是由著名的管理学家、哈佛大学教授迈克尔·波特

(1990) 提出，他认为产业集群是企业在空间上的集合，企业在特定空间内相互竞争，共享上下游渠道，达成协同发展的目的。① 产业集群是指在某个特定的区域范围内，基于生产、供应、物流等相互关系而建设的各种生产企业、零件供应商、专门化的制度和行业协会的总和。西方产业集群理论最早可以溯源到古典区位理论以及马歇尔、韦伯等人的产业区位论，马歇尔认为产业集聚是由市场规模扩大、劳动力规模效应的产生以及新的思想观念发生变化等外部性因素引起的。②

从产业集聚与产业集群的对比分析来看，两者差别不大，产业集聚与产业集群都强调产业的区域集聚发展，从而形成经济的规模效应。但是，产业集聚主要侧重于生产要素、经济活动等动态过程在空间集聚过程中所形成的规模效应；而产业集群更加侧重于产业的空间布局、内部结构以及合作运行机制等静态过程所形成的规模效应。产业集聚是产业集群的中间过程，产业集群是产业集聚的最终目标。③

（二）产业集群的特征

组织形式的多样性。第一，从产业集群的组织形式来看，产业集群既可以是政府政策主导推动下的行政行为，由政府在明确产业定位的前提下，通过招商引资或者其他优惠政策吸引相关企业入驻；也可以是企业在经济效应推动下的自主行为，企业自主的产业集群行为既能够涉及上游的零部件、主要设备的研发和供应产业，又能够辐射到下游的消费链。第二，从产业集群的组织性质来看，产业集群既区别于企业的科层制管理，又区别于市场的自由机制，是一种介于两者之间的全新的集体协作形式。④

---

① 参见张熠：《特色小镇产业集群的文献综述》，《现代商贸工业》2017 年第 26 期。
② 参见喻卫斌、崔海潮：《产业集群形成与演化机理研究》，《西北大学学报（哲学社会科学版）》2005 年第 3 期。
③ 金周祺、宋子齐：《特色小镇与产业转型升级的互动机制》，《中国商论》2018 年第 30 期。
④ 孙华平：《产业集群的形成与动态演化：一个文献综述》，《渤海大学学报（哲学社会科学版）》2009 年第 4 期。

产业集群的渐进性。第一，从产业集群的企业规模来看，中小型企业为产业集群的主力军，随着产业集聚效应的增强，中小企业与大型企业有了更加密切的经济往来，大型企业和跨国公司开始进入产业聚集地建厂、设立科研机构等；第二，从产业集群的组织体系发展过程来看，主要生产加工部门、配件制造企业、辅助性产业部门以及其他支撑机构的进驻具有明显的阶段性，当生产企业无法满足自身所需大型配件时，配件制造企业便应运而生，随之其他技术辅助和政府支撑机构也逐渐产生，最终形成部门齐全、生产结构完善的产业发展体系。

分工协作的科学性。专业化的分工与协作是产业集群产生和建立的基础，贯穿于产业集群与发展的始终，分工是产品精细化生产的关键，协作是企业合作共处的基础。分工协作的科学性主要是指专业化、集群化的生产方式。专业化要求充分考虑企业自身的产业特点和工艺水平，发挥各个企业的生产技艺在产品生产链上的专业化作用；集群化要求企业在空间分布上的集聚和生产过程中的相互协作。竞争与合作并存、分工协作的科学性能够极大地增强集群企业的整体竞争力。

科学技术的创新性。产业集群与科技创新相辅相成，产业集群推动科技创新的发展，科技创新推动产业的转型升级。创新是产业集群的强大驱动力，产业集群不仅仅要求企业在生产、加工和流通中相互协作，更强调企业在工艺进步、理念发展以及科技进步等内核动力方面的优化创新。集群区域科技创新的实质是"集体学习"的过程，它能够最大程度地调动各类企业的人才、资金和科技研发中心等资源，为优化创新环境、提高集群区域的生产效率与研发能力提供源源不断的动力。

文化环境的根植性。产业集群中的企业不只在空间分布上具有接近性，其在地区政治、经济和文化中也具有一定的关联性，任何产业集群的产生都根植于一定的本土文化与制度环境。[1] 文化环境的根植性是产业集群独特性、多样

---

① 卫玲、邱德钧：《现代产业集群理论的新进展及其述评》，《兰州大学学报（社会科学版）》2007 年第 2 期。

性发展的基础，不同的文化和制度环境对产业集聚的形成和影响具有分异性，基于相同或相近的文化和经济环境，产业集群更容易产生亲密的信任关系和共同的价值认同，进而能够减少信息交流和产品交易成本，提升集群区域的经济运行效率，推动经济的可持续发展。

（三）产业集群理论与特色小镇建设

将产业集群理论运用到特色小镇的建设过程，既能够为小镇发展提供基本的理论基础，又能够为特色小镇发展策略选择提供参考；既能够促进小镇特色产业形成市场竞争优势，为特色小镇经济发展提供支撑，又能够构建出专业化、协作化的生产要素优化集聚地，使企业在集群区域能够共享公共设施、市场环境和外部经济，降低信息交流和物流成本，形成特色产业区域集聚效应、规模效应、外部效应和区域竞争力。

产业集群理论为特色小镇的发展提供了基本的经济学依据。产业集群理论的不断发展，对于合理解释规模经济、竞争和垄断等经济发展方式提供了研究视角，进一步明确了加强企业之间关联性的重要作用。发展特色小镇，产业集群是必须要走的路。各企业通过建立区位接近、信息交流加强、基础公共资源共享共建的密切的伙伴关系，能够促进创造性思维的传递，加快实现区域产业结构调整升级，推动经济发展。

产业集群为特色小镇竞争力的提升提供了新的路径。随着各类资源的过度开发使用，资源枯竭和质量下降已成为不可逆转的趋势，而传统的以资源禀赋为研究基础而进行的区位优势对比也逐渐缺乏竞争力。产业集群理论从配套设施、资源共享以及产业生产链等区位优势着眼，对集群发展所产生的绝对竞争力进行综合分析，为特色小镇提升竞争力提供了新的思路和实践路径。因此，特色小镇在产业集群的发展过程中，既要注重对特色资源的合理开发和创新性发展，又要采取措施加强企业间的交流，引导企业从独立式向集群式发展，以产业集群为载体，不断提高特色小镇经济的竞争力。

产业集群为特色小镇产业发展政策的制定提供了新的思路。随着市场经济和产业集群理论的发展，产业集群发展所带来的红利逐渐被人们认同，传统的主要以大型企业或跨国公司为招商引资目标的做法逐渐被以中小型企业为发展主体的产业集群发展模式所取代，并成为经济发展的基本策略。产业集群作为市场经济条件下的重要产物，其经济发展方式和政策制定活动必然要受到政府的制约。① 近年来，政府也逐渐将经济发展的目光转向经济的集群化、集约化发展，并给予一定的税收减免、政策支持等优惠政策，助力产业集群的快速发展。因此，特色小镇要明确产业集群式发展的基本定位和专业化的分工协作机制，积极研究借鉴产业集群的形成机理，提高产业集中度和产业链体系，逐渐形成以特色战略产业为主导的产业集群发展模式。

产业集群为特色小镇的协同发展提供了新的合作机制。产业集群所建立的企业交流机制并不只是传统方式上的贸易往来，还包括金融互利、产业互助、信息共享和资源共建等方面，是一个涉及政治、经济、文化等多个层面的协同发展机制，这为经济的融合发展提供了基本保障；而产业集群也不仅仅是指单方面的空间区位接近，还包括生产要素、市场机制的一体化过程，这为特色小镇的协同发展提供了新的合作机制。因此，特色小镇在产业集聚发展中既要注重配套基础设施的建设，也要不断强化组织机构之间的相互协作，还要推动形成优化合理的合作机制；既要注重小镇内部的相互合作又要统筹小镇之间的协同发展。

二、增长极理论

(一) 增长极的内涵

增长极理论最早是由法国经济学家佩鲁在其 1950 年出版的《经济空间：理论的应用》与 1955 年出版的《略论增长极的概念》两本书中提出来的。佩鲁指出："增长并非同时出现在所有地区，而是以不同的强度出现在增长点或

---

① 卫玲、邱德钧：《现代产业集群理论的新进展及其述评》，《兰州大学学报（社会科学版）》2007 年第 2 期。

增长极，然后通过不同的渠道扩散，对整个经济具有不同的终极影响。"①从经济空间出发，通过研究相同经济发展区位的不同企业的发展状态，佩鲁认为：在经济空间内存在着类似于物理磁场中的"磁力"，这种"磁力"就是带动周边经济增长的动力，称之为经济的增长极。这种"磁力"包括相互吸引的"向心力"和相互排斥的"离心力"，佩鲁把增长极的向心力称作极化效应，包括资本的涌入、劳动力的流入以及科学技术的创新；把离心力称作扩散效应，包括资本的流失、劳动力的转移以及科学技术的扩散等。②

后来，法国经济学家布代维尔 (J. R. Boudeville) 将增长极理论引入到区域经济理论中，之后瑞典经济学家缪尔达尔 (Karl Gunnar Myrdal)、美国经济学家赫尔希曼 (A. O. Hirschman) 又通过扩散效应和回流效应发展了极化理论，美国经济学家弗里德曼 (J. R. P. Friedman) 通过论文《极化发展的一般理论》使用的空间经济学与社会发展相结合的大视野，发展了拉美学派普雷维什 (R. Prebisch) 等人的中心—外围理论。③

增长极理论主要包括两方面内容：佩鲁基于经济要素的"产业增长极"理论和布代维尔基于地理要素的"空间增长极"理论。前者是从经济要素在各阶段的相互关联性入手，而后者是从经济发展与空间区位的地理关系入手。前者认为，在一个经济空间内，存在着以主导产业为主建立并优先发展的经济水平高、创新能力强的一家大型企业或者企业联合体，这些大型企业或企业联合体借助资源和政策优势不断发展成为区域经济增长的中心点。这些企业被称为推进型企业，中心点便被称为"增长极"，这些推进型企业借助"增长极"的集聚效应和扩散效应不断带动周边其他企业的共同发展，进而形成经济区域和经济网络。后者在空间经济中加入了区域地理的因素，认为经济空间内增长极的形成和区域经济的共同发展主要受地理区位因素和产业集聚效应的影响，进而强调，增长极是在城市配置不断扩大的基础上成长起来的工业综合体，是包含

①　[法] 弗朗索瓦·佩鲁：《略论增长极的概念》，《经济学译丛》1988 年第 9 期。
②　参见颜鹏飞、孙波：《经济增长极的定位和区域经济发展》，《管理现代化》2003 年第 3 期。
③　陈青洲：《科技园区管理研究》，复旦大学博士学位论文，2007 年。

一系列基础设施在内的能够带动周围经济增长的城市经济增长中心，而不能仅仅指某个大型企业或者某类企业联合体。[①]

（二）增长极的形成条件

佩鲁认为，增长极的形成需要人力、物力和财力资源的支持，不仅包括创新能力和创新意识较强的企业、企业家及其群体，还包括具有规模经济效益的产业，良好的投资环境和生产环境等。

具有创新能力和创新意识的企业、企业家及其群体是增长极形成的关键要素。企业家一般对企业具有绝对的支配权，企业家的战略眼光与战略选择是企业发展的关键。在市场经济条件下，具有敏锐的发展眼光和冒险精神的企业家是企业成长为"推进型企业"的重要推动力量。企业和企业家要以创新为驱动力，正确把握投资机会和产业发展方向，开辟新领域，形成新的竞争优势；注重人力资本的开发利用，充分挖掘和发挥企业员工的潜力，推动人、财、物的合理配置。[②]

具有规模经济效益的产业是增长极形成的基础。产业的规模经济效益主要包括两方面内容：一是从技术力量的存量上来看，企业不仅需要具有强大的科研和创新能力，还需要具有一定规模的人才、资本和技术储备，通过人才、资本与技术的持续运转，扩大经济规模，提高经济效益；二是从经济的规模效益上来看，产业的规模经济效益主要是指产业集聚所带来的吸引效应和扩散效应。

适宜的投资环境和生产环境是增长极持续稳定的保障。从内部环境来看，具有强烈认同感的企业文化、"以人为本"的企业管理制度以及适当的惩罚与激励是保持增长极中"推进型企业"稳定发展的前提，从而能够充分发挥增长极对经济的带动作用；从外部环境来看，便利的交通、发达的信息传递网络等基础设施，高效的政府行政效率、高质量的金融服务水平等良好的市场运行环

---

① 周睿超：《中小城市在增长极战略中的作用及其发展》，《东北师大学报（哲学社会科学版）》2010年第2期。

② 秦国文、李斌：《经济增长极实现条件分析》，《求索》2007年第5期。

境和投资环境，以及完善的投融资机制、优惠的政策制度等适当的政策支撑是企业人、财、物等生产要素集聚与合理配置的必要条件，有利于促进经济增长和增长极的稳定运行。

（三）增长极的主要作用

增长极对经济发展的作用主要体现在两个方面，即极化效应和扩散效应。极化效应是指：在极点上，随着创新企业、主导部门的建设和发展，会对周围地区产生一定的向心力和吸引力，这就代表着极点会吸引周围地区的原材料、农副产品以及劳动力等资源。[1] 随着极点的进一步发展，影响范围逐渐扩大，可能也会对区外产生一定的吸引力，包括建设项目、技术、人才、资金、产品等，通过这两种吸引的综合作用，内外部投入大大增加，极点的经济实力、人口规模迅速扩大，更好地促进了极点的发展。这个过程就是极点的极化效应过程。扩散效应是指：在某一区域范围内，通常情况下，增长极会先发生经济增长，然后再通过不同的途径向外部扩散，从而对整个区域的经济发展产生影响。[2] 极化效应和扩散效应是相辅相成的，在增长极发展的初期，极化效应是主要的，这是增长极能量的积累阶段，是增长极形成的关键；当增长极发展到一定规模后，极化效应逐渐削弱，扩散效应加强；再进一步发展，扩散效应就占主导地位，生产要素由极点向外围转移、渗透，这是增长极能量的释放。[3]

（四）增长极理论与特色小镇建设

增长极理论能够为特色小镇的发展指明道路。特色小镇的建立一般以特色产

---

[1] 曹祎遐：《基于大学科技园区案例的园区经济发展模型研究》，《哈尔滨师范大学社会科学学报》2011 年第 5 期。

[2] 曹祎遐：《基于大学科技园区案例的园区经济发展模型研究》，《哈尔滨师范大学社会科学学报》2011 年第 5 期。

[3] 陈青洲：《科技园区管理研究》，复旦大学博士学位论文，2007 年。

业和特色文化为基础，以企业集群效应为推动力，以资源政策为支撑，而增长极的形成则是一个地区多方面要素资源共同作用的结果。因此，特色小镇要立足自身资源禀赋，顺应经济发展规律，不断完善基础设施建设；明确特色产业的动力支撑作用，推动以特色产业为基础的"推进型企业"的形成与可持续发展。

增长极理论能够促进特色小镇经济的均衡发展。在我国经济的发展过程中，资源的均衡配置问题一直是一大难题。同样，如何将有限的资源分配到各个地区，并充分发挥资源的优势，也是特色小镇发展需要重点关注的问题。将增长极理论应用到特色小镇的建设过程中，从地理区位、产业特色、交通条件等要素出发，分析潜在增长极的可能性[1]，并注重培育"推进型企业"，强化增长极的经济辐射能力，推动周边企业积极参与增长极企业的分工，促进特色小镇经济的均衡发展。[2]

增长极理论能够指导特色小镇的规划建设。首先，要明确特色小镇的建设规划，将增长极的培育纳入到特色小镇的建设中；其次，要运用合理有效的分析方法，判断地区增长极形成的可能性，合理配置与之相关的产业链，加快实施区域经济一体化；再次，还要不断推动以创新为基本动力，以市场环境、产业集聚、政策制度为分支动力的增长极系统化运作和持续性增长，推动产业转型升级，破解经济发展困境；最后，要积极发挥增长极的扩散效应，弱化增长极的极化效应，增加特色产业之间和不同区域特色小镇之间的合作，减少经济竞争，增强相互协作能力。

三、中心地理论

（一）中心地理论的内涵

中心地理论作为现代地理学中重要的区位相互关系理论，最早是在 1933

---

[1] 褚淑贞、孙春梅：《增长极理论及其应用研究综述》，《现代物业》（中旬刊）2011 年第 1 期。
[2] 贾中华：《基于增长极理论的新常态下中小城市经济发展战略研究》，《中国发展》2016 年第 4 期。

年由德国地理学家克里斯泰勒提出，其后由廖什等地理学家发展完善。① 中心地理论的主要内容包括城镇分布、城镇职能、城镇集聚、城镇空间大小以及城镇内部结构等内容。

克里斯泰勒认为，人类的经济活动总是处于不均衡的状态，从空间分布上来看，总是存在中心地和外围区的区别。而集聚是事物发展的基本趋势，随着集聚的产生，在集聚地会逐渐形成明显的等级，交通便利、可为外围区提供高级产品和高级服务的地区逐步发展成为中心地，带动周边地区的发展，推动外围区形成次级中心地，并提供少量的商品和服务。除此之外，按照市场最优、交通最优以及行政最优的原则，他还提出了以各个等级的中心地为六边形中央理想化、完整化的六边形经济市场内部结构。

德国另一位地理学家廖什进一步发展完善了克里斯泰勒的中心地理论，使之更加符合现实。他认为：第一，中心地理论要因地制宜，适时创新，并引入了富裕区中心地和贫穷区中心地的对比概念；第二，虽然在产业聚集区存在中心地效应，但是，中心地并不存在明显的等级界限；第三，除了有单一因素影响而形成的具有多种功能的中心地之外，还存在其他各种各样功能不同的中心地，并提出了"廖什景观"——中心地的分布状态并不是均匀的，而是密集区与稀疏区的交错分布。②

（二）中心地理论与特色小镇建设

人口密度、交通运输条件以及顾客购买意愿对商业布局有一定的影响。人口密度大的地方其顾客购买力较强，其中心地的服务水平和商品质量也会随之提高；交通运输条件能够增加中心地的影响力和吸引力，推动扩大辐射区域，从而导致次级中心地的服务能力有所下降；顾客购买意愿是中心地服务能力提

① 葛本中：《中心地理论评介及其发展趋势研究》，《安徽师范大学学报（自然科学版）》1989 年第 2 期。

② 葛本中：《中心地理论评介及其发展趋势研究》，《安徽师范大学学报（自然科学版）》1989 年第 2 期。

升的主要推动力量，购买意愿越强烈、越多样，其中心地的服务能力就越高，除此之外，资源分布的不均匀是特色小镇畸形发展的主要原因。因此，特色小镇在发展过程中，既要注重人口、劳动力和人才的引进，又要不断改善交通运输条件，增强交通运输的辐射能力；既要立足于本地区的特色产业，又要瞄准人们的需求动向，满足人们的多样化需求。

中心地理论为特色小镇的经济和行政区划、农村和旅游地理提供了基本借鉴。首先，特色小镇的经济和行政区划可以在充分考虑地区实际情况的基础上，结合克里斯泰勒的六边形网格结构，确定经济和行政圈的范围；① 其次，根据中心地理论，特色小镇可以合理规划商业区和居民区的分布点及其各级中心点的设立间距；第三，特色小镇的发展还要以史为鉴，明确古村落、旅游和文化等要素的地理历史，推动小镇以中心地为基础的合理布局和产业的快速发展；最后，中心地理论认为，不同等级的中心地，等级越高，中心地越少，等级越低，中心地越多，因此特色小镇建设要合理推动中心地建设，强化中心地的等级政策。

中心地理论推动特色小镇的发展，特色小镇的建设推动中心地理论的现代化。传统的中心地理论研究的基本假设包括自然环境和人为影响因素较小、资源丰富且分布均匀、消费者具有合理的空间购买理性——遵循"最短距离原则"等，其主要特点是静态、封闭、内部及内外关联较小。但是，随着经济全球化和水、陆、空等交通运输网络的逐步完善，人口、资源、设备、信息、技术等生产要素的流动性不断加大，人们基于最短距离、最低成本的传统购买理念也在发生转变，传统静态的中心地理论已经无法完全适应现代高流动性的社会。因此，特色小镇的发展既要借鉴中心地理论，推动特色小镇的发展，又要与时俱进、因地制宜，促进中心地理论的现代化。

---

① 葛本中：《中心地理论评介及其发展趋势研究》，《安徽师范大学学报（自然科学版）》1989年第2期。

四、田园城市理论

(一) 田园城市理论的内涵

田园城市理论最早是由英国城市规划师埃比尼泽·霍华德于 1898 年在《明日：一条通往真正改革的和平道路》(又名《明日的田园城市》)一书中提出，其初衷是为解决英国城市在工业化快速发展背景下所产生的环境污染、交通拥堵和人口过多流入等问题。霍华德在城市规划设计中引入了田园和乡村的概念，提出"乡村包围城市"的城市设计理念，将乡村的优点融入到城市发展的规划中，这既是缩小城乡差距、保障居民健康生活的有效方式，又是完善工业生产区位的指导策略。

第一，田园城市理论设想了城市在人口和范围上的界限，严格控制城市规模。霍华德认为田园城市总人口的上限为 32000 人，且人口的生活方式要包括集聚生活和分散生活两种；总面积的上限为 6000 亩，包括城市中心区和外围田园区。第二，田园城市理论还设想了城市和田园融合发展的各级功能区，以城市为中心，绿化带和道路贯穿整个区域，周边分布公园、图书馆、医院等公共场所，其次是商业区和住宅区，再次是学校、医疗养老院等，最外围是森林、农田、耕地等农业生态生活区。第三，田园城市理论还提出了由多个小型田园城市构成、通过便利的交通而链接形成的大型田园城市，并称之为"无贫民窟、无烟尘的城市群"。①

(二) 田园城市理论与特色小镇建设

田园城市理论为特色小镇的建设指明了道路。在我国，存在较多依靠乡村旅游资源、传统文化资源而建设的乡村特色小镇，如何有效发挥乡村的资源优势、着眼于城镇与乡村的一体化发展，是特色小镇持续发展的关键。根据田园城市理

---

① 蔡禹龙、顾珣、马一宁：《从"田园市"到新城镇：中国城镇化的再思考》，《学理论》2016年第 5 期。

论的思想，小镇的建设要统筹城市和乡村发展，既要认清城镇在环境污染、交通拥挤方面的缺陷，又要充分考虑乡村在净化环境、丰富生活及推动特色小镇多样化发展中的优势；既要看到乡村发展经济的乏力和差距，又要看到城市在特色小镇建设中的经济辐射力，进而推动城市发展的田园化、乡村发展的城镇化。

田园城市理论为特色小镇的城市结构和功能区布局提供了有效借鉴。田园城市理论认为，城市规模、人口密度、商业布局、工业布局都要遵循一定的规律，特色小镇的规模、人口密度等也都要遵循特定的规律。第一，特色小镇要合理控制小镇规模、人口密度以及各城镇的间距，不断缓解由于城市规模扩大和人口密度增加所带来的交通拥挤、公共资源配置不足、财政负担加重、就业困难等社会问题；第二，要明确特色小镇布局的紧凑性和合理性，在有限的规模范围内提高土地的集约利用程度，合理布局医院、学校、居民区、商业区和工业区等功能区；第三，特色小镇要合理处理城镇与郊区以及同一布局范围内不同城镇之间的关系，推动经济一体化和特色小镇的协调发展。

田园城市理论为特色小镇可持续发展提供推动力量。建设田园城市是集城市、乡村、人文、自然和传统于一体的绿色发展理念。特色小镇的建设要以提高人们的生活质量为根本，不断开发功能齐全的现代化社区；以传承和保护乡村特色文化为基础，充分发挥传统文化的多样性；以绿色、可持续发展为主线，引导环保、健康的生活方式；以城乡一体化发展为目标，营造乡村舒适与城市朝气的城乡融合发展氛围。[①]

五、"核心—边缘"理论

（一）"核心—边缘"理论的内涵

"核心—边缘"理论是关于区域经济发展和区域空间结构演变的理论，是

[①] 李小兰：《"田园城市理论"视域下浙江特色小镇发展探究》，《山西农业大学学报（社会科学版）》2017 年第 6 期。

由美国地理学家弗里德曼于 1966 年在其著作《区域发展政策》中系统提出的，这一理论的提出充分吸收借鉴了区域经济增长及其传递机制相关理论。[①]"核心—边缘"理论提出，任何一个地区都存在占据主导地位的核心区域和占据支配地位的边缘区域，核心和边缘共同构成了区域经济的整体空间结构。核心区域主要是人才、资本、科技等创新要素集聚的结果，而边缘区域的科技创新能力低下、人才稀少、资本缺乏。而且，核心区域和边缘区域的经济结构并不是一成不变的，会随着新技术的产生、新资本的注入以及新生代劳动力素质的提升而不断发生变化，核心区域与边缘区域所存在的经济流动性推动实现区域经济一体化。

（二）"核心—边缘"理论与特色小镇建设

特色小镇要合理认识区域经济发展的不均衡性。由"核心—边缘"理论可知，城镇由于地理位置、资源禀赋及科技水平等因素的差异，会逐渐分化出经济的高水平地区和低水平地区，即核心区域和边缘区域。核心区域能够依靠强大的经济辐射力带动边缘地区经济的发展，而边缘地区能够为核心区域提供充足的劳动力和资本。因此，特色小镇在发展过程中，要认识到区域经济发展的不均衡性，合理利用区域差异，加强核心区域和边缘地区的相互关联性，促进经济的一体化发展。

特色小镇要不断加强科技创新在核心区域的推动力。弗里德曼认为，科学技术、创新能力是核心区域产生和发展的重要影响因素，核心区域对创新存在潜在需求，创新能够增强核心区的竞争力、统治力以及影响力。因此，特色小镇要坚持以人为本、以特色产业为主导，紧随经济全球化和信息化的浪潮，引导产业与科技创新相结合，积极引进科技创新人才，培育具有区域自主知识产权的科技产品，提高小镇的整体创新能力和创新活力，营造创新文化和氛围，进而推动产业转型升级和生产效率提升。

特色小镇要重视过渡区建设，推动区域整体的联动发展。"核心—边缘"理

---

① 包卿、陈雄：《核心——边缘理论的应用和发展新范式》，《经济论坛》2006 年第 8 期。

论指出，区域经济发展除了存在核心区域和边缘区域之外，还存在连通两者之间的过渡区，过渡区是区域经济一体化发展的关键环节。过渡区又分为上过渡区和下过渡区（资源集聚区），上过渡区的主要作用是承接核心区域的知识外溢和经济扩散，包括就业机会的增加、配套产业的建设等；而下过渡区则为核心区的发展输送源源不断的生产要素，包括劳动力、土地等。[1] 因此，特色小镇要以区域经济一体化发展为蓝图，以区域联动发展为手段，以特色产业培育发展与科技创新为核心，以产业升级转型为重任，以小镇建设的有效投资为依托，以国家政策支撑为保障，实现特色小镇的均衡发展，尤其是关注过渡地带的整体发展。

第二节 特色小镇的基本概念

一、特色小镇的内涵

特色小镇作为国家经济发展战略的重要一环，无论是从组织形态、发展要素上来看，还是从经济发展形式以及政策支撑上来看，都与传统意义上的园区存在较大区别。

（一）特色小镇的基本含义

特色小镇主要是指一种将产业、居民、文化、生态等多种基本要素叠加在一起的经济发展方式，是一种将文化旅游、居民社区生活以及地区经济发展等多种功能相结合的特色发展模式。[2] 特色小镇既依托城市经济、交通、人口的

---

[1] 包卿等：《基于核心—边缘理论的地方产业群升级发展探讨》，《国土与自然资源研究》2005年第3期。

[2] 李小兰：《"田园城市理论"视域下浙江特色小镇发展探究》，《山西农业大学学报（社会科学版）》2017年第6期。

支撑，又独立于城市之外，其建设方式一般包括在原有特色文化的基础上推陈出新、凸显特色；或者借助整个地区的产业特色和文化特色，在城市边缘或远离市区的空旷地带建设独立于现代城市发展的特色城镇。

特色小镇，基础在"小"。特色小镇一般都比较小，规划面积一般在3平方公里左右；聚集的居民一般为1万—3万人。小镇既可以是城镇的简化版，也可以是城镇的加强版，但是必须要能满足人们最基本的生产、生活需求。只有在特色的基础上满足了人的需求，才能给小镇的发展带来源源不断的活力。

特色小镇，关键在"特"。"特"能够形成独特的文化价值和产业竞争。"特"主要是指城镇的发展要聚焦特色文化、特色产业等，充分发挥"特色"的影响力和"小镇"的集群效应，推动城市发展带动特色小镇建设，特色小镇带动城市经济增长，进一步挖掘城市的"特色"发展潜力。

（二）特色小镇与相关概念比较

1.特色小镇与行政建制镇

特色小镇与行政建制镇是既有区别又有联系的两种建设规划。特色小镇是为了满足国家经济、社会和人民大众的需求，以地区特色产业、特色文化、特色民俗、特色建筑等为建设基础而适时规划建设的小镇；行政建制镇是我国行政区域划分下的城镇，是充分考虑政治、经济和民族等方面的具体情况而依法成立的行政区划单位。而且，特色小镇与行政建制镇在区域面积、居民人口以及地理环境等方面也存在一定的差别。特色小镇的规划面积一般都比较小，聚集的居民也比较少；而行政建制镇的面积普遍较大、涉及范围较广，其人口也要远远多于特色小镇。

2.特色小镇与特色小城镇

特色小镇与特色小城镇在空间分布、产业体系、城镇功能方面都存在一定的差别。特色小镇的核心在于它是产业发展的一种新载体，特色小镇不仅要具有自己的核心产业，而且要有突出地域特色的文化，还要兼顾休闲旅游和居民社区服务等功能，这些都强调了特色小镇在产业发展方面的载体作用；而特色小城镇则是指以传统行政区划为单元、以传统特色产业为主体，并具有一定人口和经济规模的小型建制镇，[①] 主要指以四川、贵州为代表的"特色小镇"，更加强调了城镇的整体性和统一性，突出了城镇的生活载体作用。但是，近年来，随着特色小镇的快速发展与空间地域扩张，特色小镇与特色小城镇的差别也在逐渐消失。

3.特色小镇与工业园区

在特色小镇中，既包含居民生活社区、文化旅游产业，又包括工业、制造业等产业。而工业园区是在一定空间范围内对各种生产要素进行集聚和科学整合，提高工业化的集聚程度和集约强度，增强聚合效应，突出产业特色，使之成为适应产业转型和市场竞争的现代化产业分工协作生产区。其内部组成简单、工业集聚水平较高，主要包括工业企业或与之配套的配件制造、物流等企业，一般不涉及居民生活区和特色文化休闲区。

4.特色小镇与开发区

虽然特色小镇与开发区都是在政策支持引导下建立的，但是两者存在明显差别。我国的开发区建设主要包括经济技术开发区和高新技术开发区。经济技术开发区主要是为引进国外先进的技术、充足的资本和丰富的管理经验，发展高新技术产业并带动相关产业发展，在一些城市和地区单独划出的、实行一系列特殊优惠政策的区域；高新技术开发区是指以电子信息技术、新材料工艺、新能源等高新技术产业为主导，以推动国家科技创新、发挥高新产业集聚效应为目标而建立的开发区。而特色小镇的建立不存在明显的工业特色，其既可以包括传统工业，也可以涉及高新技术产业；既可以包含传统文化，也可以充分利用现代化的科学技术等。

---

① 张立：《特色小镇政策、特征及延伸意义》，《城乡规划》2017 年第 6 期。

二、特色小镇的多样特征

虽然国内外对特色小镇还没有统一的定义，但是在不断深入推进特色小镇的发展、发挥特色小镇积极作用的过程中，仍然需要积极吸收产业园、开发区等在建设中的经验教训，坚守开发底线，切勿囫囵吞枣、眉毛胡子一把抓，牢牢把握特色小镇的"特色"建设，同时还要坚持运营和开发的灵活性、生态性。

（一）特色性

特色性主要是指区别于其他事物的独特性质，表现出原创性、唯一性和不可替代性，特色小镇必须要有专属于自己的城镇定位，创造城镇自己的独立IP，独立 IP 本质是一种专业化的特色分工。柏拉图很早就研究过社会分工和专业化，专业化实际上代表着特色性。大概在公元前 380 年，他就提出社会分工和专业化对社会发展、增进社会福利的重要意义，并认为市场和货币的基础是分工。[①] 从整体来看，特色小镇的特色性既包括产业特色鲜明、文化特色凸显，也包括特色功能齐全和品牌特色显著等。从构成元素来看，特色小镇建设应该体现以下特征。

1.区位选址的特色性

特色小镇合理的区位选址能够为小镇发展带来强大的区位优势和动力。特色小镇的区位选址要在统筹全局的战略指导下，优先考虑产业的需要，要选在交通便利、适宜居住的地方。交通便利，是为了充分发挥交通和区位所带来的资源优势；适宜居住，是为了扩大特色小镇的吸引力，推动经济发展。比如，浙江远近闻名的德清莫干山小镇，《纽约时报》曾评选过全世界最值得去的 45 个地方，莫干山小镇排名第 18 位。该小镇具有天然的区位优势，区位选址有特色。该小镇地处沪、宁、杭金三角的中心地带——莫干山脚下的德清筏头乡，距离上海 210 公里，距离南京 250 公里，距杭州、湖州 55 公里，09 省道

---

① Plato, *The Republic*, Trans.H. D. P. Lee, Hartnoundsworth: Penguin Classics, 1955, pp.120-126.

贯穿全境，104 国道、宣杭铁路、杭宁高速公路从旁边经过，地理位置非常优越便利，为莫干山小镇人气集聚提供了无限可能。①

2. 产业体系的特色性

首先，要将现代化的生态农业、电子商务等产业引入特色小镇，为小镇的发展提供最基本的经济活力支撑；其次，积极推动旅游业与特色农业、特色文化的结合，开发具有田园风光和文化底蕴的特色休闲旅游模式，体现明显的产业化和专业化集聚；最后，要推动形成以主题产业为主体并积极引入相关配套产业打造产业链，凸显产业特色。比如，江苏宜兴市丁蜀镇，依托紫砂国家级非物质文化遗产宝贵资源，通过构建包括研发设计制作、产品推广营销、创意休闲体验等的产业体系，实现产值 78 亿元，带动文化产业增加值 14.5 亿元，带动就业 10 万多人，从业人员年人均收入近 8 万元。②

3. 功能作用的特色性

特色小镇建设的目标不仅仅是为产业发展、企业生产和经济增长搭建良好的平台，也应具有居民生活、休闲旅游等多重功能。特色小镇的基础设施建设越完善，功能越综合，其辐射力越强。③ 因此，在注重特色小镇区位、产业等特色建设的同时，还要兼顾最基本的社区生活功能、民众休闲旅游功能的建设，充分发挥各方面优势，打造产业、文化、旅游和社区有机结合的区域品牌特色。④

4. 文化内涵的特色性

特色小镇既有深厚的文化积累，又有悠久的历史沉淀，国外很多著名的特色小镇都有着数百年的文化积淀和传承，真正的特色和美好不仅在于湖光山色，更在于人文历史。特色小镇的建设要以充分挖掘地区的特色文化为基础，

---

① 《十大因素决定：莫干山民俗，你学不会》，2015 年 8 月 10 日，见 http://blog.sina.com.cn/s/blog_cf7b4f970102vufw.html。

② 国家发展和改革委员会编：《国家新型城镇化报告 2016》，中国计划出版社 2017 年版，第 127 页。

③ 金晶：《演化经济学视角下特色小镇与产业集群协同发展研究》，《经济视角》2017 年第 4 期。

④ 刘士林、王晓静：《特色小镇建设实践及概念界定》，《中国国情国力》2017 年第 6 期。

将地区的人文资源、历史资源和自然资源相结合。地区特色文化既包括物质文化资源，如寺庙、祠堂等；也包括非物质文化资源，如传统技术、思想文化等。在特色小镇建设不断推进的过程中，要正确处理小镇发展与文化融合的矛盾，正确看待历史文化，妥善保存和修复历史古迹、古建筑等文化内涵丰富的历史文化遗产，明确其对于经济社会的重大贡献和在地区发展中的特殊价值，用合理方式促进文化的传承与保护。不断开发以悠久历史文化为底蕴的休闲旅游业态，推动形成以文化为发展基础和宣传特色的文化旅游产业，突出地区的文化内涵。

（二）灵活性

特色小镇的建设标准主要包括以下几个方面：从建设区域来看，特色小镇建设区域应该分布于远离城区的城乡结合部；从规划来看，特色小镇的规划面积应该控制在 3 平方公里左右，而建设面积约为总规划面积的一半；从形态及功能分布来看，特色小镇应该是集产业、文化、生态、旅游和社区功能为一体的综合体，并应按照 3A 级景区的标准投入建设。而在实际建设过程中，应该因地制宜，采取不同的措施，确保小镇建设的灵活性。另外，特色小镇规划及建设的主体不应该仅仅包括政府，还要充分发挥企业和社会组织在特色小镇建设过程中的作用，为特色小镇的建设建立起灵活有效的市场进入机制和投融资机制。

（三）生态性

生态性是经济可持续发展的保障，也是特色小镇发展的根本保证。特色小镇的建设是将现在种植养殖、畜牧等生态农业和农家乐、田园风光等生态旅游相结合的过程，无论是规划建设、运营管理还是维持维护，都应该注重小镇的绿色性和生态性。在规划建设中，要建立对于生态环境的"双零"制度，对生态环境的零破坏和对生态环境破坏的零容忍，充分发挥已有自然环境的作用；在运营管理中，要始终坚持绿色监管、绿色运营，将特色小镇的生态保护能力和保护现状列入考核范围；在维持维护中，要避免对生态环境的二次破坏，建立生态环境破坏的责任追究机制。

（四）创新性

特色小镇的发展既要因地制宜，立足地方文化特色、产业特色、环境特色等发展优势，形成特色品牌效应；又要推陈出新、敢于创新，创新经济增长方式，竭力破解经济发展难题，创新特色小镇建设框架和建设方式，避免陷入"千篇一律、千城一色、千镇一面"的发展"怪圈"，促进特色小镇和新型城镇化建设。[1] 比如，浙江德清地理信息小镇，该小镇独树一帜、别具一格，以地理信息产业为核心，重点引进卫星导航与位置服务、地理信息软件研发、装备制造等领域的大项目和高层次人才，优化对企业的各项服务，吸引了地理信息相关企业 240 多家，共同打造地理信息"达沃斯"小镇。[2] 建成国内首家专业地理信息众创空间——地信梦工场，建成国内首个 3500 平方米的地理信息小镇展馆，努力培育全国首个地理信息创新驱动示范区。

（五）联结性

特色小镇是一个产业网络节点，与外界进行信息、资源、文化等要素的强联结，多种强联结会让小镇产生"反磁力"。如果一个小镇某一方面有强大的反磁力效应，就会吸引更多的资源聚集于此。如果特色小镇缺乏这种强联结，就会只有"弱磁力效应"，甚至没有"磁力"。比较成功的案例是成都附近的安仁小镇，它地域空间不大，但是聚集着 27 座老公馆和 35 座博物馆，而且把当地有特色的民间染布、刺绣、酿酒等各种手工艺者聚集在一起，成为四川最大的文创基地，体现出了强磁力效应和联结性。

---

[1] 黄毅、覃鉴淇：《特色小镇及其建设原则、方法研究综述》，《广西经济管理干部学院学报》2017 年第 1 期。

[2] 《"第一轮全国特色小镇典型经验"总结推广》，2019 年 7 月 2 日，见 http://www.ndrc.gov.cn/fzgggz/fzgh/zhdt/201907/t20190702_940833.html。

三、特色小镇的时代价值

特色小镇是经济社会发展到一定阶段的必然产物，是充分发挥产业特色、区位优势、生态环境保护等方面功能的有效途径。特色小镇的发展既是经济转型的需要、产业升级的方向，也是经济发展的新动能，要充分认识特色小镇建设的时代价值。

（一）经济价值

从经济层面来说，特色小镇的产业体系一般以地区特色产业为主体，以其他配套产业为支撑，是集特色产业的生产、销售、服务以及创新研发于一体的新型产业体系，有利于推进经济转型升级和供给侧结构性改革；同时，特色小镇建设能够吸引大量的人才、资金和政策的支持，有利于充分发挥产业集聚的优势，增强企业间的经济交流和整体供给能力，提升以文化为核心的产品质量和产业竞争力。[①] 比如，浙江德清的莫干山小镇，小镇的乡村旅游、民宿体验等有效连接了城市需求和乡土资源，发挥出了惊人的发酵力。莫干山上曾经被废弃的农房，现在每栋30年的租金高达100万元。衍生而来的配套产业、出租农房和流转土地等方式，让村里的沉睡资产变成了现实资本。仅莫干山一带的60多家洋家乐，带动的农民房屋出租收入、流转土地收入等财产性收入超过1.83亿元。[②]

（二）社会价值

从社会层面来说，特色小镇是促进社会和谐、改善人际关系的有效途径。首先，特色小镇的建设与发展需要大量的人力资源，在一定程度上增加了就业岗位，解决了大量人口的就业问题，促进了社会和谐稳定；其次，特色小镇的

---

① 王征：《民俗文化：特色小镇生命力之所在》，《美与时代（上）》2018年第9期。
② 《十大因素决定：莫干山民俗，你学不会》，2015年8月10日，见http://blog.sina.com.cn/s/blog_cf7b4f970102vufw.html。

建设具有明显的周边聚集效应，能够充分发挥社会各个群体的力量，通过积极参与，促进人际沟通；最后，特色小镇是为经济发展服务的，特色小镇建设能够有效缩小城乡居民收入差距，实现社会资源城乡分配合理化和城乡公共服务均等化，促进城乡一体化发展。

（三）政治价值

从政治层面来说，特色小镇建设可以从两个方面推进地方政治的发展：一是为公民参与提供了平台和机会。特色小镇的规划、建设等都需要公民的积极参与，建言献策，充分保障了公民的参与权。二是为地方政府竞争力的提升提供了舞台。通过打造特色小镇，整合地区资源、挖掘产业特色、塑造地区形象、延伸产业链条，促进了地方经济发展和核心竞争力的提升，奠定了地方政府在区域价值链中的地位。

（四）生态价值

从生态层面来说，特色小镇是以生态保护为前提，以适度开发为基础而建立的，它是集休闲服务、生态旅游、社区生活为一体的生态小镇。其最主要的开发原则是保持生态特色，包括文化特色、产业特色、环境特色以及地理区位特色等多个方面。这有利于小镇在发挥自身资源优势的同时，保持最原始的生态特征，有利于生态环境保护和生态文明建设。[1] 比如，安徽合肥三瓜公社小镇，是典型的商贸文旅类小镇。以发展电商产业为核心，入驻企业90家左右，吸纳就业2000人。[2] 小镇在空心的贫困村进行乡村修复，不拆房子不砍树，保持村庄肌理、保护原有农田，对荒地、山地、林地进行复垦，对水系进行修复。将村庄和田野打造成诗意栖居、宜游宜业的家园乐园，让村庄、河流、田野、山林每一处每一点都成为可游玩可体验的点，吸引更多的游客来休闲体

---

[1] 任嘉浩：《特色小镇的国际比较》，《河南教育学院学报（哲学社会科学版）》2018年第3期。

[2] 《"第一轮全国特色小镇典型经验"总结推广》，2019年7月2日，见http://www.ndrc.gov.cn/fzgggz/fzgh/zhdt/201907/t20190702_940833.html。

验，把农旅特色小镇的根深深扎在土地上。①

（五）文化价值

从文化层面来说，特色小镇发展的灵魂是特色文化，包括地区的基本传统文化和特色文化，特色小镇的发展能充分传承文化、实现文化资源的社会价值。一方面，特色小镇尤其是历史文化型小镇的发展有利于文化传承，使文化形态、文化内容和文化载体焕发出新的生命力，增强特色小镇的活力，彰显特色小镇独特的文化价值和精神气质；另一方面，特色小镇的产业尤其是旅游产业与文化的发展相辅相成，特色文化与旅游产业的融合，能够促进文化的多样性发展，增强文化的创新力和竞争力。比如，莫干山小镇的燎原村，就做足了"民国文化"文章。燎原村发轫于民国时的"乡村改良"运动，民国要人黄郛政治上失意后，在燎原村办起了奶牛场、蚕种场、跑马场等，光阴荏苒，这些风雨剥蚀的场站、库房、学校都成了乡村旅游的"素材"；废弃的铁路枕木、老式自行车配件以及就地取材的竹子，被当做文化墙和围栏，隔成了一座座茶社、客栈和文化创意空间。使民国文化又绽放异彩、大放光芒。②

第三节　特色小镇的构建要素和类型

特色小镇是以产业为核心，实现产业生产、社区生活、生态环境融合发展，具有产业、文化、旅游和社区四大功能的综合体，这是特色小镇区别于传

---

① 《生产生活生态美　宜业宜居宜旅游——安徽省合肥市三瓜公社小镇典型经验》，《中国经贸导刊》2019 年第 9 期。
② 《十大因素决定：莫干山民俗，你学不会》，2015 年 8 月 10 日，见 http://blog.sina.com.cn/s/blog_cf7b4f970102vufw.html。

统工业园区和休闲旅游区的最显著特征。人、财、物等基本要素是特色小镇发展和建设的基础。

一、特色小镇的构建要素

人、财、物是事物发展的基本要素。人是最基本的要素，财是支撑人和物发展的关键要素，物是人和财发挥职能作用的重要载体。在特色小镇的构建中，要注重对高质量人才的引进，要有充足的资金保证，要有基本的物资支持。

（一）人力要素

人是特色小镇建设和产业发展的基础，充足的人力资源能够确保小镇的基本运行和产业的基本发展，而高质量的人才资源能够推动特色小镇的创新型发展，增强小镇的发展潜力。因此，既要充分认识到人力资源的基本作用，又要明确人才资源的核心创新作用；既要招纳足够的人力资源保证小镇的基本运行，又要重视对高端人才的引进，发挥人才在特色小镇的产业集聚、技术发展以及创新能力提升等方面的重要作用。

（二）财力要素

财是特色小镇建设和发展的关键，资金是支撑特色小镇发展的基本保障，没有资金的支持，其他一切规划和蓝图都将成为幻影。同时，资金还是吸引人才和创建孵化平台的强大动力，充足的资金支持是人力发挥最大创新才能、产业发挥最大经济效益、特色小镇发挥最大辐射作用的有力保障。因此，特色小镇建设要有充足的资金来源，要积极建设特色小镇资金的内部政府补偿制度和外部市场投资机制，还要不断完善相关的金融服务体系，建立合理、充足的资本支撑体系。

（三）物力要素

物是指除人和财之外其他一切服务特色小镇发展的相关内容，既包括特色小镇的顶层设计和硬件配套设施，也包括特色小镇的软件配套和各类创新支撑平台。顶层设计是特色小镇发展的价值导向，主要包括主导产业、发展方向、发展特色、空间布局等方面；硬件配套设施是为顶层设计服务的，是最大效率发挥顶层设计的基础，包括特色小镇的生活设施建设、道路建设等方面；软件配套设施是特色小镇科学性、持续性发展的关键，其通过整合小镇资源，总结小镇建设标准和意见，形成规范化、合理化的规章制度及配套政策；创新支撑平台是一个以特色产业、特色资源为基础，以合作创新为手段，以人才、资源、技术融合为途径，以经济效益增长为目的的全方位、立体式的发展平台，它能够在很大程度上发挥特色小镇的各方面优势，用技术进步推动特色小镇发展。

二、特色小镇的多元类型

（一）历史文化型特色小镇：以古北水镇为例

古北水镇，一座充满北国风情的度假式历史文化小镇。

古北水镇由 IDG 战略资本、中青旅控股股份有限公司、乌镇旅游股份有限公司和北京能源投资（集团）有限公司投资合作建设完成，位于北京市密云县，小镇紧靠司马台长城，坐拥鸳鸯湖水库，是以山水城相结合的自然古村落，这在京郊实属罕见。古北水镇与北京市区相距 120 公里，与首都机场相距 98 公里，与密云城区相距 60 公里。水镇位置优越，交通便利，目前已经拥有京承高速、京通铁路、101 国道三条主要交通干线。古北水镇景区是以原来的 5 个自然村落为基础重新整治改造修建成的，依旧保留着民国时期的精美风格。其中，建有 43 万平方米的山地四合院，共占地 9 平方公里、耗资 45 亿元，并形成"门票＋经营＋房产销售"的一体化盈利模式。

古北水镇主要以司马台长城、雾灵山国际休闲度假区提供一系列的配套度假服务。小镇内部的景区不只包括入口处的民国街区，更核心的景区可以分为水街风情、卧龙堡民俗文化区、汤河古寨区三大部分。目前来看，古北水镇的景区主要是以"六区三谷"作为整体规划，"六区"分别是老营区、水街风情区、民国街区、汤河古寨区、卧龙堡民俗文化区及民宿餐饮区；"三谷"分别是后川禅谷、伊甸谷及云峰翠谷。

古北水镇为了提高游客的参与性与体验性，因地制宜地开设了一些颇具地方特色的活动。

长城脚下的夜游"八大名玩"：登长城、品长城、望长城、赏长城、听长城、宿长城、戏长城以及醉长城。此外，还有提灯夜游司马台、摇橹长城下、浪漫长城灯光秀、夜宿长城脚下以及山顶品酒观星，各类精彩纷呈、趣味十足的活动令来此观光的游客流连忘返。

还原老北京年味儿的"古北过大年"：古北口地区素有"京师锁钥"之称，这源于古北水镇是司马台长城脚下极为重要的屯兵驻扎之地。追溯到隆庆年间，那时边关贸易逐渐兴起，一片繁荣的景象在日月岛内呈现。而每当腊月将至，空气中都会充斥着满满的年味。古北水镇便借由这个时机为前来旅游观光的游客提供一些颇具北方年味的"古北过大年"的活动，周围的民宿餐馆会在此时扫尘、贴窗花与春联，一些理发馆与温泉馆也为迎接客人理发沐浴而早早准备齐全，开门营业。不得不提的是作为古北水镇住宿一大亮点的民宿。小镇有 20 多家客栈民宿，来自全国各地的房东热情而淳朴，他们会和来此度假的客人一起吃年夜饭、包饺子、守岁，共同体验传统的年味，给游客们一种宾至如归的温暖感受。

此外，还有长城星空下的"圣诞夜"、长城下的温泉小镇、水镇中秋节、夜游小镇等别具一格的特色主题活动，为前来此处观光度假的旅客提供了丰富多彩的生活体验。

总的来说，古北水镇凭借先天的历史文化与自然资源优势，发展成为集观光旅游、商务会展、特色文化等丰富旅游业态为一体的度假式历史文化小镇，并以来自北京为主的 2000 万游客提供了一流的服务设施和具有高参与度、高体验度的品质旅游服务。借鉴古北水镇的成功营销经验，我们要将历史文化与现代元素充分融合，使其能够符合游客们的切身需求。以注重游客体验度和参与度的民宿为例，它们既能让前来休闲度假的客人体验到小镇的历史文化风光，又能令其切身感受到来自小镇的人文关怀与温暖，这才是小镇长期发展的动力所在。

（二）城郊休闲型特色小镇：以太湖温泉小镇为例

在苏州吴中区毗邻太湖的地方，有个临湖小镇，这里聚集了 26 处已探明并可开发使用的地热井，凭借这一优越的自然资源，临湖的"太湖温泉小镇"便应运而生。

临湖的温泉水经过国土部门检测认证，富含氟、锶、硼、偏硅酸等多种对人体有益的矿物质，所以它既是华东地区少有的氟型医疗温泉，也是环太湖地区罕见的原汤温泉。温泉小镇总占地面积为 1800 亩，小镇内酒店与度假村也随着大小不一的温泉建成。此外，临湖温泉小镇还达到世界温泉及气候养生联合会的官方标准，并获得"世界水乡温泉"的荣誉称号，在此之前我国仅有两家受到"世温联"（世界温泉及气候养生联合会简称"世温联"，属于世界卫生组织，是一个非政府组织）认证。值得一提的是，"世温联"是关于温泉、气候以及 SPA 研究的世界权威性机构，同时也是全球 SPA 和温泉养生组织最具代表性的协会，由它主办的世界温泉科学大会是世界公认的最具权威性的温泉学术大会。因此，温泉小镇受到"世温联"的认可，也代表它得到了世界的肯定。

谈到临湖的温泉，便不得不提"颐舍"，目前小镇的"颐舍"温泉是华东最生态的园林氟型温泉，也是当地目前唯一一家温泉酒店，目的在于弘扬国学文化与道家养生理念，并融入了度假屋、养生客房、餐饮、温泉、养老康乐等休闲娱乐项目。作为临湖温泉的第一个"试水者"，"颐舍"凭借优良的水质与完善的服务获得了游客们的一致认可。但是由于户外温泉池数量不多、客房仅有百余间，存在无法同时接待大量游客的"硬伤"，导致其后续发展受到限制。

　　临湖对于温泉产业的未来建设规划有自己的考量，温泉产业是临湖未来打造的核心与关键，但临湖的旅游业不能片面发展，尤其是处在一个充满差异化的市场中，多样性与综合性相结合的道路是提升自身竞争力的必要途径。因此，临湖提出"太湖温泉小镇"的建设想法，计划在未来打造一个规模化、综合性以及复合型的"温泉度假区"。通过规划来看，这一度假区目前位于临湖区的中部，包含温泉游乐中心、游客接待中心、温泉商务中心三个区域，与此同时，配套的基础设施项目也已建成，耗资超过5.8亿元，主要包括绿化工程、河道桥梁工程、道路综合工程等项目。不久的将来，临湖将继续打造一个集古典元素与现代元素为一体的多元素小镇，同时也不断引进创意旅游综合体的概念，提升临湖规划区的整体职能与服务功能，最终建设成一个以温泉、休闲、生态为特色的文化多元型太湖温泉小镇，建设一个以文化温泉为特色主题的江南新水乡。

　　总体而言，太湖温泉小镇的地理位置与区位优势明显，江南水乡的气息浓郁，尤其是加上珍贵的太湖资源以及华东地区较少的氟型温泉资源。拥有如此厚实的先天优势，温泉小镇的发展不能止步于现状，应在传统产业基础上不断"推陈出新"，妥善制定科学规划，重视多元化发展。温泉小镇的未来发展空间巨大。

（三）新型产业型特色小镇：以江干丁兰智慧小镇为例

　　丁兰智慧小镇是浙江省首批37个特色小镇之一，也是目前杭州市智慧城市建设唯一镇级试点单位。丁兰智慧小镇坚持生产、生活、生态"三生融合"和产业、社区、文化、旅游"四位一体"发展，围绕核心产业发展方向，推动智慧景区、智慧园区、智慧社区、智慧信息服务业、生活服务业、文化旅游产业协同发展，着力打造以"龙头产业为主、环境生态为基、创业创新为重、文化景区为衬"的特色小镇。①

----

①　傅静之：《丁兰智慧小镇打造景区"新硅谷"》，《浙江日报》2019年5月23日。

杭州城北核心枢纽交通便利产业集中。丁兰智慧小镇位于杭州市江干区东北部，北靠上塘河，南临大农港路，西接华丰板块，东侧为长虹路，杭州绕城高速、沪杭高速（石大快速路）环绕，是连接杭州主城区与郊区半山、副城临平的重要枢纽，也是未来杭州城北新城的核心区域，交通极为便利。①

百万平方米面积智慧配套，引进智慧企业 2000 家。小镇规划面积 2.5 平方公里，核心面积 1.3 平方公里。规划总产业及配套用地面积达 1018 亩，建筑面积达 100 多万平方米。由杭锅西子智慧产业园、智慧企业总部园、中小企业创新园三个智慧园区构成小镇核心区域，配套城北商业区、皋亭山景区、智慧居住区及临丁路沿线配套服务产业带。项目整体于 2018 年完工，计划引进智慧型企业 2000 家。②

4A 级景区的创业福地，提供怡人休闲空间。丁兰智慧小镇景色优美，毗邻皋亭山旅游区、千桃园、风情小镇、龙居寺等人文自然景观，是远近闻名的孝道之乡（《二十四孝》丁兰故里），更是依山傍水的创业福地。小镇以"一河春水穿镇过、一面山水一面城"的环境特色，推出城北中央水景公园、杭州孝道文化馆、智能游步道、智慧禅修、茶园民宿及 4D 影院等特色智慧配套，打造 4A 级智慧景区环境设施。③

（四）金融创新型特色小镇：以义乌丝路金融小镇为例

义乌丝路金融小镇是浙江省第一批 37 个省级特色小镇之一，小镇位于义乌市丝路新区，总规划面积 3.8 平方公里，一期、二期总投资将超 700 亿元，将创建以金融业为主导、体现国际贸易特点的区域产业高地；以加快义乌这座国际小商品城的金融业发展，形成专业化、特色化、差异化的金融发展模式，

---

① 浙江特色小镇官网：《杭州江干丁兰智慧小镇简介》，2016 年 10 月 17 日，见 http://tsxz.zjol.com.cn/system/2016/10/17/021333769.shtml。

② 浙江特色小镇官网：《杭州江干丁兰智慧小镇简介》，2016 年 10 月 17 日，见 http://tsxz.zjol.com.cn/system/2016/10/17/021333769.shtml。

③ 浙江特色小镇官网：《杭州江干丁兰智慧小镇简介》，2016 年 10 月 17 日，见 http://tsxz.zjol.com.cn/system/2016/10/17/021333769.shtml。

提升金融服务经济水平，为全面深化国际贸易改革提供必要支撑。①

义乌丝路金融小镇的发展思路主要集中在建设模式、政策制定以及人文旅居这三个方面。

首先，关于建设模式的规划。银行、证券、期货和保险这四大类是丝路金融小镇核心区的主导业态。在这里，有诸多以服务市场采购为特色的贸易金融机构，比如小额贷款公司、担保公司、信托公司、融资租赁公司等。还有一些投资机构专注于资本运作，比如股权投资、风险投资等私募基金机构。此外，还有义乌分设的一些分支机构，如国际贸易企业总部和进口贸易企业等。

其次，关于政策的制定实施。义乌市政府为了吸引和鼓励一些主导产业主体能够入驻金融小镇，陆续制定和出台了一些相关政策来扶持这些主体。在土地供给使用方面，义乌市政府优先采取挂牌方式出让给那些符合产业导向要求的项目，超过 6 亿元的投资可供政府专门调配，做到"一事一项"；在政府的财政支持方面，以"三年 100% 返还、三年 50% 返还"为标准对金融机构实行入库税收地方留存部分给予优待。②

最后，关于人文旅居的建设发展。义乌丝路金融小镇为响应省政府号召，按照"特色小镇要具有独特文化内涵和旅游功能"的要求，将多元文化因素融入到义乌的建设中，将义乌江南岸文化会展功能区作为核心区进行商务配套。为了更好地解决"产、城、人"融合发展等问题，将会在核心区的东北侧进行规划并建立具有国际都市风格的功能区，将现代教育、国际社区与医疗项目加入其中。福田湿地公园被称为"义乌后花园"，它也是义乌丝路金融小镇推进生态建设的关键项目之一。该湿地公园建设用地面积约为 67 公顷，主要位于商贸中心，它开发的湖体水域面积超过 10.9 公顷，可以说这是一个以植物筑景的滨河景观项目。该湿地公园内有种类丰富多样的苗木花草，其中的乔灌木种类超过百种，已经被建设成为义乌市最具观赏价值的生态型湿地公园。

---

① 徐军：《丝路金融小镇：义乌人自己的"华尔街"》，《中国改革报》2015 年 12 月 22 日。

② 徐军：《丝路金融小镇：义乌人自己的"华尔街"》，《中国改革报》2015 年 12 月 22 日。

作为一个以金融发展为中心的小镇，义乌市做到了生态与经济共生，在注重商业发展的同时，也同样重视小镇内部的文化发展，从而为小镇注入源源不断的发展动力。最终，义乌丝路金融小镇将成为区域性跨境金融结算中心与贸易融资中心，领航全省乃至全国金融机构的多元化发展，期待义乌的丝路金融小镇成长为新版的美国"华尔街"、英国的"伦敦城"。

（五）农业综合型特色小镇：以古木三七小镇为例

云南古木三七特色小镇是以三七种植为原点，与互联网、医药生产、养生保健、旅游观光等产业融合发展。古木三七特色小镇位于古木镇，古木镇是中国被称为"南国神草"的三七的发源地。古木镇纬度、海拔、温度、光照、湿度、土壤酸碱度等方面都适合三七生长，成为世界上最适合三七种植的地方。2016 年古木镇三七种植面积 1515 亩，产量约 13 万千克。古木镇的三七种植户遍布文山全州各地乃至周边地方，因此古木镇也被称为"三七花开的地方"。①

古木三七特色小镇的产业发展是延伸打造三七全产业链条，将三七种植、精细加工、广告宣传、商贸流通和医药养生等多种产业有机结合，以三七种植传统产业为核心，打造全国著名的三七原产地标识。在三七传统种植产业的基础上，实现第一、二、三产业融合发展，使单一的三七种植产业迅速转变为综合产业，实现农业的产业增值，有效提高农业附加值。在整体发展过程中，注重生态环境保护、文化传承发展、宜居宜业宜游等多种功能的实现，促进古木三七特色产业的链式融合发展。

古木三七特色小镇的产业体系是构建"三七＋产业集群"，形成以现代农业、加工制造、商贸物流、金融服务、科技研发、医养健康、养生旅游和教育培训为主的综合体系。依托三七名贵药材种植，促进传统粗放式向现代精深加

---

① 刘雅玮：《产业导向下特色小镇规划探索——以云南古木三七特色小镇为例》，《城市观察》2019 年第 3 期。

工转型升级，引进三七加工龙头企业、国内科研机构、知名医疗或养生机构，升级成国内著名的三七科研基地和中医疗养胜地，打造"壮族苗岭之城、世界中药之都"。其中，现代农业是以三七高效种植为特色，涵盖现代农业生产、高科技农业研发、农业科普教育和农业休闲度假等多个功能业态，形成国家级现代农业综合示范基地；加工制造是在引进云南白药、天士力、云三七等加工企业的基础上，形成包含研发、原料采购、产品加工、包装、品牌认证等多个产业环节，创建成国家级三七产品加工生产基地；商贸物流是以三七物流为主，包含农产品贮藏、零售、检测、贸易、综合信息发布、产品展示交易等，建设成文山州四大商贸物流基地之一，并且形成同时面向全国和东盟的国内国际贸易大通道；金融服务是以三七产业配套金融服务为主，包含银行、保险、信托、产业基金、企业孵化、三七现货和期货交易、三七商品指数发布等功能环节，构筑成三七产业金融服务中心；科技研发是以北大未名集团为重点引入企业，形成包含生物农业、生物医药、环保、生物服务等在内的三七生物科技研发基地；医养健康是以三七药用功能为依托，以医疗健康服务为重点引入主题，打造包含健康体检、疗养护理、休闲度假在内的康养休闲目的地；养生旅游是打造以三七药养为核心的全国避暑养生度假目的地，并打通文山至河内的自驾游线路，从而构筑国际旅游大通道；教育培训是为了促进三七全产业链的快速发展，规划诸如三七培训学校等咨询培训机构，为三七种植大户、三七企业加工人员、三七科研人才等提供学习培训和会议交流的服务空间。[①]

（六）时尚创意型特色小镇：以余杭艺尚小镇为例

浙江余杭艺尚小镇是一个时尚创意型的特色小镇，位于余杭临平新城，2015年入选浙江省首批特色小镇创建对象。小镇以时尚产业为主导，力求打造与国际接轨的引领时尚潮流的小镇，在这个时尚名镇很好地展示了文化融合

[①] 刘雅玮：《产业导向下特色小镇规划探索——以云南古木三七特色小镇为例》，《城市观察》2019年第3期。

的景象。小镇主要依托传统的杭派女装主产地优势，利用"企业主体、项目组合"运营方式，通过"创意＋""电商＋""大数据＋"等新型文化载体推动时尚产业创新性发展，"中法青年时尚设计人才交流计划"基地、"中国服装行业'十三五'创新示范基地"、亚洲时尚设计师中国创业基地等一批大型的产业项目落地生根，一大批国内外顶尖的知名设计师集聚于此，小镇处处能够感受到时尚产业、时尚文化和时尚气息。[①]

艺尚小镇在空间规划上以文化艺术中心、东湖为中心，向外发散形成时尚艺术街区、历史街区和文化街区，这片约3平方公里的土地拥有完备的城市配套，既有大都市的文化气息，又有江南水乡的地方特色，形成产业、文化、旅游、生活的多元共生空间。无论是在时尚设计领域、时尚教育行业还是时尚旅游休闲领域，小镇都力求国际化，但是又不忘记传统文化特色的传承与发扬，从而集各种时尚产业于一镇，实现国内与国际的互动沟通与交流。

通过不断地创新探索服务，小镇已引进加拿大设计师ROZE，"国家万人计划"人才李加林，金顶奖设计师张肇达、王玉涛、李小燕、张继成，"中国十佳设计师"刘思聪、肖红、施杰、刘奕群等一批业界知名人才，截止到目前，全国19名金顶奖设计师中的5名以及全国188名十佳设计师中的13名被引进艺尚小镇，签约网上设计师611人，目前高端设计人才总量位居全国11个同类园区之首。与中国美术学院、浙江理工大学深度合作，建立大学生创新创业基地、教学实践基地，打造美院艺尚空间，共建时尚产业人才培养合作基地。[②]

他们充分利用互联网、电子商务助推时尚产业，引入多啦衣梦、云衣间、集控科技等一批新业态领域的平台型企业，为传统服装产业带来新思路。比如，在聚集了足够多的设计师后，"云衣间"横空出世，这个为海内外独立服装设计师提供服务的平台，目前线上已经有100多个独立设计师和100多个集

---

① 浙江省发展改革委：《余杭艺尚小镇：恋上一座艺术与时尚的江南小镇》，2018年3月7日，见 http://tsxz.zjol.com.cn/ycnews/201803/t20180307_6739701.shtml。

② 杭州临平新城开发建设管理委员会：《艺尚小镇：创新打造时尚产业新地标》，《浙江经济》2018年第21期。

成店。中国服装协会、中国服装设计师等国家级行业协会也纷至沓来，小镇成为中国服装杭州峰会和亚洲时尚联合会中国大会的永久会址，小镇还是亚洲时尚设计师中国创业基地，可以欣赏国际顶尖的时装秀。小镇建设者们踌躇满志，加快规划、建设、招商步伐。自开发建设以来，累计完成投资66.92亿元，特色产业投资51.4亿元。集聚国内外顶尖设计师20名，引进区域性服装企业总部36家，企业565家。① 艺尚小镇，正推动万亿级时尚产业实现跨越式发展，打造中国式的具有东方文化底蕴的"米兰"。

三、特色小镇可持续发展的要求

多方面、宽领域、深层次的发展要求是特色小镇可持续发展的有力支撑。特色小镇在建立和发展过程中既需要产业、文化、能源等基础资源的支持，还需要明确发展方向、发展方式和发展特色，要采取措施强化特色小镇的可持续发展，发挥政策支持在特色小镇建设中的优势，发挥特色小镇在新型城镇化和经济发展中的引擎作用。

科学合理的规划是特色小镇可持续发展的"导向标"。特色小镇建设要以科学合理的规划为前提。在布局选址上，要统筹兼顾自然地理条件、交通区位条件、周边城市辐射和产业集群效应等因素；在城镇空间布局上，要合理划分基本功能区、产业功能区和融合发展区，合理安排功能区、产业、交通与生态、公共设施等的布局；② 在土地集约发展上，要推进土地利用的集约化发展，提高单位面积的经济效益，同时要建立地上地下一体化综合管廊配置，推动特色小镇走紧凑发展、空间集约的发展道路。当然，科学合理的规划不仅体现在规划内容上，还体现在规划分类和规划实施上。在规划分类上，要注重短期规划与长期规划相结合；在规划实施上，要注重实施效率的评估和反馈。

---

① 浙江省发展改革委：《余杭艺尚小镇：恋上一座艺术与时尚的江南小镇》，2018年3月7日，见 http://tsxz.zjol.com.cn/ycnews/201803/t20180307_6739701.shtml。

② 熊英等：《河北省特色小镇建设对策研究》，《河北企业》2018年第4期。

明晰的发展路径是特色小镇可持续发展的基本要求。明晰的发展路径是在深入了解特色小镇发展的重点和难点、传统和特色的前提下，明确特色小镇在时间排列上的发展计划，确保特色小镇建设能够按照规划进行，既保证基本建设标准，又突出特色。因此，在规划指引下，首先，要明确小镇的特色产业、突出文化特色和人文特点，深挖小镇的多方面特性，避免小镇的发展千篇一律；其次，要积极探索适合小镇的发展模式、发展方式和发展定位，助推特色小镇的现代化发展；最后，要积极推动特色小镇为新型城镇化的发展提供新动能，加快产业升级和结构调整。

市场化的运作模式是特色小镇可持续发展的必然趋势。与传统的政府主导规划和建设的工业园区相比，特色小镇的建设和发展要坚持以政府为指引、企业为主体、市场化的运作原则。特色小镇的市场化运作模式既要强调政府的前期指引作用，又要强化市场规则、市场主体在特色小镇建设中的主导作用，强调"专业的人做专业的事"，既包括特色小镇的规划设计、建筑设计、特色设计等顶层设计，也包括特色小镇的统筹运行、土地资源开发以及金融体系、基础设施建设、招商引资等各项具体内容。

加强文化创新和信息化建设是特色小镇可持续发展的时代要求。加强文化建设：一方面，要充分认识到文化对一个地区居民价值观的重要影响作用和对地区影响力的重要提升作用，要将地区独特的文化内涵和文化魅力融入到特色小镇发展的全过程中；另一方面，要不断深入挖掘地区特色文化，将地区文化建设与信息化建设相结合，培育新的本土文化，形成独具特色的品牌。同时，要积极推动特色小镇与"互联网+"的协同发展，创新产业发展方式，拓展产业发展链条。

第二章　中国特色小镇建设的提出与政策支撑

　　特色小镇的发展模式提出时间不长，但是很多地方在这一发展模式的指导下，根据地方特色抓住了发展机遇，带动了当地不同产业的协同发展，促进了经济增长和社会进步。并且，随着习近平总书记在党的十九大报告中提出实施乡村振兴战略，特色小镇的发展理念和实践模式正好契合乡村振兴战略，从而进一步促进了特色小镇建设。近几年，特色小镇的建设从不断探索到小有成就，离不开国家和地方政府不断出台的各种支持性政策。

第一节　特色小镇建设的提出与发展

一、特色小镇建设的背景

（一）特色小镇建设的可能性

　　在我国不断推进改革开放的大背景下，发展速度之快让世界震惊，在国际上的地位也日益重要，但是随着我国人口红利的衰减，我国经济发展逐渐进入"新常态"，由高速增长阶段转向高质量发展阶段，使我们不得不寻找新的发展方向，在旧动能依旧在为我国经济发展作出贡献的同时，大力转化培育与发展新动能，培育经济和社会进步的创造力，增强发展的可持续性。不可否认，我国各地区的城镇发展多数处在难以突破的瓶颈期，各地几乎相似的发展模式与按部就班的持续方式难以使小城镇在快速发展的经济和社会中再有建树，也越来越难以有可持续发展的活力，这也是因为政府集中发展和地方集中投资造成的同质性问题。所以，积极寻求新的发展要素、探索新的发展路径成为国家和各个地方工作的重心。在此背景下，特色小镇的提出就成为一种新的路径探索。特色小镇的提出，同时受以下几个因素的推动。

首先，浙江省特色小镇实践的成功经验借鉴是特色小镇发展的重要推动力。我国任何一项改革都是在被验证可行的基础上稳打稳扎地进行，从来不贸然大范围推广，而是在被证明符合我国发展的现状和基本国情，与当前的发展理念、战略和目标相吻合后才大力推行。而浙江省实际上就是全国范围内推广打造和建设特色小镇的试点省份，在浙江省审批和验收的第一批特色小镇的工作成果中卓有成效，才在全国范围内进行宣传和推广。浙江省建设特色小镇的成功经验是在全国范围开展这项工作的重要推动力量，使打造具有我国本土特点的特色小镇成为可能。

其次，国家的政策红利成为我国特色小镇建设的另一重要推动力。特色小镇成为新的发展阶段、新的历史时期、新型城镇化发展方向的创新探索，党中央在高度重视特色小镇发展规划的同时不断出台相关扶持政策，更是分别从政策性金融、开发性金融、商业性金融等三个主要方面在经济上给予大力支持来促进特色小镇的发展。并且，党中央从 2016 年开始将特色小镇创建列为农村重点工作之一，鼓励各部委和地方政府陆续出台相应的支持和指导政策，各省市也均在探索支持特色小镇发展的各种相关政策，目前出台的许多政策就涉及人才和农民落户、财政、土地、投融资等层面，这些都帮助特色小镇创建迈入一个新的阶段。

再次，各个地区基础设施和条件的改善成为我国建设特色小镇的推动力量。互联网信息技术的发展、私家车辆和公共交通的普及便利使人们在远离中心城市的郊区生活与工作成为可能。① 一方面，信息时代的到来，互联网技术的普及应用，计算机等各种终端设备完全可以实现远程交流，使特色小镇远离经济中心的空间距离已经不再是工作障碍。另一方面，交通设施和条件的改善，包括水、陆、空三种交通方式的普及，尤其是高铁、地铁等的建设展现了中国速度和中国质量，使在地区间的快速往返已经不再成为人们担忧的问题。正如西方学者提出的那样："技术、特别是那些与交通和通信有关的技术，是城市转变的一个重要因素。"② 交通技术及交通的发展无疑为特色小镇的发展提供了更多可能性。

最后，人们思想观念的进步和转变也使特色小镇建设成为可能。距离已经不再是人们生活和工作的主要阻碍，生活在新时代的人们越来越懂得享受生活，开始追求自己向往的生活方式。随着大城市的发展越来越趋向于饱和状态，大城市的快速膨胀导致了各种"城市病"，地租上升和环境恶化会削弱大城市对居民的吸引力。③ 生活在大城市的快节奏和高压力让人们开始想要逃离，逆城市化也成为一种新潮，人们想要更多地亲近大自然，远离城市的喧嚣、拥堵和雾霾，并且这种需求无论是在新一代的年轻人心中还是退休的老年人心中，甚至工作稳定的青壮年心中都越来越强烈，即使无法真正逃离大城市，休假时去城市周边郊区度假也已经成为一种流行选择，而特色小镇的发展正好迎合了人们的这种需求，获得人们广泛的追捧和支持。

（二）特色小镇建设的必要性

在宏观层面上，2015 年我国提出了经济结构性改革，2016 年更是在不断研究供给侧结构性改革工作方案的基础上，形成"去产能、去库存、去杠杆、

---

① 陈一静：《中国城镇化创新发展探究：特色小镇发展模式及机遇》，《天津行政学院学报》2018年第 5 期。

② Mumford: "The Preindustrial City:Past and the Present", *American Sociological Review*, Vol.8, 1961, pp.656-657.

③ Krugman P., "Urban Concentration: The Role of Increasing Returns and Transport Costs", *International Regionanl Science Review*, 1996, No.19, pp.5-30.

降成本、补短板"五大任务，由粗放式的经济发展模式转向集约型的经济发展模式。这似乎给我国特色小镇的发展提供了新的思路，小镇的发展同样适用供给侧结构性改革，从供给侧发力。2017 年，习近平总书记在党的十九大报告中指出：中国特色社会主义进入新时代，我国社会主要矛盾已经转化为人民日益增长的美好生活需要和不平衡不充分的发展之间的矛盾。① 人们的需求升级显然已成为经济发展的新动能，人们的消费需求已经从简单的满足生存需要的传统物质型消费转变为注重自身发展和享受服务的体验型消费，在教育、休闲、娱乐、医疗、养生等新领域的消费急剧上升、需求旺盛，从而使特色小镇建设成为实现和满足人们日益增长的消费需求的重要载体。实践证明，特色小镇的建设实际上也是一项全面提升城乡共同发展质量的重要措施，是推动小镇产业转型和升级的重要抓手，更是决胜全面建成小康社会的必经之路。

在微观层面上，建设特色小镇具有其必然的动因。经济大环境的变化使小城镇经济产业发展面临重重困难，最重要的一点是原来小城镇发展依靠的相对大城市较低的劳动力、土地、环境成本等发展优势正在一点一点消失，尤其在我国人口红利消失后，这方面的优势已经难以吸引产业进入，甚至越来越多的企业开始撤出。在经历经济危机后，小城镇的发展更是受到重创，成本上升、产能过剩，让依靠城镇企业生活的职工开始面临失业，小城镇产业开始面临重大挑战。这些问题几乎是所有小城镇发展都会面临的困境。而且，我国小城镇发展现在呈现高度分化的状态，例如，东南沿海地区借助交通便利和自然环境优势，吸引众多企业，甚至外国投资，渐渐在经济的带动下，部分小城镇现在已经成为小城市，从而进一步吸引更多的投资和人才进入，形成经济发展的良性循环，城镇越来越繁荣，但同时带来生活和工作压力过大的问题，在过快的发展中，城镇管理体制不能适应新的挑战，产业模式固定的束缚使产业转型升级在这些地区推进的难度增大；而中西部地区绝大部分小城镇因为地理位置的

---

① 习近平：《决胜全面建成小康社会　夺取新时代中国特色社会主义伟大胜利——在中国共产党第十九次全国代表大会上的报告》，人民出版社 2017 年版，第 11 页。

原因，交通发展相对落后，自然环境相对恶劣，从历史发展来看始终缺乏产业支撑，从而很难吸引外来投资和资源，这也是导致农村劳动力就地转移困难的原因，因为城镇无法吸纳这些人员就业和生活等等。众多因素使中西部地区在发展道路上不可能复制东部沿海地区小城镇的发展模式，而东部沿海也不能墨守成规维持现状，因此全国小城镇的发展需要寻找一条新的发展道路，来适应我国的发展背景。

（三）特色小镇建设的迫切性

我国经济发展进入新常态，一方面意味着我国经济从高速发展转变为中高速发展；另一方面意味着粗放式的发展模式向集约型的发展模式转变，也就是说我国的经济发展开始放缓，这无疑会影响我国的城镇化进程。通过经济的转型升级实现加强新型城镇化建设的目的必然成为当前阶段发展的迫切需求。而特色小镇建设正是适应上述发展理念的重要举措，从而在我国提出建设特色小镇就具有其天然的迫切性，但新常态下特色小镇的规划应当具有科学性与合理性。[1] 另外，近些年我们也开始越来越强烈地意识到大城市出现的"城市病"问题，并且这个问题不仅没有在发展中消失，反而不断加剧，必然成为中国城镇化过程中需要着力解决的一个不容忽视的大问题。如何减轻大城市的承载压力，疏解大城市交通、环境和人口压力，向外扩展大城市的规划范围已经显得力不从心，大力发展小城镇，吸引人们的自愿性流动才是真正可行的解决路径。

特色小镇恰恰提供了实现集约绿色发展、缓解城市病、推动新型城镇化的创新路径。特色小镇以"特色"建设为核心，塑造或拥有产业特色或文化特色，亦可以是具有功能特色甚至生态特色的小镇，也可以是多个不同方面的特色协调发展，相对之前的发展方式更加灵活创新，在生态环境、产业定位、市场取向、基础设施完善等多个方面都有具体要求，打破雷同的发展模式和一致的小镇打造路径。在资源紧张和稀缺的情况下，特色小镇可以最大化实现资源的配

---

[1]　周蕾：《新常态下的特色小镇规划研究》，《黑龙江科技信息》2017 年第 4 期。

置和使用、优化土地资源利用、提高土地利用效率、转变产业发展动能、淘汰旧的动能、培育新兴产业、加快产业升级。特色小镇也是城市适应各个主体发展需要、提高社会生活质量的重要策略，政府在特色小镇的发展中可以树立良好形象获得人民的支持和信赖，带领人民走向美好生活，企业可以在这次机遇中重新找到新的发展契机和发展优势，在国家和地方的政策支持下或是扭转企业命运或是扩大发展规模，居民也可以在特色小镇建设中获得新的工作机会和发展空间，更能够在青山绿水中感受自然、亲近自然，在传统文化的熏陶下提高生活情趣，在小镇中感受浓浓乡情。因此，特色小镇这样一个"非镇非区"的创新空间备受关注，对产业转型和经济发展都起到极大的推动作用，得到多方尤其是党中央的充分肯定。

二、特色小镇建设的提出

2014 年 10 月，时任浙江省省长李强参观"云栖小镇"时公开提及"特色小镇"，并迅速引起大家的广泛关注。同一年浙江省又率先提出"特色小镇"的发展战略，探索破解浙江省发展瓶颈的途径，以促进小镇实现转型与升级。浙江省人民政府又于 2015 年 4 月发布了《浙江省人民政府关于加快特色小镇规划建设的指导意见》，提出在浙江省建设特色小镇，促进区域经济转型。①到 2015 年底，浙江省多地特色小镇发展迅速，成果显著，引起国家相关部门的高度重视，习近平总书记在《浙江特色小镇调研报告》上做了重要批示，对特色小镇这一新生事物给予了高度的评价和鼓励。习近平总书记也多次在重要会议上肯定了特色小镇和小城镇建设的重要性，并指出应当从供给侧结构性改革发力，培育具有地方特色的小城镇，这一举措对当下新常态的经济发展同样具有重要意义。

随后，社会各界逐渐认可特色小镇的提法，并且认为特色小镇是产业发展

---

① 谯薇等：《我国特色小镇发展现状、主要问题及发展路径探析》，《当代经济》2018 年第 8 期。

到一定阶段的产物。浙江省率先提出发展特色小镇的原因有很多，其中最重要的是浙江省的块状经济比较发达、民营经济相对于其他省份活跃，同时又具有雄厚的社会资本和浓厚的创业氛围等等。浙江省看到了发展特色小镇的巨大经济效益，在特色小镇的小空间里，引进高强度的投入和新兴产业，一方面可以破解千镇一面的现状；另一方面又可以提升块状经济的发展优势，从而推动"生产、生活、生态"三生融合的发展理念，在整体上实现特色小镇发展"产、城、人、文、景"五位一体。因此，浙江经验无疑能够提供一定的典型示范和思想启迪，然而必须看到，浙江经验是一部流动的现实而非凝固的历史、一个立体多面的结构而非线性单维的平面、一种地方性经验而非普适性经验。①

　　浙江省特色小镇的建设历程可以总结如下：2015 年是浙江省特色小镇建设的起航阶段，先是浙江省"两会"提出并明确特色小镇的概念，并将其描述为新的理念、新的机制和新的载体；同年 4 月 22 日，浙江省正式发布了特色小镇的创建指导意见，在意见的指导下，工作顺利推进；同年 6 月 4 日，第一批省级特色小镇的创建名单公布，共有 37 个小镇入选；2016 年，首批省级特色小镇进入验收阶段，验收报告出炉并正式命名；2016 年 1 月，正式公布了包括42 个小镇在内的第二批省级特色小镇的创建名单和培育名单，同步推进新一批特色小镇建设。浙江省特色小镇建设在有效破解供给不足、提升传统产业、破解城乡二元结构、促进人才和资本等高端要素的集合、提升人居环境等方面发挥了重要作用，在全国范围内树立了好的榜样，带来了成功经验。2016 年 7月，财政部、国家发展改革委和住房城乡建设部等三个单位联合出台文件《关于开展特色小镇培育工作的通知》，提出"至 2020 年要培育 1000 个左右的特色小镇"的要求，掀起了全国共同建设"特色小镇"的热潮。

---

①　陈占江：《乡村振兴的生态之维：逻辑与路径——基于浙江经验的观察与思考》，《中央民族大学学报（哲学社会科学版）》2018 年第 6 期。

三、特色小镇建设的发展

特色小镇概念提出后不久，国家开始关注并支持浙江省的做法，在浙江省取得很好的成效后，国家政策导向明显，各地纷纷借此东风，整合当地的特色产业，发掘和利用地方特色要素，着手构建特色小镇的基础形式。在特色小镇的建设要求下，提高特色产业带动能力，完善基础设施建设，提高农牧渔业现代化水平，以区域特色发展吸引人才、企业、高校落户，为农村经济发展吸纳更多的活力，对国家均衡发展、资源合理配置、提高农业生产效率、增强农村地区自身发展动力有着积极意义。① 各地区在特色小镇的建设中着力挖掘自身特点，充分利用已有的发展资源，并不断吸引外来资源，作出适宜当地发展的产业规划，形成独一无二的特色产业，各地以务实的态度实现特色小镇的可持续发展。换句话说，现在各个省市特色小镇的规划都是本着丰富文化内涵、加强旅游发展优势、增加产业经济动力、建设本地特色风貌的原则，与此同时，不断培育新产业和创新发展原产业，扎实地加快特色小镇的建设。

特色小镇在近几年的快速发展过程中，开始逐渐形成涵盖旅游小镇、温泉小镇、度假小镇、梦想小镇、金融小镇、物联网小镇、机器人小镇、赛车小镇、爱情主题小镇、新能源小镇、智造小镇等多种不同形式的小镇。有些小镇本身就具有一定的优势，具有明显的可以发展壮大的内容，或是在原有产业发展、或是在历史文化继承、或是在自然生态建设的基础上，进一步发展建设成为特色小镇；也有的地区不想错过这次发展机会，但是本身又不具有什么可以发展的内容，因此这样的地区特色小镇的建设实践是先有一定的形式，再一步步去充实内容。特色小镇从最初的以农业服务基地为基础，与"一村一品"相结合形成特色小镇；再到以浙江为主要发源地，以企业集群为带动，通过企业

---

① 徐伟、高帆：《特色小镇在中国城市边缘农村中的发展浅析》，《国土与自然资源研究》2018年第4期。

集群所产生的产品进入全球产业链，带动经济发展；再发展至与旅游休闲、历史文化特色等产业相结合的小镇；现在，小镇与新经济体相结合，在形态、产业构成、运行模式等方面进行创新，成为城市修补、生态修复、产业修缮的重要手段。[1]

在全国建设特色小镇的热潮中，各个省份积极响应国家号召纷纷采取行动，制定完善相关政策，推动特色小镇建设发展。梳理不同省份的政策和实践，我们发现有的省份制定了特色小镇的发展目标，有的省份完善了特色小镇的审批流程，有的省份对特色小镇提出了明确要求……例如，浙江省制定了一系列文件，明确特色小镇规划建设的总体要求、创建程序、政策措施、组织领导等；陕西省发布《进一步推动全省重点示范镇文化旅游名镇（街区）建设的通知》，带动全省特色小镇发展；贵州省委、省政府利用当地原材料优势和本地品牌优势建设了一批酒业带动型小镇、茶业带动型小镇、旅游带动型小镇等各具特色的小镇，并提出了要建设 100 个示范小镇的目标；甘肃省发布《关于推进特色小镇建设的指导意见》，明确用三年时间重点建设 18 个特色小镇，且均要建设成为 3A 级以上旅游景区，其中重点以旅游产业带动的小镇必须按照 5A 级景区建设；广东省到 2020 年将建成 100 个省级特色小镇，特色小镇的产业发展水平、创新发展能力、吸纳就业能力和辐射带动能力显著提升，成为新的经济增长点；四川省大力实施"百镇建设行动"，每年遴选 100 个特色小镇重点培育，目前推出的 300 个试点示范特色小镇依旧要充分发挥市场作用，竞相发展以不断优化小镇建设；《北京市"十三五"时期城乡一体化发展规划》提出，"十三五"期间，全市统筹规划建设一批功能性特色小镇，提高小镇承载力；福建省印发《关于开展特色小镇规划建设的指导意见》，要求通过 3—5 年培育创建一批特色小镇；山东省于 2016 年 9 月发布《山东省创建特色小镇实施方案》，是山东省特色小镇建设的纲领性文件，从明确目标定位、规范创建程序、强化政策扶持、协调组织领导四个方面作出具体指示。

---

[1]　李珏：《特色小镇规划发展历程浅析》，《住宅与房地产》2018 年第 12 期。

截至目前，中国特色小镇共计403个。其中第一批127个，第二批276个。从人口规模来看，人口数量超100万的特色小镇有32个。从各区域的特色小镇数量来看，华东地区的数量是最多的，有117个，其中浙江省数量最多，为23个。① 从产业特色的创建类型来看，在两批特色小镇中，"文化旅游"型占比最多，约占40%，其次是"现代农业"型，占23%，再次是"特色产业"型，占18%，"现代服务"型和"高端制造"型各占8%，"创新创业型"、"交通区位"型、"新兴产业"型均占1%。② 截止到2018年2月，全国两批特色小镇试点，再加上各地方创建的省级特色小镇，数量已达2000多个。③

2019年4月，在浙江德清地理信息小镇召开了2019年全国特色小镇现场会，集中推出了工作成果。交流了"第一轮全国特色小镇典型经验"。"第一轮全国特色小镇典型经验"是来自16个精品特色小镇的五个方面经验：一是在如何打造新兴产业集聚发展新引擎方面，由浙江德清地理信息小镇、杭州梦想小镇、福建宁德锂电新能源小镇、江苏镇江句容绿色新能源小镇、山东济南中欧装备制造小镇、黑龙江大庆赛车小镇提供经验。二是在如何探索传统产业转型升级新路径方面，由浙江诸暨袜艺小镇、广东深圳大浪时尚小镇、吉林长春红旗智能小镇、广东佛山禅城陶谷小镇提供经验。三是在如何开拓城镇化建设新空间方面，由江苏苏州苏绣小镇、云南曲靖麒麟职教小镇、吉林安图红丰矿泉水小镇提供经验。四是在如何构筑城乡融合发展新支点方面，由江西大余丫山小镇、安徽合肥三瓜公社小镇提供经验。五是在如何搭建传统文化传承保护新平台方面，由天津西青杨柳青文旅小镇提供经验。④

---

① 赵磊、关克宇：《中国特色小镇发展现状分析》，《中国房地产》2019年第2期。
② 刘雅玮：《产业导向下特色小镇规划探索——以云南古木三七特色小镇为例》，《城市观察》2019年第3期。
③ 李冰等：《基于"钻石模型"的黑龙江省冰雪特色小镇发展研究》，《哈尔滨体育学院学报》2018年第4期。
④ 蔡若愚：《"第一轮全国特色小镇典型经验"新鲜出炉》，《中国经济导报》2019年7月4日。

第二节　特色小镇建设的指导理念

一、五大发展理念与特色小镇

（一）五大发展理念的提出背景

2015 年 10 月 26 日至 29 日，党的十八届五中全会指出："破解发展难题，厚植发展优势，必须牢固树立创新、协调、绿色、开放、共享的发展理念。"[①]这既是本次会议的突出亮点又是一项重大贡献，我国的五大发展理念是基于当时国内外的特殊背景提出来的。从国际背景来看，一方面，整个世界经济发展处在深度调整期，正在缓慢地复苏。增长脆弱，尤其是发展不平衡的问题尚未解决，越发突出。另一方面，科技是第一生产力，"互联网＋"经济的势头越来越猛，新一轮的产业和科技革命蓄势待发，分享经济、绿色发展、创新创造和智能制造等一系列理念开始出现。从国内形势来看，我国"十三五"时期是一个发展关键期，不容忽视的是我国一直在创新创造这个方面比较薄弱，自主技术和品牌研发尚显不足，科技成果的转化率与发达国家相比，仍有不小的差距；地区间发展不平衡，重工业地区和人口密集区的水污染、雾霾等问题突出；公共设施与公共服务还不够完善，在实现公平性的道路上不断努力，但效果依旧不明显……在这样的国内外背景下，五大发展理念的提出实际上是在直面我国发展中存在的问题，积极寻找解决问题路径的表现。

（二）五大发展理念的主要内涵

五大发展理念以问题为导向，具体包含：创新、协调、绿色、开放、共享。首先创新当头，进一步强调创新理念和创新思想的重要性，把发展的基点

---

① 顾利民：《以"五大发展理念"引领特色小镇的培育建设》，《城市发展研究》2017 年第 6 期。

放在创新上，真正使其成为促进发展的驱动力，才能够提升经济发展的速度、保证经济发展的质量、完善经济发展的结构，才能真正与时俱进、行稳致远；协调发展越来越受到国家和地方的重视，发展不平衡不仅仅是地区间的不平衡，还有城乡之间、产业之间、领域之间以及各方面的配合之间的不平衡，不协调不平衡直接影响可持续性，为了保持优势、补齐短板，协调发展成为必须坚持的事情；生态环境恶化已成为人们抱怨的事情，成为人民群众心头之患，我们一直强调人与自然和谐相处，不能够先发展后治理，而是在保证环境不被破坏的同时实现绿色发展，保护我们生存的家园；改革开放以来，我们对外开放的水平不断提高，因为开放，我们获得更多的发展机遇，也让世界更准确地认识中国，我们在国际上也是不断贡献着中国智慧，所以我们要将开放的大门越开越大，提高开放的质量，内外联动协同发展；最后是共享发展，积极共享发展成果，不断完善公共服务的供给和社会保障体系，尤其是打赢脱贫攻坚战，为人民增福祉。

（三）五大发展理念指导特色小镇建设

"创新、协调、绿色、开放、共享"五大发展理念是特色小镇持续健康发展的必然要求。特色小镇的培育建设必须紧紧依靠五大发展理念的引领，将五大发展理念贯穿于特色小镇培育建设的全过程。① 特色小镇实际上并不是传统意义上所说的行政单元的"镇"，也不是划归的产业园区，而是一个相对独立的区域，它的产业特色鲜明，是实现小空间大集聚、小平台大产业、小载体大创新的组织形式，这正体现了五大发展理念中的创新；形态小而美、产业特而强、功能聚而合、机制新而活，新城、景区与产业园区三者的交叉重叠部分则是特色小镇，实现产业、人气、消费、空间、技术、人才等协调发展；生态环境优美、人文气息浓厚，力在修复自然生态、保护环境风貌，经济与生态共生，实现生态产业化、产业生态化，是绿色发展理念的体现和具体落实；面向

---

① 顾利民：《以"五大发展理念"引领特色小镇的培育建设》，《城市发展研究》2017 年第 6 期。

国际化，对外开放借鉴优秀经验，打造属于中国特色的国际品牌，让世界更多国家看到中国的发展与进步，对内省级之间相互学习相互交流相互借鉴，地方之间也是开放发展；特色小镇展示了具有社区功能的新型发展平台，坚持公共设施的完善，在小镇可以感受民间乡情，带动地方人民走向共同富裕，实现经济发展成果全民共享，正是共享理念在特色小镇的应用。例如，河北省平山县佛光山生态文化旅游产业园区活用"创新、协调、绿色、开发、共享"发展理念，系列开发集优越的生态环境、优美的景观环境、优雅的文化环境、优质的服务环境、优秀的旅游环境为一体的新型旅游景区、特色智慧小镇。①

二、"五位一体"总体布局与特色小镇

（一）"五位一体"总体布局的提出

2012 年 11 月 8 日，党的十八大报告提出了"五位一体"的总体布局，这是建设中国特色社会主义的总布局，是全面建成小康社会目标的新要求，"把生态文明建设放在突出地位，融入经济建设、政治建设、文化建设、社会建设各方面和全过程"。②"五位一体"的总布局是中国共产党人在进行了长期不懈的实践和探索中形成、完善的，因此又被看成是中国特色社会主义建设理论的新发展。在中国特色社会主义事业建设应该如何进行总体布局这一重大战略问题上，我们党经历了从十六大提出的物质文明、政治文明、精神文明"三位一体"到党的十七大提出社会主义经济建设、政治建设、文化建设、社会建设"四位一体"再到党的十八大报告提出的"五位一体"的发展历程。"五位一体"布局更加完善、思路更加清晰、任务更加明确，标志着我们党对中国特色社会主义的认识达到了新境界。③

---

① 参见段小平、朱哲江、李鹍：《关于佛光山生态文化旅游产业园区"五位一体"创新"大区小镇"精准脱贫模式的调研报告》，《经济论坛》2016 年第 10 期。

② 《学习十八大："五位一体"为发展方式确立了新坐标》，《南方日报》2012 年 11 月 23 日。

③ 《学习十八大："五位一体"为发展方式确立了新坐标》，《南方日报》2012 年 11 月 23 日。

（二）"五位一体"总体布局的主要内容

"五位一体"总体布局是一种辩证的思想体系，虽说五个方面各自都是一个独立的小系统，但同时五个方面又相互依存、相互作用、相互影响、相得益彰，五者不可分割，形成一个完整的体系，一个统一于中国特色社会主义建设的整体系统。其中经济建设是根本，政治建设是保证，文化建设是灵魂，社会建设是条件，生态文明建设是基础。以经济建设为中心是兴国之要，只有推动经济持续健康发展，才能筑牢国家繁荣富强、人民幸福安康、社会和谐稳定的物质基础；人民民主是我们党始终高扬的光辉旗帜，发展社会主义民主政治是我们党始终不渝的奋斗目标；文化是民族的血脉，没有社会主义文化繁荣发展，就没有社会主义现代化；加强社会建设是社会和谐稳定的重要保证，必须从维护最广大人民根本利益的高度，推动社会主义和谐社会建设；建设生态文明，是关系人民福祉、关乎民族未来的长远大计。只有坚持"五位一体"建设全面推进、协调发展，才能形成经济富裕、政治民主、文化繁荣、社会公平、生态良好的发展格局，把我国建设成为富强民主文明和谐美丽的社会主义现代化国家。①

（三）"五位一体"总体布局指导特色小镇建设

特色小镇的建设完全符合我国"五位一体"总体布局，具体体现在以下方面：产业转型升级，功能聚集，加快自动化、信息化、城镇化发展是经济建设的缩影；保证社会治安、依法治理，营造良好的发展环境，人民当家作主，大家的事情大家一起商量的民主是政治建设的体现；继承发扬传统文化，不忘民族和地方特色，传承历史和文化脉络，特色小镇具有文化底蕴和丰富的内涵是文化建设的重要内容；在特色小镇建设过程中"人人为我，我为人人"的多方参与、共建共享，大家团结一心为社会发展贡献力量，营造积极向上、团结一致、利己利他的社会和谐氛围是社会建设的成果体现；打造特色的同时坚持生

---

① 《学习十八大："五位一体"为发展方式确立了新坐标》，《南方日报》2012 年 11 月 23 日。

态环境不破坏，甚至最大程度地修复已经被破坏的自然风光，让人们回归到自然的怀抱，感受纯正的碧水蓝天、鸟语花香也是特色小镇的项目之一，更是生态文明建设的要求。通过"五位一体"解决方案，链接城市与乡村的功能、产业、人口、文化等要素，形成城市的功能、产业、人才向农村传导，农村传统文化、工艺向城市流动的双向互动互利机制，[①] 所以说"五位一体"的总体布局是我国建设特色小镇的指导，而特色小镇的建设也是"五位一体"总体布局的具体实践。

三、"三生融合理念"与特色小镇

特色小镇按照不同的分类标准可以分成很多类别，例如我们可以划分为传统产业特色小镇和战略性新兴产业特色小镇等；可以划分为森林特色小镇、湖泊特色小镇、海洋特色小镇等。但是不变的是，"生产、生活、生态"始终是融合的、共生的、相互渗透的。随着特色产业发展走向高端，从一般制造业走向服务业，包括金融、会展、康养、文旅产业，逐步实现三次产业联动，"生产、生活、生态"融合，[②] 不管是哪种类型的小镇，生产都是发展的核心，生活是发展的出发点和落脚点，生态是发展的保障。

（一）生产与特色小镇建设

每个小镇的建设所面临的资源情况和产业发展现状各不相同，所以每个特色小镇的建设工作必须首先明确产业定位。在搞清楚小镇发展的优势、劣势、机遇和挑战之后，立足现有资源以及可以争取的可获得资源的基础上，考察市场新需求，创造新供给。核心产业选择直接决定着小镇未来的发展，通过核心产业的打造实现产业的不断聚集和升级，是适应时代发展的关键。对于以传统

---

① 胡柏:《统筹城乡发展"五位一体"解决方案》,《中国国际财经（中英文）》2018 年第 8 期。

② 席丽莎、刘建朝、王明浩:《"文化源"+"产业丛"——新时代特色小镇发育的动力及其机制》,《城市发展研究》2018 年第 10 期。

产业为特色的小镇，要加强人才的引入，要保持创新的思想向前迈进，保护研发和知识产权，培育龙头企业，带动小企业共同发展，大企业要争取国际化，小企业争取做大做强；对于以战略性新兴产业发展为特色的小镇，要注意维护良好的发展空间和竞争环境，鼓励高品质的创新，吸引高端企业和人群入驻，同时解决当地群众就业难题。两种类型的小镇都应该是产业发展突出专、精、特、新，通过技术创新和生产结构调整，围绕核心产业打造完善的产业链，形成核心竞争优势，推动区域经济转型升级，推动城乡统筹一体发展。

（二）生活与特色小镇建设

生产、生态改进发展的出发点和落脚点实际上都是满足人们的生活，人们的生活不可能是单一的，而是丰富多彩的。所以在生活空间上，既要保证当地常住人口的生活区域，又要确保景区对外来游客的接待能力，同时顺应当前人们对科技和个性化的追求的潮流融入智能化、个性化元素，短期内可保持原有的生活格局，空间配比可相对较低，但是要在有限空间上打造让人们生活舒心、放心、安心的优化服务。既然是要满足人们的生活需要，那么小镇的功能要齐全，让生活功能在小镇区域就可以完全便利地实现，围绕吃、穿、住、用、行、游、购、娱八大要素，规划生活功能链条，强调休闲聚集与消费聚集，强调互动与体验，体现多功能、复合型的小镇生活功能区，以实现小镇更高层次的发展。以杭州云栖小镇为例，小镇的衣食住行安排有序，积极打造高级互联网人才生活圈。提供公共服务 APP，推进数字化管理全覆盖，完善医疗、教育和休闲设施。引入超市、书吧、健身房、咖啡馆、酒吧、餐饮、美容等设施，构建完善的生活配套体系。①

（三）生态与特色小镇建设

在生态定位上，我国这些年越来越重视环境保护，并实施资源节约的生态

---

① 张登国：《我国县域城镇化发展路径研究》，人民出版社 2018 年版，第 193 页。

保护型经济发展战略，坚守"天人合一"的理念。现在特色小镇的发展不同于以往大城市的发展路线，而是要保护当地生态特色，不至于在城镇化过程中只有高楼大厦、车水马龙。在城镇化进程持续推进的今天，人们希望去寻找自然的味道和本色，向往环境优美、气候宜人的生活。习近平总书记一再强调"绿水青山就是金山银山"的生态文明思想，其实特色小镇的建设工作在很多地方也验证了这一思想。尤其以自然环境、生态特色为支撑的旅游型特色小镇，特色小镇的规划、设计、建设、运营，都要坚持生态优先的原则。只有守住山清水秀的生态环境，科学有效地顺应自然、改善自然，还小镇自然、宁静、和谐、美丽，才能够保持旅游小镇的特色，才能不断吸引全国各地甚至国际游客到小镇一览我国的大好河山，感受原生态的自然气息。而一旦生态环境遭到破坏，小镇没有了旅游产业的支撑，对每个人来说就失去了欣赏别有一番风情的美景的机会，对小镇来说是经济可持续发展的损失，对国家来说更是一块宝地的丧失。即使不是以生态环境为主打造的特色小镇，产业的发展也无法离开生态环境，发展离不开人，人离不开环境，只有打造优美清新的整体环境，生态与生产相结合，并将生态环保渗透到每个区间，经济与环境才能协调共进，人与自然才能协调发展。

第三节　特色小镇的政策支撑

一、国家层面特色小镇的相关政策

"特色小镇"这一概念提出的时间并不长，但是引起的反响巨大，大家越来越认同这种发展模式。特色小镇受到追捧也不无道理，在工业化社会产业趋同化的大背景下，小镇保留本身的特色打造个性化发展空间，符合现代人的追求。之前被忽视的地方特色实际上能够带来巨大效益，充分利用这些特色促进地方改革创新发展，成为当地经济、社会发展过程中的重要驱动力，甚至成为在适应经济发展进程中合理推动新型城镇化建设的不容忽视的力量。

因此，从国家层面上来说，我国各地特色小镇在如火如荼发展的时候，政府在其中扮演重要角色，国家部委及时地给予政策支持与政策指导，积极引导地方特色小镇建设发展。2015 年 10 月《中共中央关于制定国民经济和社会发展第十三个五年规划的建议》中就提倡加快培育中小城市和特色小城镇，这是国家层面出台的指导政策的开端。2016 年是国家密集出台政策的一年，体现着国家积极推动特色小镇的建设和对这项工作的高度重视，包括 2016 年 3 月《国民经济和社会发展第十三个五年规划纲要》中提出加快发展中小城市和特色镇。2017 年的政府工作报告也明确提出支持中小城市和特色小城镇发展。以下是我国从 2016 年开始发布的相关特色小镇建设的重要文件梳理（见表 2-1），我们从中可以看到既有国务院发布的指导性文件，也有各个相关部门出台的具体实施推动文件。

表 2-1 近年来国家层面特色小镇的相关政策

序号	政策名称	政策制定部门	发布时间
1	《关于深入推进新型城镇化建设的若干意见》	国务院	2016 年 2 月 6 日
2	《关于开展特色小镇培育工作的通知》	住房城乡建设部、国家发展改革委、财政部	2016 年 7 月 1 日
3	《关于做好 2016 年特色小镇推荐工作的通知》	住房城乡建设部	2016 年 8 月 3 日
4	《关于公布第一批中国特色小镇名单的通知》	住房城乡建设部	2016 年 10 月 11 日
5	《关于加快美丽特色小（城）镇建设的指导意见》	国家发展改革委	2016 年 10 月 8 日
6	《关于实施"千企千镇工程"推进美丽特色小（城）镇建设的通知》	国家发展改革委等	2016 年 12 月 12 日

续表

序号	政策名称	政策制定部门	发布时间
7	《关于推进政策性金融支持小城镇建设的通知》	住建城乡建设部、中国农业发展银行	2016 年 10 月 10 日
8	《关于开发性金融支持特色小（城）镇建设促进脱贫攻坚的意见》	国家发展改革委、国家开发银行	2017 年 1 月 13 日
9	《关于公布第二批全国特色小镇名单的通知》	住房城乡建设部	2017 年 8 月 22 日
10	《关于规范推进特色小镇和特色小城镇建设的若干意见》	国家发展改革委、国土资源部、环境保护部、住房城乡建设部	2017 年 12 月 4 日
11	《关于实施 2018 年推进新型城镇化建设重点任务的通知》	国家发展改革委	2018 年 3 月 9 日
12	《关于建立特色小镇和特色小城镇高质量发展机制的通知》	国家发展改革委	2018 年 8 月 30 日

二、国家层面特色小镇政策的内容

国家层面特色小镇政策面广、量大、内容丰富，下面仅选取部分政策内容做简单梳理。

（一）《关于深入推进新型城镇化建设的若干意见》

在国务院发布的这个文件中，不仅提出要加快特色小镇的发展，而且强调要发挥市场主体的作用。一个良好的市场环境，可以带来创新动力，可以引导小镇产业朝着市场需求的方向发展。文件还要求推动小城镇发展要结合疏解大城市中心城区的功能，坚持服务"三农"保证农民的利益不受损，带动农业现代化和农民就近城镇化。最后，文件为特色小镇的建设发展指出几条可行的道路：可以根据实际情况打造具有特色优势的休闲旅游、商贸物流、信息产业、民俗文化传承等魅力小镇。

(二)《关于开展特色小镇培育工作的通知》

这是国家层面第一次下发专门针对特色小镇的文件，由住房城乡建设部、国家发展改革委、财政部联合发布。在文件中明确提出了特色小镇的培育目标、培育要求和支持政策。培育目标为：到 2020 年，培育 1000 个左右各具特色、富有活力的不同类型的特色小镇；特色小镇的定位原则上为建制镇（县城关镇除外），优先选择全国重点镇，培育要求是必须具有特色鲜明的产业形态、和谐宜居的美丽环境、彰显特色的传统文化、便捷完善的设施服务、充满活力的体制机制；在资金方面明确指出特色小镇建设项目申请专项建设资金可以获得相关部分的支持，中央财政会对开展较好的小镇给予适当的奖励。政策文件给各地区建设特色小镇指明了方向并树立了信心。

(三)《关于做好 2016 年特色小镇推荐工作的通知》

这是住房城乡建设部发布的通知，是关于特色小镇申报环节的具体程序性文件。在全国特色小镇进入快速推进阶段，如何确定哪些小镇可以建设、怎么建设、建设成什么样等一系列问题就必须标准化，所有的特色小镇推荐、审批流程应该符合规定，防止各个小镇在不明确发展方向和发展特色的情况下盲目为了名誉或者资金来争抢建设名额，这样只会劳民伤财，没有特色基础和产业支撑的小镇建设只会是徒劳，文件公布了特色小镇申报程序、申报标准及推荐材料，严格实施标准化，让特色小镇建设真正具有特色和发展前景。

(四)《关于公布第一批中国特色小镇名单的通知》

这个文件也是住房城乡建设部发布的，是在经过特色小镇的申报、审批工作后，确定的第一批中国特色小镇名单，既是对这些小镇建设工作成果的肯定，也是为进一步试点特色小镇的工作是否可行，以全国公布的 127 个特色小镇的培育名单作为全国特色小镇建设工作的开端和起点。

（五）《关于加快美丽特色小（城）镇建设的指导意见》

国家发展改革委再一次发布文件主要是为了确定特色小镇与特色小城镇的概念，明确"特色小（城）镇包括特色小镇、小城镇两种形态"，这让各个小镇在建设过程中明确发展道路，不至于畸形发展，同时提出了美丽特色小（城）镇的定位和作用。沿用《国家新型城镇化规划（2014—2020年）》对区位和资源优势不同的三种类型小城镇的划分，并提出不同的发展路径。同时重申了国务院《关于深入推进新型城镇化建设的若干意见》关于特色小城镇的三个结合，即与疏散大城市中心城区功能相结合、与特色产业发展相结合、与服务"三农"相结合。提出了八个方面的具体要求：1.突出特色，打造产业发展新平台；2.创业创新，培育经济发展新动能；3.完善功能，强化基础设施新支撑；4.提升质量，增强公共服务新供给；5.绿色引领，建设美丽宜居新城镇；6.主体多元，打造共建共享新模式；7.城乡联动，拓展要素配置新通道；8.创新机制，激发城镇发展新活力。在政策措施上，文件要求各地发展改革部门发挥统筹协调作用，加大项目、资金、政策等的支持力度。

（六）《关于实施"千企千镇工程"推进美丽特色小（城）镇建设的通知》

这个文件是国家发展改革委联合国家开发银行等部门在总结了几年来企业和城镇建设的合作运营经验基础上拟定的。文件指出"千企千镇工程"的主要目的是要培育供给侧小镇经济，通过建立镇企合作平台和相关的信息服务平台，利用信息技术手段充分发挥社会资本的作用。"千企千镇工程"是开拓企业的发展空间、树立小镇特色品牌的重要工程，可以充分发挥企业与特色小镇的双重资源优势，两者相互依存，同时提高企业和特色小镇的竞争力、发展动力。主要内容是落实"创新、协调、绿色、开放、共享"的五大发展理念，具体包括五个方面：聚焦重点领域、建立信息服务平台、搭建镇企合作平台、镇企结对树品牌、推广典型经验。在组织实施上给出了三点建议：强化协调推进、完善支持政策、积极宣传引导。

（七）《关于推进政策性金融支持小城镇建设的通知》

通知是住房城乡建设部联合中国农业发展银行一起发布的，明确指出要支持以转移农业人口、提升小城镇公共服务水平和提高承载能力为目的的基础设施、公共服务设施建设，充分发挥政策性金融的作用，建立贷款资料库，明确了支持的范围。同时，我们可以看出特色小镇的建设与发展必须坚持政府引导、市场主导、项目管理、精细规划与策划、准确定位、持续发展。各分行要积极运用政府购买服务、政府和社会资本合作（PPP）等融资模式，为小城镇建设提供综合性金融服务，为特色小镇提供资金支持和保障。

（八）《关于开发性金融支持特色小（城）镇建设促进脱贫攻坚的意见》

这个意见是国家发展改革委与国家开发银行在 2017 年 1 月 13 日发布的，首先特别明确地为开发性金融支持贫困地区特色小镇提出总体要求，更多地将注意力集中在特色小（城）镇建设与脱贫攻坚战相结合上，力求依靠特色小镇建设帮助地方脱贫致富，要求坚持因地制宜、稳妥推进；坚持协同共进、一体发展；坚持规划引领、金融支持；坚持主体多元、合理推进；坚持改革创新、务求实效。更是提出了加强规划引导、支持发展特色产业、补齐特色小镇发展短板、积极开展试点示范、加大金融支持力度、强化人才支撑、建立长效合作机制等七个方面的主要任务。

（九）《关于规范推进特色小镇和特色小城镇建设的若干意见》

这是一个由国家发展改革委、国土资源部、环境保护部、住房城乡建设部四部委联合发布的文件，旨在要求推进建设特色小镇，使特色小镇的建设工作更加严格和规范。《意见》指出：在推进特色小镇和特色小城镇建设过程中，出现了概念不清、定位不准、急于求成、盲目发展以及市场化不足等问题，有些地区甚至存在政府债务风险加剧和房地产化的苗头。[①]《意见》还指出：坚

---

① 《关于规范推进特色小镇和特色小城镇建设的若干意见》，《财经界（学术版）》2018 年第 5 期。

决不能把特色小镇当成什么都能够往里装的筐，坚决不能在建设过程中出现对特色小镇的概念不明确、对当地的特色小镇定位不准确的问题，坚决不能只是在冠之以特色小镇的名号后改变表面形式和加大宣传噱头而不创新发展产业和发展内容的做法，更不能急于求成、盲目跟风，犯冒进的错误。要求做到四个严，即严防政府债务风险、严控房地产化倾向、严格节约集约用地、严守生态保护红线。

（十）《关于实施 2018 年推进新型城镇化建设重点任务的通知》

这是国家发展改革委发布的通知，旨在强调积极引导特色小镇健康发展。落实《关于规范推进特色小镇和特色小城镇建设的若干意见》，强化监督检查评估和规范纠偏，支持一批特色小镇高质量发展。对已公布的两批、403个中国特色小镇、96 个全国运动休闲特色小镇，开展定期测评和优胜劣汰。省级人民政府要强化主体责任，调整优化特色小镇实施方案、创建数量和配套政策。①

（十一）《关于建立特色小镇和特色小城镇高质量发展机制的通知》

文件是国家发展改革委制定的，旨在进一步对标党的十九大精神，巩固纠偏成果、有力有序有效推动高质量发展。该通知提出：以引导特色产业发展为核心，以严格遵循发展规律、严控房地产化倾向、严防政府债务风险为底线，以建立规范纠偏机制、典型引路机制、服务支撑机制为重点，加快建立特色小镇和特色小城镇高质量发展机制，释放城乡融合发展和内需增长新空间，促进经济高质量发展。②

---

① 《国家发改委印发〈关于实施 2018 年推进新型城镇化建设重点任务的通知〉》，《城市规划通讯》2018 年第 6 期。

② 刘坤：《特色小镇，如何避免千镇一面》，《光明日报》2018 年 10 月 24 日。

三、国家层面特色小镇政策的分析

通过对各个政策文件的仔细解读，我们可以看出国家发展改革委关于美丽特色小（城）镇建设指导意见总体上涵盖了三部委发布的特色小镇指导意见的内容，不同之处是前者进一步放宽了特色小镇的界定范围，内容更加丰富，涉及产业、环保、城乡一体化等方面内容，并且更加突出特色小镇与供给侧结构性改革、"双创"等宏观政策的联系，强调要对三种区位和资源优势不同的小城镇分类施策，对体制改革和不同类型的小（城）镇要进一步细化。最大的亮点是创新性地提出将部分特色小镇打造成 3A 级景区的要求，鼓励有条件的小镇按照不低于 3A 级景区的标准规划建设旅游景区，发展旅游业，将美丽资源转化为"美丽经济"。

各个政策文件发布的单位各不相同，可见建设特色小镇的工作不是国家一号召就可以完成的，这项工作任重道远。国家对这项工作高度重视，所以文件的发布层级有序，既有国务院出台的总的指导性文件，也有国家各部委的积极响应，各相关部门积极出台指导和支持政策，他们之间各司其职，但是目标统一，分别给予特色小镇建设工作资金、技术、政策、金融等多个方面的支持，同时不缺少与特色小镇"特色"建设息息相关的国土资源部、环境保护部、住房城乡建设部的指导意见，这也为地方制定更具有针对性的政策提供了框架指导。

另外，我们也看到特色小镇政策制定是一个不断修正、逐步完善的科学过程，在特色小镇建设过程中及时发现问题、及时分析问题、及时纠正问题。特色小镇建设标准从模糊到清晰再到更加科学完善，特色小镇创建机制从无到有再到更加完善，对特色小镇的认知也从片面到全面再到立体化呈现。特色小镇政策的变化遵循着特色小镇建设实践的内在规律，体现了政策理论与实践探索的紧密结合。

第三章　特色小镇与新型城镇化战略

新型城镇化战略和特色小镇战略都是我国近年来推行的重要战略。新型城镇化战略致力于农村向城市转化，特色小镇战略则致力于促进城市和农村的协调发展，因此新型城镇化与特色小镇之间的关系十分密切，二者相互联系、相互促进。

第一节　新型城镇化战略的提出

2014 年 3 月，中共中央、国务院正式印发《国家新型城镇化规划（2014—2020 年）》；2016 年 2 月，国务院印发《关于深入推进新型城镇化建设的若干意见》。习近平总书记也特别强调：要坚持以人为本，推进以人为核心的城镇化，把促进有能力在城镇稳定就业和生活的常住人口有序实现市民化作为首要任务。城镇化不仅仅是物的城镇化，更重要的是人的城镇化。"物"的城镇化是手段，而"人"的城镇化是目的。①

---

① 许光中：《习近平城镇化思想探析》，《攀登》2018 年第 2 期。

一、新型城镇化战略的提出背景

（一）我国城市社会发展的必然要求

新中国成立以来，我国城镇化进程十分迅速。新中国成立之初，我国的城镇化率仅为 10.64%，而在 2009 年，也就是新中国成立 60 年之后，我国的城镇化率就达到了 48.34%。在 2017 年，我国的城镇化率更是创历史新高，达到 58.52%。从 1949 年到 2017 年，我国的城镇化率平均每年提高 0.7 个百分点。如果按照西方发达国家城镇化的发展规律，即每 25 年翻一番的规律来说，到 2038 年左右，我国的城镇化水平将达到 80% 以上。[①] 从全世界来说，我国所经历的城镇化进程无论是在速度上还是规模上都远远高于其他国家，这种状况在整个人类发展史上前所未有。马克思、恩格斯曾说过："对传统社会来说，社会整体变迁意义上的进步莫过于城市社会取代农业社会。"[②] 而中国目前正处于社会整体变迁的阶段，也就是说我国目前正处于"城市社会来临"背景下的新发展阶段，在这样一个发展阶段之下，新型城镇化战略的提出是基于对这一特殊阶段的深刻认识和文化自觉。[③]

（二）破除城乡二元结构的必要路径

我国是一个传统的农业大国，早在 1949 年 6 月，毛泽东同志在《论人民民主专政》中就提出："严重的问题是教育农民。农民的经济是分散的，根据苏联的经验，需要很长的时间和细心的工作，才能做到农业社会化。没有农业社会化，就没有全部的巩固的社会主义。"这句话也奠定了我国城市全民所有制和农村集体所有制的二元社会机构。1958 年，我国颁布了《中华人民共和国户口登记条例》，对城市和农村户籍进行了十分严格的限制，这又进一步加

[①] 《1949 年～2017 年，中国人口 5.4 亿～13.9 亿，城镇化率 10.64%～58.52%》，2018 年 2 月 16 日，见 https://baijiahao.baidu.com/s?id=1592514726052894807&wfr=spider&for=pc。

[②] 《马克思恩格斯全集》第 3 卷，人民出版社 1960 年版，第 41 页。

[③] 张鸿雁：《中国新型城镇化理论与实践创新》，《社会学研究》2013 年第 3 期。

剧了我国的城乡二元结构。在新中国成立后的前 30 年，我国的城乡二元结构带有明显的"城市偏向"，各种住宅制度、教育制度、养老保险制度、医疗保险制度、就业制度等等都是向城市倾斜的，种种制度共同形成了一种"城市偏向"，而对农村来说，则具有某种意义上的"剥削性"。① 但是，自 20 世纪 90 年代末期以来，随着我国市场经济的不断发展，农村人口开始向城市流动，越来越多的农村人口可以享受到城市的各种政策和资源，中国城乡二元结构的"剥削性"不断弱化，从这个角度来说，新型城镇化可以使各种资源和政策相对均等化，可以真正使城市和乡村协同发展，对于破除我国当前存在的城乡二元结构具有重要意义。

（三）传统城镇化转型的必然趋势

我国城镇化进程的速度过于迅速，以各个国家的城镇化率从 20% 提升到 40% 这一发展阶段的经历时间来看，英国经历了 120 年；法国经历了 100 年；德国用了 80 年；美国所经历的时间最短，也是用了 40 年，而这一数字在我国却仅仅只用了 22 年，也就是从 1981 年到 2003 年。② 如此快速的城镇化进程导致我国的城镇化存在粗糙和质量不高的问题。究其原因，还是因为在这一阶段，我国城镇化的主要驱动力就是 GDP 的增长，以 GDP 增长为核心的城镇化进程暴露出很多问题。首先，以 GDP 增长为核心的城镇化忽略了城镇化的质量，有些地区虽然已经完成了城镇化进程变成城市，但其公共设施等资源却还没有达到城市的水平，这就导致城镇化质量不高。其次，以 GDP 增长为核心的城镇化进程没有充分关注人的城镇化，仅仅从外部推动城镇化的进程，却没有及时地对人的思想、素质和生活方式等等进行转换，忽视了人的城镇化是不彻底的城镇化。最后，以 GDP 增长为核心的城镇化过程成本过高。过分关注 GDP

---

① 林辉煌、贺雪峰：《中国城乡二元结构：从"剥削型"到"保护型"》，《北京工业大学学报（社会科学版）》2016 年第 6 期。

② 陆大道、叶大年等：《采取综合措施遏制冒进式城镇化和空间失控趋势》，2007 年 5 月 11 日，见 http://www.igsnrr.ac.cn/xwzx/zhxw/200705/t20070511_1815675.html。

增长的城镇化会忽略对环境的关注，导致环境污染和恶化。由于这种传统的城镇化模式存在种种弊端，才需要我国的城镇化从以 GDP 增长为核心向强调"以人为本、四化同步、优化布局、生态文明、文化传承"的以人为核心的新型城镇化转变。[1]

二、新型城镇化战略的基本内容

（一）以人为本

新型城镇化与传统城镇化最重要的区别就是以人为本。新型城镇化中的以人为本最主要的内容就是加快农业转移人口等边缘人群的城市融入。传统城镇化进程往往忽略了对于农业转移人口公共服务体系的建设，导致农业转移人口群体在进城后很难享受到与城市人口同等的公共服务待遇，比如在住房、医疗以及子女教育等方面，农业转移人口明显处于弱势地位，这在很大程度上导致农业转移人口难以真正融入城市。有学者提出"半城市化"的概念，即 20 世纪 80 年代以来的 30 多年时间里，农村人口进城，一直被当作纯粹的就业者和劳动者，被局限在次级劳动力市场，大多从事非正规就业，有限地参与城市的劳动分工，并没有与城市的社会、制度和系统实现有效的衔接，真正融入城市社会。[2]

虽然在我国目前新型城镇化的大背景下，城镇社会保障体系依然不够健全，更多的是服务于户籍人口，缺乏对于常住人口特别是农业转移人口的保障。但是，我们也应该看到，我国出台的"城镇"落户政策、城乡医保和低保政策、农业转移人口就业培训政策、农业现代化政策以及精准扶贫政策等一系列惠农政策使农民的社会保障体系和服务体系越来越健全。由此可见，新型城镇化与传统城镇化的最大区别就在于新型城镇化是以人为核心的城镇化，新型

---

[1]　张许颖、黄匡时：《以人为核心的新型城镇化的基本内涵、主要指标和政策框架》，《中国人口·资源与环境》2014 年第 S3 期。

[2]　王春光：《农村流动人口的"半城市化"问题研究》，《社会学研究》2006 年第 5 期。

城镇化的关注点在于注重保护农民的利益，并与农业现代化共同发挥作用。新型城镇化绝不是简单的城市人口数量和比例的增加，而是要在社会保障和公共服务体系、人文居住环境以及生活方式等各个方面实现由"乡"到"城"的转变，[①]最终实现农业转移人口等边缘人群融入城市。

（二）统筹城乡

张鸿雁教授指出："城市从产生那天起，城乡之间便筑起了一道鸿沟。中国古代有'都鄙'、'国野'和'城郊'之分，城乡差别成为人类社会存留至今的最生动的社会场景：在城市与乡村之间的路途上，存续着历史上最长久的人口流动场域和最伟大的社会舞台。几千年的文明史，也是一部城乡差别史，更是一部农业人口向城市流动的历史。"[②]城乡二元结构在我国是一种独特的社会结构，城乡二元结构也是我国城市和乡村发展差距越来越大的一个重要原因，因此，统筹城乡也是我国新型城镇化战略的一项重要内容。新型城镇化战略里边的统筹城乡其实就是强调新型城镇化进程要与"三农"共同发展，推进我国城镇化进程决不能以牺牲"三农"为代价。[③]农业是我国经济、社会、文化各方面得以发展的基础产业，起到保障人民生活的根本性作用，这就意味着我国要时刻注重"三农"问题，在推进新型城镇化过程中，仍然要保持农业在我国农村发展中的主体性地位，实现新型城镇化与解决"三农"问题同步发展。因此，为实现统筹城乡，新型城镇化战略一方面改革了相关农村征地制度和土地流转制度，比如重庆的地票式交易、天津的宅基地换房以及广东佛山的股票分红等等都是相关制度改革的有益尝试。另一方面，新型城镇化战略重视农业生产，通过农业补贴等来调动农民生产的积极性。在实施新型城镇化过程中，保

---

① 闫爱青、邵勇：《山西新型城镇化建设的相关法律制度问题研究》，《山西高等学校社会科学学报》2014 年第 8 期。

② 张鸿雁：《中国本土化城市形态论》，《城市问题》2006 年第 8 期。

③ 姚尚建：《城乡一体中的治理合流——基于"特色小镇"的政策议题》，《社会科学研究》2017 年第 1 期。

持了农村地区原本的优势产业，而不是简单地使城市和农村同质化发展，这也为统筹城乡发展打下坚实的基础，促进了新型城镇化的发展。

（三）大小并重

近年来，我国不断推进城镇化进程，鼓励大量农村人口向城市迁移，但是我国现阶段的人口迁移多是农村人口向大城市、特大城市以及超大城市的迁移，导致大城市和特大城市以及超大城市的扩张，而中小城市以及县域层面的城镇化作为我国城镇化战略的重要组成部分，其发展程度却远远低于大城市以及特大城市和超大城市。2018年，我国的常住人口城镇化率高达59.58%，北京、天津、上海分列第一、第二、第三位。北京、天津、上海等城市的空气污染问题以及交通拥堵等问题已经引起全国人民的关注。这就导致我国大城市、特大城市、超大城市和中小城市以及小城镇之间发展不平衡的问题。因此，强调大小并重，促进大中小城市和小城镇的协调发展便成为我国新型城镇化战略的一项重要内容。新型城镇化通过引导产业在不同规模城市之间的合理布局，来实现不同规模城市协调发展，致力于解决我国大城市、特大城市、超大城市和中小城市以及小城镇之间发展不平衡的问题。

（四）集约节约

随着我国城镇化发展速度的加快和规模的不断壮大，我国的资源环境面临着巨大挑战。多年以来，在我国推进城镇化过程中，城镇面积增长幅度远远大于人口增长幅度，也就是说，城镇人口密度不升反降，导致我国土地资源的严重浪费。其实，在城镇化进程中，土地资源、水资源、矿产资源及各种各样的资源都存在不同程度的浪费，继续这种以资源大量消耗和浪费为代价的方式来实现我国的城镇化不可取。所以，坚持集约节约的原则，在资源有效利用的前提下推进我国的城镇化进程是我国城镇化发展的必然方向，也是我国新型城镇化战略的一项重要内容。新型城镇化更加强调绿色、健康、低碳发展，新型城镇化要求转变经济发展方式，绝不以牺牲资源为代价发展经济，要紧密结合供给侧结构性改革和产业结构优化，实现经济发展与环境保护的协调发展，坚持新型城镇化的可持续发展方向。另外，有条件的地方可以重点发展高新技术产业、生态环保产业、文化创意产业、休闲旅游业等，实现我国新型城镇化的集约节约发展。

第二节 特色小镇与新型城镇化战略的关系

一、新型城镇化为特色小镇提供发展基础

住房城乡建设部、国家发展改革委、财政部《关于开展特色小镇培育工作的通知》提到：特色小镇原则上为建制镇（县城关镇除外），优先选择全国重点镇。虽然建制镇、非建制镇以及"非镇非区"均有不同类型的特色小镇的建设模式与建设类型，但是在此通知中我们可以看出，建制镇仍然是我国特色小镇建设的一个十分重要的载体，也就是说小城镇的发展水平在一定程度上也决定了特色小镇的建设质量和发展水平，而新型城镇化则重点强调发展小城镇，这为特色小镇的发展提供了机遇。

（一）新型城镇化为特色小镇提供劳动力

新型城镇化最根本的要求就是"农村"向"城镇"转变，而这一转变过程必然伴随着农村人口居住点向城镇的迁移和农村劳动力向城镇的流动。但是，由于大城市、特大城市及超大城市的就业机会远远多于中小城市和小城镇，这就导致大量农村劳动力向大城市、特大城市及超大城市的流动和迁移，大城市、特大城市及超大城市的劳动人口过剩，过剩的劳动人口会给这些大城市、特大城市及超大城市带来住房、交通以及生态环境等方面的压力，而中小城市和小城镇的情况则完全相反，部分中小城市和小城镇甚至面临着劳动力不足而

导致的"用工荒"问题。新型城镇化则把发展的重点聚焦于中小城市和小城镇,尤其是处于劣势地位的小城镇,新型城镇化战略鼓励农村剩余劳动力留在当地,实现就地城镇化,通过吸引农民落户小城镇的方式,来解决长期以来困扰小城镇发展的"用工荒"问题,满足小城镇发展最基本的劳动力问题。

劳动力问题是小城镇发展的最基本问题,同时也是特色小镇建设过程中的根本问题。一方面,特色小镇的建设必须要有特色产业作支撑,而特色产业的发展除了要具备相应的资源与技术之外,劳动力也是一个十分重要的因素,没有足够的劳动力,特色产业就失去了发展的基础。新型城镇化战略有效地实现了劳动力在小城镇的落户、工作和生活,为当地特色产业的发展和特色小镇的建设奠定了劳动力资源基础。另一方面,特色小镇的产业多集中于科技、金融、旅游等产业,这些产业对劳动力质量的要求更高,而向大城市、特大城市及超大城市流动的农村人口多数是当地农村的"精英群体",这部分群体的流失会给当地小城镇带来很大损失,新型城镇化战略鼓励就地城镇化的方式,可以有效留住这部分"精英群体",为特色小镇的产业发展提供更加优质的劳动力资源。

(二)新型城镇化为特色小镇完善公共服务

当前,人民日益增长的美好生活需要中的最根本需要就是对基本公共设施、基本公共服务和社会保障体系的需要。新型城镇化则为小城镇完善了各项基础设施和公共服务,一方面,新型城镇化战略改善了小镇的交通条件,提升了小城镇铁路和公路的覆盖率,并且加强了小城镇与各大城市之间的联系,为小城镇的发展奠定了基础;另一方面,新型城镇化促进了公共服务一体化,长期以来,我国的大城市、特大城市及超大城市、中小城市和小城镇在公共服务的提供上存在较大差距,小城镇公共服务水平落后,难以满足社会发展的需要,而新型城镇化则强调一体化发展,通过延伸城市公共服务体系,提高小城镇、特色小镇的公共服务水平,提高小镇居民的生活品质。

特色小镇发展的最主要目的是满足人们的生活需要,特色小镇首先应该是宜居的小镇。多年来，小城镇和城市之间在公共服务上的差距也是阻碍特色小镇发展的影响因素之一，而新型城镇化则有效提高了小城镇的公共服务水平，为特色小镇的建设和发展打造了一个最基本的适宜生活和发展的环境，为特色小镇的发展打下了基础。

（三）新型城镇化为特色小镇奠定产业基础

新型城镇化除了对人口流动作出解释和规范之外，还对产业作出相应的解释和规范，新型城镇化要求第二产业和第三产业向城镇聚集。近年来，第一产业对 GDP 增长的贡献率一直有限，2015 年，第一产业对 GDP 增长的贡献率为 4.6%，2016 年，第一产业对 GDP 增长的贡献率为 4.3%；2017 年，第一产业对 GDP 增长的贡献率为 4.9%；2018 年，第一产业对 GDP 增长的贡献率为 4.2%，一直处于 5% 以下。[①] 对于小城镇来说，如果仅仅依靠第一产业很难实现当地的经济发展和社会发展，新型城镇化要求第二产业和第三产业向城镇聚集对于小镇来说是一个很好的发展机会。第二产业和第三产业在小镇中占据主导地位是小镇发展不可逆转的一个趋势，除了第一产业创造的经济价值有限之外，第一产业对年轻人的吸引力也逐渐减小，如果仍然将第一产业作为小镇发展的支柱产业难以留住当地的年轻群体，必然导致人口外流，不利于小镇发展。

部分特色小镇定位于信息经济、环保、健康、旅游、时尚、金融、高端装备制造等产业，由此我们可以看出这部分特色小镇的主导产业是第二产业和第三产业。但是，如果从头开始进行产业结构调整，将小镇的产业从第一产业向第二产业和第三产业过渡，那必然会影响小镇的建设效率。而新型城镇化则早已采取措施推动小镇产业结构调整，为第二产业和第三产业在小镇的发展奠定了基础，特色小镇在发展其主导产业时就有了一定的产业基础，发展起来就相对容易。因此，新型城镇化为特色小镇发展奠定了产业结构基础。

---

① 　数据来源于国家统计局网站：http://www.stats.gov.cn/tjsj/。

二、特色小镇是新型城镇化的重要一环

2014 年，中共中央、国务院印发《国家新型城镇化规划(2014—2020 年)》，《规划》对于新型城镇化的核心、内涵和主要任务，都作出了清晰的全面部署。包括中国特色新型城镇化道路、新型城镇化的四大战略任务和新型城镇化的五大改革举措等，四大战略任务包括有序推进农业转移人口市民化、优化城镇布局和形态、提高城市的可持续发展能力以及推动一体化的城乡发展。特色小镇建设能够有序地推进这四大战略的顺利实施。因此，特色小镇构成新型城镇化的重要一环。[①]

特色小镇建设有效地推进了新型城镇化的发展。当前，大量的农村人口如果仅靠现有的 600 多个城市来接纳，是不现实的，仅仅走大城市的城镇化发展模式解决不了农业转移人口进城就业落户的问题，至少在相当长的时期内不太现实。因此，我国的新型城镇化绝不仅仅是大中小城市的城镇化，小城镇的城镇化、特色小镇的城镇化也是我国新型城镇化战略的一个重要组成部分，是我国梯度城镇化类型中的重要一极。据国家发展改革委抽样调查统计数据显示，参与调查的全国 225 个特色小镇共入驻了企业约 3 万家，吸纳了就业人口约 130 万人，创造了税收约 200 亿元，完成了特色产业投资 2000 亿元左右，平均每个小镇入驻企业 140 家，吸纳就业 5000 余人，缴纳税收 7000 万元。[②]

（一）特色小镇推进了农业转移人口市民化

2018 年末大陆总人口 139538 万人，其中城镇常住人口 83137 万人，占总人口比重（常住人口城镇化率）为 59.58%，全国农业转移人口总量 28836 万

---

① 参见王振坡等：《我国特色小镇发展进路探析》，《学习与实践》2017 年第 4 期。

② 参见刘春雨：《引导特色小镇健康发展》，2018 年 1 月 13 日，见 http://cx.xinhuanet.com/2018-01/13/c_136892791.htm。

人。其中外出农业转移人口 17266 万人，本地农业转移人口 11467 万人。[1] 早在 20 世纪 60 年代，法国社会学家孟德拉斯就提出："二十亿农民站在工业文明的入口处：这就是 20 世纪下半叶当今世界向社会科学提出的主要问题。"[2] 对我国来讲，"据有关方面预测，按城镇化每年以 1 个百分点递增计算，到 2020 年，中国需转移的农业富余劳动力和农村人口分别为 2 亿人和 3 亿人左右"[3]。但是，大量农业转移人口在城镇处于一种"半城市化"状态，我们可以看出：在系统层面上，由于没有社会整体制度系统的配套政策，导致农业转移人口在城市享受不到城市市民的权利，不可能与城市居民一样"同工同酬、同工同时、同工同权"。在经济活动上，农业转移人口只能从事非正规就业，因此缺乏发展权、受教育权等，缺乏向上流动的能力和机会。在城市社会生活层面，他们难以融入城市主流社会，只能作为"边缘人"生活在特定的空间区域。在社会心理层面，由于被主流社会所排斥，导致他们对城市的排斥和不接纳，甚至某些时候是一种憎恨的情绪。[4] 通常认为："社会排斥（Social Exclusion）不但指在经济资源上的长期匮乏，还指在社会关系上、心理上、文化上和政治参与上的长期被隔绝。这种匮乏和隔绝不仅导致日常生活质量下降，更重要的是导致被排斥者不能享受到公民权所赋予的公民政治及各种社会权利。"[5] 这都不利于新型城镇化的发展。

有序推进农业转移人口市民化是我国新型城镇化战略的首要任务，新型城镇化战略又分为异地城镇化和就地城镇化两种方式。目前，我国城镇中约有 2 亿多农业转移人口。一方面，我国的新型城镇化战略积极推进户籍制度改革和

---

① 参见国家统计局：《中华人民共和国 2018 年国民经济和社会发展统计公报》，《人民日报》2019 年 3 月 1 日。

② ［法］H. 孟德拉斯：《农民的终结》，李培林译，中国社会科学出版社 1991 年版，第 1 页。

③ 刘俊杰：《县域经济发展与小城镇建设》，社会科学文献出版社 2005 年版，第 1 页。

④ 张登国：《我国县域城镇化发展路径研究》，人民出版社 2018 年版，第 81 页。

⑤ Artkinson. R., "Citizenship and the Struggle Against Social Exclusion in the Context of Welfare State Reform", In J.B ussemaker（ed.），*Citizenship and Welfare State Reform in Europe*, London: Routledge, 1999, pp.1-3.

公共服务的均等化，由此来推进农业转移人口的异地城镇化，从制度规定的角度促进农业转移人口的市民化。但是，相比于就地城镇化，异地城镇化还涉及人口的迁移等等，成本较高，所以实现农业转移人口在城镇中的长期生存和发展是异地城镇化要解决的首要问题。另一方面，就地城镇化虽然成本较低，但是就地城镇化也面临着十分严峻的问题，那就是如何吸引当地农民留在当地而不向其他城市流动的问题。

在西方迁移理论中，赫伯尔在 1938 年、米切尔在 1946 年分别提出推拉理论。[1] 他们指出："原住地的就业不足、耕地缺乏、学校医院等基本生活设施缺乏、关系疏远及紧张、自然灾害等构成了原住地的推力，这些因素促使人们向其他地区迁移；同时，迁移目的地更好的就业机会、更高的工资、更好的教育和卫生设施等构成了目的地的拉力，这些拉力吸引人们前往该地。迁移就是原住地的推力与目的地的拉力相互作用的结果。"[2]

特色小镇的建设可以提供有效的解决方案，可以创造人口迁移的拉力。一方面，对于异地城镇化要解决农业转移人口在城镇中的长期生存和发展问题，特色小镇可以通过发展特色产业为农业转移人口提供大量新就业岗位，并为这部分农业转移人口提供工资收入，工作和经济来源是这部分农业转移人口长期留在城镇发展的重要影响因素；另一方面，对于就地城镇化如何吸引当地农民留在当地而不向其他城市流动的问题，特色小镇可以通过建立特色产业的方式予以解决，大多数农业人口不愿留在当地的原因就是当地发展机会少，如果特色小镇建立起来，特色产业培育起来，这部分农业人口有了新的发展机会，再加上本身对于故乡的情感归属，必然会吸引大量的农业转移人口留在当地实现就地城镇化。

国家发展改革委规划司城乡融合发展处处长刘春雨曾说过："未来十几年之内，还会有 2 亿左右的农业转移人口进入城市；特色小镇不是农业转移人口

---

[1] 参见花小丽：《县域城市化进程中的社会驱动机制研究》，南京师范大学硕士学位论文，2006 年。

[2] 王茂福、史铮：《制度变迁背景下的水库移民返迁——人口迁移动因的推拉理论的完善》，《华中科技大学学报（社会科学版）》2004 年第 3 期。

市民化的'主战场'，但却是一个有益的补充，假设每个特色小镇都能吸纳几千人甚至上万人就业，就有望为 1000 万以上的农业转移人口提供就业岗位和生活空间。"① 以两个特色小镇为例：江苏苏州的苏绣小镇以发展苏绣产业为核心，在实现苏绣产业高端集聚和融合发展的同时，打造宜人的生活环境和可持续发展的生态环境。目前小镇已经入驻企业 120 家左右，吸纳就业近 1 万人，企业完成特色产业投资 7 亿元，年缴纳税收 0.7 亿元；② 在福建宁德锂电新能源小镇这个已建成区域用地面积 3500 亩的土地上，入驻企业 40 家左右，吸纳就业 4 万人，完成特色产业投资额 210 亿元，年缴纳税收 27 亿元，发明专利拥有量 217 项。③ 所以说，特色小镇促进了农业转移人口市民化的有序推进。

（二）特色小镇推动了城乡一体化发展

马克思、恩格斯在《德意志意识形态》一文中，从分工的发展来描述城乡的分离和城市的出现："某一民族内部的分工，首先引起工商业劳动和农业劳动的分离，从而也引起城乡的分离和城乡利益的对立。"④ 马克思和恩格斯还认为："物质劳动和精神劳动的最大的一次分工，就是城市和乡村的分离。城乡之间的对立是随着野蛮向文明的过渡、部落制度向国家的过渡、地方局限性向民族的过渡开始的，它贯穿于全部文明的历史并一直延续到现在。"⑤

我国发展到 21 世纪，又进入到一个城乡融合、城乡一体化的新时代，实现城乡一体化发展是我国新型城镇化发展的必然要求。根据城乡发展融合理

---

① 邱海峰、汲梦：《特色小镇，多些"特色"少些"名不副实"》，《人民日报》（海外版）2019年 7 月 25 日。

② 《遇见苏绣皆惊艳　非遗特色更传神——江苏省苏州市苏绣小镇典型经验》，《中国经贸导刊》2019 年第 9 期。

③ 章轲：《特色小镇"生死劫"：没有"特色产业"支撑早晚被淘汰》，2019 年 8 月 18 日，见 https://finance.sina.com.cn/roll/2019-08-18/-ihytcern1773600.shtml。

④ 《马克思恩格斯选集》第 1 卷，人民出版社 1995 年版，第 68 页。

⑤ 《马克思恩格斯选集》第 1 卷，人民出版社 1995 年版，第 104 页。

论，实现城乡统筹的一个重要方式就是自上而下的小城镇模式。因此，大力发展特色小镇，对于破除城乡二元结构、实现城乡一体化具有明显的促进作用。一方面，与城市相比，农村的基础设施建设水平和公共服务水平都远远落后，而特色小镇的发展则能够有效推动小镇附近农村的发展，加快城市公共服务向农村的延伸，实现农村基础设施建设与城市相衔接，实现城乡公共服务体系的均等化，构建起覆盖城乡的完善的社会保障体系。另一方面，长期以来，农村的各项资源持续向城市地区流动，而特色小镇的建立则能够有效促进各种资源从城市向农村回流，使农村的资源配置更加合理。另外，特色小镇的特色产业也能为农村的劳动人口创造大量的就业机会，提高农村的居民收入，实现城乡居民收入的均等化。由此可见，特色小镇从两个方面促进我国新型城镇化的进程，又进一步推动了城乡一体化发展，未来城乡差距将明显缩小，"区分城市和农村已没有什么意义"①。

（三）特色小镇改进了传统城镇化战略

我国传统的城镇化战略在发展过程中暴露出许多缺陷和问题，尤其是在城镇规划和发展上，传统的城镇化战略存在着缺乏系统性、科学性和延续性而导致城镇规划不合理及建设雷同问题。② 首先，城镇建设缺乏特色。在传统城镇化战略背景下，我国的城镇规划和建设没有做到因地制宜按照每个城镇的特点和特色进行专门的规划建设，而是以集中连片的一整个地区为一个规划建设单位，这就导致一整片地区在建筑风格、主导产业甚至经营方式上的同质化。其次，城镇规划和建设不科学。城镇化面临的首要问题就是土地的规划问题，由于开发新城区的成本远远低于改造旧城区，所以，在传统城镇化的推进过程中，许多小城镇会选择放弃对旧城区的改造，另外开发新城区，导致土地资源的极大浪费，新旧城区也无法紧密结合起来，新城区和旧城区的割裂问题也成

---

① ［意］卡洛·M.奇波拉主编：《欧洲经济史 第五卷 上册 二十世纪》，胡企林等译，商务印书馆 1988 年版，第 68 页。

② 曾江、慈锋：《新型城镇化背景下特色小镇建设》，《宏观经济管理》2016 年第 12 期。

为阻碍城镇化进程的一个重大问题，会在一定程度上阻碍我国城镇化的进程。最后，产业结构不够合理。许多小城镇忽略了自身的技术、资源和人才条件，盲目模仿大城市的产业结构，这就导致产业发展与当地实际相脱节，产业无法长期维持，建立具有当地特色的支柱性产业更是难上加难，这肯定会影响我国城镇化战略的长期性和稳定性。

因此，城镇化战略必须要作出相应的改进和调整，由传统城镇化战略向新型城镇化战略过渡，而实施新型城镇化战略必须要由特色小镇作为重要载体，这是因为特色小镇规划和建设最重要的原则就是因地制宜，就是要根据当地的资源优势、历史文化优势等进行小镇的规划和建设，比如生态资源和文化资源丰富的小镇可以重点发展旅游业，农产品等自然资源丰富的小镇可以重点发展种植加工业等等，可以有效降低小镇间建设和发展的雷同性。另外，因地制宜的发展使每个小镇都有自己的优势产业，各个小镇也就不需要盲目模仿城市的产业结构，各个小镇产业发展的长期性和稳定性也就得到保障，对带动当地的经济增长也发挥着积极作用。因此，以特色小镇为重要载体的新型城镇化战略是对传统城镇化战略的积极改进。

三、特色小镇为新型城镇化提供动力支持

（一）特色小镇为新型城镇化培养新动能

随着我国经济发展进入新常态，我国经济结构也朝着供给侧结构性改革的方向发展，而供给侧结构性改革一个十分重要的切入点就是产业结构的改革。加快推进科技体制的改革，以此促进高技术含量和附加值产业的发展；加快生态文明体制的改革，绿色低碳产业因此获得动力；通过金融体制改革以及社会保障体制的改革等去淘汰落后产能和"三高"行业等都是供给侧结构性改革中针对产业结构改革的重要改革内容。经济增速的放缓和产业结构的调整，会导致劳动力的数量、质量与市场需求不匹配的问题，从而导致结构性失业，而这部分剩余劳动力则可以通过特色小镇的建设而被

吸收。①

在当今大众创业、万众创新的背景下，创业创新是吸收剩余劳动力、缓解我国就业压力的一项重要举措。而有一部分特色小镇，比如杭州梦想小镇就专注于为各种社会群体提供创新创业平台，为创业人士提供各种资源支持和政策支持，帮助创业人士成功创业。目前已集聚上万名创业大学生，项目超过一千个。特色小镇通过建立创新创业平台的方式有效缓解了就业压力，并提供了良好的创业机会和平台，为我国当前的供给侧结构性改革提供了新的动力支持，并且为人们提供了新的工作机会，推动了农业转移人口市民化，推动了我国新型城镇化发展。因此，特色小镇为新型城镇化培育了新动能。

（二）特色小镇为新型城镇化培育新经济

小城镇是我国新型城镇化战略最基本的战略实施单位，也是我国新型城镇化战略的重要实现载体。小城镇在我国数量众多，1978—2018 年，建制镇数量从 2176 个增加到 21297 个，城市数量从 193 个增加到 672 个。② 因此，小城镇的发展对于推进新型城镇化具有重要意义。但是，仅仅以小城镇为发展单位，对一些产业来说，发展规模过小，难以形成规模经济，这就导致资源的不合理利用和浪费，难以实现各项生产要素的合理分配和流动，小城镇发展效率难以得到充分保障。

特色小镇则不局限于以建制镇为单一的建设和发展单位，除了有建制镇的特色小镇，还有非建制镇的特色小镇和"非镇非区"的特色小镇。非建制镇的特色小镇和"非镇非区"的特色小镇，其建设和发展范围不仅仅局限于一个地域范围上的建制镇的小城镇，而是会在地域范围上覆盖多个小城镇的多个部分，并建立起相应的产业中心和商业中心，以实现集中连片地区的发展，推动

---

① 李柏文等：《特色小城镇的形成动因及其发展规律》，《北京联合大学学报》（人文社会科学版）2017 年第 2 期。

② 班娟娟：《我国城镇常住人口增至 8.3 亿 户籍制度改革全面落地》，《经济参考报》2019 年 7 月 10 日。

该地区整体范围内的城镇化进程。杭州梦想小镇、杭州云栖小镇、杭州龙泉青瓷小镇，代表了非建制镇和"非镇非区"特色小镇的建设模式，这三个特色小镇均不仅仅是一个行政区划上的建制镇，而是根据发展需求集合了多个小城镇的多个部分，实现了十分成熟的规模化和产业化经营，以特色小镇的发展带动了周边小城镇甚至是周边农村地区的发展，推动了我国新型城镇化进程，提高了小城镇的城镇化质量。特色小镇这种新型的不以行政区划为限制的产业中心和商业中心的发展模式为我国新型城镇化培育了新经济。

（三）特色小镇为新型城镇化优化新环境

新型城镇化在实现农业人口向城镇的转移以及农村地区向城市地区的转变之后，接下来最主要的任务就是要改造城镇环境，这与新时期人民对美好生活追求的需要十分契合。我国 2018 年的城镇化率已经达到 59.58%，在如此高的城镇化率之下，我国新型城镇化的发展重点应该逐步向城镇化的发展质量转移，而城镇环境则是衡量我国新型城镇化发展质量的一个重要标准。

特色小镇能够为城镇环境的优化作出贡献。一方面，特色小镇的魅力就是特色小镇的"特色"之所在，特色小镇的魅力包括小镇的生态环境和文化底蕴。特色小镇的发展理念强调对生态环境的保护，良好的生态环境又会帮助小镇增强对企业及居民的吸引力，可以让居民在此地安心居住、创业和生活；特色小镇的另一发展理念则是要充分挖掘小镇的历史人文底蕴，丰厚的文化底蕴又可以增强企业、居民对当地的文化认同感和心灵归属感，也为特色小镇进一步发展当地的文化特质、延续当地的历史和人文因素打下坚实的基础。另一方面，特色小镇的特色也表现在每个小镇都有自己独特的建筑风格、城市色彩和人文特点，并以此和特色小镇所依托的大城市区分开来，有利于增加当地居民、企业的自豪感和归属感，有利于特色小镇的长期发展。因此，特色小镇的发展为新型城镇化奠定了生态环境、历史人文等方面生活环境的基础，满足了人民对美好生活的需要。因此，特色小镇为新型城镇化优化了新环境。

第三节　新型城镇化战略下的特色小镇建设案例

"据我们对全球50万个城镇的分析，发达国家专业镇已占其总数的60%以上，中国尚不足15%。"①这足以说明，中国的专业镇、特色小镇不发达，影响了我国的城镇化发展进程。因此，必须构建特色产业体系，构建特色小镇。

一、建制镇特色小镇：安顺市西秀区旧州镇

建制镇即"设镇"，是指经省、自治区、直辖市人民政府按行政建制批准设立的建制镇。建制镇特色小镇目前在我国占大多数，其最主要的特点就是严格按照行政区划的地域范围划定特色小镇的建设范围。建制镇特色小镇的一个主要目的是解决就地城镇化的问题，也就是在建设特色小镇过程中要同步推动新型城镇化的发展，特色小镇要补齐城镇基础设施建设、完善公共服务体系并探索绿色低碳的发展方式。

安顺市西秀区旧州镇位于贵州省中部，地处黔中腹地，始建于1351年，距省会贵阳80公里，距安顺市区37公里，全镇总面积116平方公里，总人口4.4万人，少数民族人口占38.1%，平均海拔1356米，全年空气质量优良率为100%。②虽然地理位置并不占优势，但是旧州镇生态环境良好并且具有十分深厚的历史文化底蕴，这些优势使旅游业十分发达，成为国家4A级风景区，被喻为"梦里小江南，西南第一州"。同时，旧州镇还成为贵州全省两个建制镇特色小镇建设试点之一，全国第一批建制镇建设试点镇，被定位为"贵安新区后花园"，以高端养生、休闲度假、文化旅游为特色，旧州特色小镇的建设

---

① 王廉编著：《城市经营的规划与策划》，暨南大学出版社2005年版，第9页。
② 《国家发展改革委举行新闻发布会介绍新型城镇化和特色小镇建设有关情况》，2016年2月25日，见 http://www.ndrc.gov.cn/xwzx/xwfb/201602/t20160225_790497.html。

经验也为其他建制镇建设特色小镇提供了丰富的经验。

旧州镇依托建制镇的行政区划，立足于就地城镇化，发展特色乡村旅游业。首先，旧州镇充分发挥其生态优势与文化优势，建设绿色旅游小镇。在过去，旧州镇和其他小镇一样，都是以农业为基础性产业，但是农业对经济发展的推动作用毕竟有限。因此，旧州镇在推动特色小镇建设的过程中，按照"镇在山中、山在绿中、山环水绕、人行景中"的规划布局和发展理念，重点发展生态旅游和文化旅游，坚持生态发展优先，加强了对古迹的翻修工作，完成了"古民居、古街道、古驿道"的修复修缮。除此之外，还拥有两个独具特色的现代农业示范区。旧州镇的旅游业不断发展，在拉动当地经济增长的同时，还为当地农民提供了大量的工作岗位，2018 年，旧州镇共计接待游客约 407 万人次，旅游综合收入约 2.035 亿元。[1] 通过小镇旅游业的发展，解决了镇区和周边乡镇 6000 多人的务工问题，为就地城镇化提供了经济基础。其次，旧州镇探索就地就近城镇化路径，积极建设美丽幸福小镇。旧州镇立足于新型城镇化的要求，完善了医疗、就业、教育、养老等方面公共服务体系的建设，并完善了污水处理、垃圾处理等基础设施的建设，吸引农村人口向城镇集中，仅 2015 年一年，新建搬迁移民住房就达到了 500 户，安置 2250 人，城镇化率由 2012 年的 35% 提升到 2016 年的 45.2%，总体提高了 10.2 个百分点。最后，旧州镇按照国家新型城镇化试点要求，积极探索创新城镇化发展体制机制，围绕城乡发展一体化、投融资机制、公共服务、供给机制等试点要求，深化改革探索创新投融资模式，成立了镇级投融资平台，积极争取各方面投资资金，旧州镇逐步成为连接当地城乡的重要纽带。[2]

---

[1] 汪杰、毛远熊：《西秀区旧州镇休闲观光农业发展初探》，《南方农业》2019 年第 11 期。

[2] 《国家发展改革委举行新闻发布会介绍新型城镇化和特色小镇建设有关情况》，2016 年 2 月 25 日，见 http://www.ndrc.gov.cn/xwzx/xwfb/201602/t20160225_790497.html。

二、非建制镇特色小镇：余杭梦想小镇

非建制镇一般是指集镇，是指乡、民族乡人民政府所在地和经县级人民政府确认由集市发展而成的作为农村一定区域经济、文化和生活服务中心，是介于乡村与城市之间的过渡型居民点。非建制镇又被称作集镇，非建制镇与建制镇不同，非建制镇的划分不局限于行政区划的地域范围，既没有行政上的划分标准，也没有其他具体的划分标准，一般是指建制镇以外的地方性商业中心等。浙江省的特色小镇建设模式就是典型的非建制镇特色小镇的建设模式，根据浙江省之前公布的两批省级特色小镇创建名单，从小镇名称上来看，均为根据"特色小镇"的实际特色进行命名的，不存在原有建制镇。[①] 非建制镇特色小镇建设与发展都摆脱了建制镇行政区划的约束，集中于产业园区的一个区域，更侧重于打造地方性产业中心和商业中心。

杭州余杭区仓前街道有一座名为"梦想"的小镇，小镇占地面积约为 3 平方公里，于 2014 年 9 月正式启动建设并于 2015 年春季建成，吸引了大批游客前来观光。追溯历史，余杭区的仓前街道是一个存在了 880 多年的历史古街，在这条街上仍旧保留了章太炎故居、四无粮仓等文保单位以及一大批古建筑群，但多年来却陷于"两难"境地，在保护和开发之间难以权衡。根据浙江省人民政府《关于加快特色小镇规划建设的指导意见》，未来所有的特色小镇都要建设成为 3A 级以上景区，而特色小镇和"众创空间"的提出恰好为古街提供了纯旅游开发和城市化推进之外的第三条路径。梦想小镇倡导保护和开发并重，用心传承历史文化。同时，小镇还将"在出世和入世之间自由徜徉"作为最高指导思想，确立了最先重视生态，再注重生活，后提高生产的发展理念。

因此，小镇在保护与开发的权衡取舍方面用心规划，下了一番苦功夫。小镇在保留现有的水泥厂、老街、水田等历史遗存和自然生态的前提下，按照互

---

① 苏斯彬、张旭亮：《浙江特色小镇在新型城镇化中的实践模式探析》，《宏观经济管理》2016年第 10 期。

联网创业的要求对小镇内的存量空间进行了改造与提升，对章太炎故居、四无粮仓等古建筑的文化内涵进行了充分挖掘，使其成为最具特色的小镇基底，从而实现了人与自然的和谐并存，体现出了梦想小镇的生态之美。

梦想小镇正如它的名字一样，为创业者们提供了一个实现梦想的平台。自2015年开园以来的四年多时间里，万余年轻人在这里实现了自己的创业梦想。2015年开园的时候，第一批入驻的孵化平台仅有七个，良仓、湾西、马达加加等均在这七个孵化平台之中，与其他园区不同，这些孵化平台都不是单个的商户或者团队，它们自带资金吸纳的能力，也就是说，它们入驻梦想小镇后，便会自动地寻找、孵化其他的创业项目和创业群体，这种增长是一种成倍速度的增长。另外，为了响应国家创新创业的新政策，鼓励和吸纳大学生群体来此创业，梦想小镇为他们准备了一系列的优惠待遇，来"款待"心怀梦想、斗志勃勃的大学生创业者们，比如大学生享受拎包入住、增加补贴等多项丰厚诱人的福利条件，创业企业有3—6个月的零成本孵化期，享受免费的办公空间和基本办公设备，在创业企业的发展阶段，管委会还会对企业创业项目提供追踪式的定制服务一直到企业上市。在梦想小镇的内部，"创业＋孵化＋加速"的运作模式已经十分成熟，技术、资本和人才等各种生产要素在梦想小镇的内部流动共同打造了梦想小镇的创业产业链。目前，1170家科技金融、互联网金融企业集聚天使投资基金、股权投资机构、财富管理机构扎根小镇，管理资本2630亿元。[①] 以发展创新创意产业为核心，梦想小镇入驻企业达3900家左右，集聚创业项目1500余个、创业人才1.5万名，完成特色产业投资31亿元，年缴纳税收4亿元，发明专利拥有量30项。[②]

梦想小镇除了吸引了大量的创业者们，还吸引来一群又一群的游客。其中最引人注目的要数12个"种子仓"，它们由旧时大粮仓改造而成，目前已经变

[①] 《余杭梦想小镇：让梦想照亮现实》，2018年3月9日，见 http://tsxz.zjol.com.cn/yc-news/201803/t20180309_6757163.shtml。

[②] 邱海峰、汲梦：《特色小镇，多些"特色"少些"名不副实"》，《人民日报》（海外版）2019年7月25日。

成大学生群体的创业办公场地。这些"种子仓"已经成为梦想小镇的著名"景点",每天都有络绎不绝的人来到这里参观。

梦想小镇还建设了互联网创业村和天使村两个功能区。其中,互联网创业村专注于鼓励和支持大学生创业群体创办电子商务、软件设计、信息服务、大数据、云计算以及网络安全等互联网相关领域产品的研发与生产;天使村主要负责经营管理,并提供技术服务,重点培养发展科技金融产业。为推动产业与资金实现更好的对接,政府先后设立1亿元的天使引导基金,并设立了"阶段参股、保本退出"的投资形式来激发投资者的积极性,引导社会资本加大对初创企业的投资力度。同时,该小镇还通过引导天使基金、股权机构搭建孵化平台,公开招募专业运营机构,培育众创空间,力争建设成一个集专业化、市场化、多样化为一体的新型孵化服务空间。[1]

梦想小镇在区域规划上也别具风格。"一环两区三星"的核心规划与小镇发展相得益彰。其中,"一环"指的是一条希望田野环,从梦想小镇的规划设计图中可以看到,一个基本呈环形的稻田地带紧紧围绕着整座小镇,并与带有天然湿地味道的池水形成一条美丽的田园生态带。远远望去,梦想小镇里的层层建筑,仿佛是"种"在金灿灿的稻田中。"两区"是指绿色办公区和绿色生活区,绿色是这两个区域的建设主题,在绿色办公区中有采用塔楼结构的办公楼,底部架空种满绿植,为在此工作的人们创造了一个生态健康的办公与休息环境,大大减少了城市热岛效应等环境问题。"三星"是指三颗创业追梦星,分别为寻梦水乡、思梦花园和筑梦工厂,寻梦水乡建设了一条东西走向的水系将小镇内分布较为分散的水系连接成了一个完整的水系统,而思梦花园建立起了4D水秀剧场等美丽的湿地景观,筑梦工厂则是在原有的水泥厂遗址上进行了改造,比如原本是生产水泥的装置如今变成了空气净化器和土壤生产器,不仅为小镇建设提供了清洁的空气和有机健康的土壤,还可以为孩子建造一个农场游乐园,让他们能够拥有一个快乐玩耍的健康娱乐场地。

---

[1] 陈根编著:《特色小镇创建指南》,电子工业出版社2017年版,第165—167页。

总之，梦想小镇作为新型产业特色小镇、非建制镇特色小镇的典型代表，它既为无数个有志之士提供了梦想的跳板，同时又为金融科技产业提供了完善的发展模式。梦想小镇通过"一环两区三星"的核心规划，形成了生产、生活、生态三位一体的健康发展模式，实现了可持续发展的科学理念，值得借鉴。

三、非镇非区特色小镇：龙泉青瓷小镇

特色小镇"非镇非区"，是指特色小镇既不像行政区划上的建制镇，也不像非建制镇一样是产业园区的一个区，而是按照创新、协调、绿色、开放、共享的五大发展理念，聚焦信息服务、环保、旅游、康养、金融、时尚等新兴产业，兼具"产、城、人、文"等综合功能的创新创业平台。

杭州龙泉青瓷小镇是一个典型的"非镇非区"的特色小镇，小镇的核心区位于距龙泉市区 32 公里的上垟镇，地处浙闽赣交界处，龙浦高速、53 省道穿境而过，交通十分便利。上垟镇作为现代龙泉青瓷发祥地，据考证，龙泉青瓷迄今已有 1700 多年的历史，瓷土资源十分丰富，丰富的瓷土资源不仅造就了灿烂的青瓷文化，更为现代龙泉青瓷的发展提供了有利的物质基础。杭州龙泉青瓷小镇项目总体规划面积为 3.21 平方公里（4815 亩），总体建设面积为 136 万平方米，项目总投资达 30 亿元。

龙泉青瓷小镇所在的上垟镇森林覆盖率高达 80%，被喻为"浙江林海""华东氧吧"。除此之外，上垟镇还拥有丰富的毛竹和香菇资源，凭借着这种优越的自然资源条件和生态环境条件，上垟镇成为国家环保部门认定的第一批"全国生态镇"，为龙泉青瓷小镇的发展提供了生态土壤；上垟镇内现仍保留着包括工业大厂房、办公楼、会堂、大烟囱、青瓷研究所、职工宿舍等在内的原龙泉国营瓷厂工业遗址，除此之外，作为"瓷器之都"的上垟镇还完整保留着一些老字号的青瓷作坊，比如李记、曾记、张记、芹记等等，其中，芹记古窑址更是截至目前上垟镇连续烧制时间最长的瓷窑，这也为龙泉青瓷小镇的发展提供了历史文化土壤；上垟镇是闻名中外的龙泉青瓷主产地，凭着优越的自然条

件和丰富的瓷土资源及传统制瓷工艺，原龙泉瓷器总厂、一厂、三厂、五厂都设在镇内，素有"青瓷之都"之称；上垟镇淳朴自然的民俗民风由来已久，老鼠爪、槎儿冻等当地特色饮食文化以及做豆腐、采香菇、捣黄果、揉麻糍的民间习俗都构建了上垟镇舒适、自然、和谐的生活氛围；上垟镇作为龙泉市打造"中国青瓷小镇"文化旅游品牌的中心，实现了与国家级自然保护区龙泉山、国家 5A 级旅游景区千岛湖和雁荡山以及世界自然与文化遗产武夷山的对接，共同打造了"两小时旅游圈"。①

杭州龙泉青瓷小镇凭借优越的生态资源、历史文化资源、旅游资源以及自然和谐的生活氛围，立足于打造以青瓷文化为核心，包括休闲养生、文化传承、收藏鉴赏和旅游观光等具有国际影响力的中国特色的青瓷小镇。截至目前，龙泉青瓷小镇已吸引 89 家青瓷企业入驻，并带动了 4000 多名当地农民的就业与再就业。②

---

① 《浙江龙泉上垟镇：打造中国最美的青瓷小镇》，2018 年 1 月 31 日，见 http://www.sohu.com/a/220100274_534424。
② 《浙江龙泉青瓷小镇》，2016 年 7 月 12 日，见 http://m.sohu.com/a/104437217_115324。

第四章　特色小镇与乡村振兴战略

乡村振兴战略旨在促进农村的全面发展，而特色小镇战略的目标也有很大一部分集中于促进农村的发展。因此，在促进农村的发展方面，特色小镇和乡村振兴战略是相互联系、相互促进的。

第一节　乡村振兴战略的提出与内涵

一、乡村振兴战略的提出背景

（一）现实背景：我国乡村发展现状

1978 年，我国改革开放以来，"三农"问题一直都是各级党委政府关注的重点问题。自 2004 年起，"中央一号文件"已经连续 16 年关注"三农"问题，在这 16 份"中央一号文件"中，既有针对"三农"工作全局的，也有专门针对农业科技、农田水利、新农村建设等专项工作的，这些都说明"三农"问题在我国重中之重的地位。2018 年，我国颁布了"中央一号文件"《中共中央　国务院关于实施乡村振兴战略的意见》，对实施乡村振兴战略作出全面部署：到 2020 年，乡村振兴的制度框架和政策体系基本形成；到 2035 年，农业农村现代化基本实现；到 2050 年，实现乡村全面振兴，农业强、农村美、农民富全面实现。① 这些目标的制定，对解决"三农"问题提出了更高的要求。

经过多年努力，我国"三农"问题得到明显缓解。首先，在农业发展上，我国的农业生产方式一直朝着现代化的方向发展，科技手段在农业生产中的应用日益普遍，农产品的数量和质量都有了提高，我国的农产品出口各国，享誉全球；其次，在农业生产结构上，我国的农业生产结构日趋多样化，多种经济作物的生产带动了农民收入的提高；最后，在农村建设方面，不仅农民物质生活水平不断提高，而且农民精神文化生活也越来越丰富，美丽乡村建设获得新的发展经验，我国的乡村建设取得了一定成效。

虽然我国"三农"发展取得一定的成就，但是，在"三农"发展中依然存在着许多问题和困境。首先，我国的农业生产方式虽有了一定程度的改善，但相对于其他发达国家来说，仍然处于落后地位，土地资源和自然资源的利用率不高，尤其是耕地资源紧缺，后备耕地资源不足。由于海陆分布、地形地势、气候的影响，我国境内有流动沙丘 6.7 亿亩、戈壁 8.4 亿亩、4000 米以上高山 29.09 亿亩，难以利用土地总面积达 44.19 亿亩，占我国土地面积的 30.68%，从目前我国土地利用结构看，用于农林牧的土地占 57.8%，其中耕地仅占 14%，低于世界平均数，加之后备耕地资源毛面积仅 5 亿亩，真正可垦为耕地的仅 1 亿—2 亿亩。② 其次，我国农业生产的产业化程度不高，农业生产没有形成完整的产业链条，管理方式也相对落后。最后，城乡居民收入还存在着不平衡问题。国家统计局公布的数据显示，2018 年城镇居民可支配收入为 39251 元，农村居民可支配收入为 14617 元，两者相差两倍多，缩小城镇与农村之间收入差距的任务仍不能放松。③ 除此之外，我国广大农村地区还存

---

① 《中共中央　国务院关于实施乡村振兴战略的意见》，《人民日报》2018 年 2 月 5 日。
② 《我国自然资源劣势，土地利用率低区域不匹配，低劣资源占比重较大》，2019 年 7 月 11 日，见 http://3g.163.com/dy/article/EJR25KLL0518MFV7.html。
③ 《2018 全国居民人均可支配收入发布，城镇居民差距仍然较大》，2019 年 1 月 21 日，见 http://www.sohu.com/a/290509603_120089097。

在着留守儿童、农村人口过度外流等问题，这些问题都在一定程度上阻碍了我国"三农"问题的解决。我国现阶段的发展迫切需要乡村振兴战略来帮助解决这些问题。

（二）理论背景："三农"思想的历史沿袭

我国历代领导人对"三农"问题都十分重视，他们的思想也为当前乡村振兴战略的提出打下了基础。

毛泽东同志最先认真探讨了"三农"问题，在《论十大关系》中，毛泽东同志在论述重工业、轻工业和农业的关系时，强调"重工业发展的基础是农业，只有农业生活资料得到了充分的发展，才能为重工业的继续发展提供稳固的基础"。在农业合作化道路的探索中，毛泽东同志亲自起草了《中共七届六中全会关于农业合作化问题的决议》，强调要按照"自愿互利、典型示范和国家帮助"的原则，实施"农业生产互助小组—初级农业生产合作社—高级农业生产合作社"的步骤，引导广大农民走上农业合作化道路。[①]

邓小平同志在我国改革开放之后，提出了"家庭联产承包责任制"，并鼓励了安徽凤阳小岗村的试点，这是对我国农业生产关系的重大创新，通过制度调整充分激发了农民的生产积极性。邓小平同志还提出要走一条具有中国特色的农业现代化道路的重要论断。

江泽民同志提出：要统筹城乡发展，为新农村建设提供制度保障；要走农业产业化道路，始终维护农民群众的利益。江泽民同志关于"三农"问题的思想主要可以概括为以下几个方面：首先，农业问题、粮食问题始终是关系国计民生的首要问题；其次，稳定和加强农业基础，对于保持国民经济持续快速健康发展具有特别重要的意义；最后，加强农业的基础地位，是全面建设小康社会的必然要求。

胡锦涛同志坚持用科学发展观来指导"三农"工作，提出"两个趋向"的

---

① 《毛泽东文集》第七卷，人民出版社 1999 年版，第 50 页。

重要论断，即"纵观一些工业化国家的发展历程，在工业化初始阶段，农业支持工业、为工业提供积累是带有普遍性的趋向；但在工业化发展到一定的程度，工业反哺农业、城市支持农村，实现工业与农业、城市与农村协调发展，也是带有普遍性的趋向"①。

习近平总书记一直关注"三农"问题。乡村振兴战略的提出就明确地表现出习近平总书记对我国农村、农业和农民的深厚感情。

二、乡村振兴战略的现实意义

(一)乡村振兴是解决"三农"问题的根本思路

党的十九大报告提出：新时期我国社会的主要矛盾已经转变为"人民日益增长的美好生活需要和不平衡不充分的发展之间的矛盾"，这个新矛盾在"三农"问题中也有体现。首先，新矛盾表现为城乡发展的不平衡。在我国城镇化进程中，我国农村为城市提供了许多支持，导致农村地区现阶段的发展存在诸多问题，比如农村的公共基础设施和公共服务落后于城市，比如农村的资金、技术和人才资源向城市的流动而导致农村地区劳动力不足等。郑永年将农村的公共治理危机界定为流出性衰败，即附着在劳动力外流基础上的资本、技术、领导力等多项资源的大规模流出所导致的农村地区经济贫困、公共物品供给不足等衰败现象。② 其次，新矛盾表现为农村地区发展的不充分。一是农业发展的不充分，具体表现为农业防灾减灾能力弱、农业发展规模化不充分、农业资源的利用不充分、农业科技的利用不充分等。二是农村发展的不充分，我国农村发展存在明显的地域差异，东部沿海地区农村的发展明显优于其他地区。三是农民发展的不充分，具体表现在农村收入的不充分、农民转移的不充分和农

---

① 范毅：《从"农业支持工业"到"工业反哺农业"——"两个趋向"的路径依赖之中外比较》，《中州学刊》2006年第3期。

② 郑永年：《如何拯救中国农村的"流出性衰败"？》，2017年5月3日，见http：www.yicai. comnews5277548.html。

民享受公共服务的不充分。① 最后，广大农民对美好生活的需要亟待被满足。为解决这些问题，乡村振兴战略提出了产业兴旺、生态宜居、乡风文明、治理有效、生活富裕的新要求。这些总要求为新时代解决社会主要矛盾在"三农"中的问题提供了新思路。

（二）乡村振兴是习近平总书记"三农"论述的完善

党的十八大以来，习近平总书记对我国的"三农"工作提出了许多新思想、新理念和新论断。习近平总书记的"三农"论述十分丰富，涵盖了"三农"问题的各个方面，其中"三个必须""三个不能""三个坚定不移"概括了习近平总书记对"三农"工作的总体要求。在 2013 年中央农村工作会议上，习近平总书记提出：中国要强，农业必须强；中国要美，农村必须美；中国要富，农民必须富。这三个"必须"论述了"三农"之间的关系，指出"三农"工作在我国的基础性地位，明确了"三农"问题是关系到中国特色社会主义事业建设的根本性问题。2015 年 7 月，习近平总书记在吉林调研时指出：任何时候都不能忽视农业、不能忘记农民、不能淡漠农村。这三个"不能"体现了我们党对农民利益和权利的尊重。2016 年 4 月，习近平总书记在安徽凤阳县小岗村召开的农村改革座谈会上强调：要坚定不移深化农村改革，坚定不移加快农村发展，坚定不移维护农村和谐稳定。这三个"坚定不移"则更加具有全局性，从"三农"工作的全局角度明确了"三农"问题的工作重点。② 这"三个必须""三个不能""三个坚定不移"为我国"三农"问题的发展提供了理论指导。

随着我国的社会发展进入新时代，习近平总书记提出的乡村振兴战略，用"产业兴旺"代替了"生产发展"，用"生态宜居"代替了"村容整洁"，用"治理有效"代替了"管理民主"，本质内涵与过去的新农村建设已经截然不同。

---

① 刘合光：《乡村振兴战略的关键点、发展路径与风险规避》，《新疆师范大学学报（哲学社会科学版）》2018 年第 3 期。

② 韩长赋：《新形势下推动"三农"发展的理论指南——深入学习领会习近平总书记"三农"思想》，《求是》2017 年第 2 期。

因此，乡村振兴战略是在社会主要矛盾发生转变背景下对我国"三农"思想的重要补充。

（三）乡村振兴是建设美丽中国的重要举措

党的十六届五中全会提出美丽乡村战略，美丽乡村是作为建设社会主义新农村的重大任务而提出的。党的十九大报告提出了美丽中国战略，美丽中国战略带有社会主义建设总布局的高度。"美丽"作为美丽中国和美丽乡村战略的核心和关键，强调的美丽是多方面的，不仅是生态环境方面的外部条件的美丽，更是政治、经济、文化和社会等各个内部因素的"美丽"。① 而乡村振兴战略产业兴旺、生态宜居、乡风文明、治理有效、生活富裕的二十字根本要求则从各个方面对于"美丽乡村"作出了具体要求，产业兴旺和生活富裕保证了乡村的经济"美丽"，治理有效保证了乡村的政治"美丽"，"生态宜居"保证了乡村的生态环境"美丽"，乡风文明保证了乡村的社会"美丽"。因此，乡村振兴战略的实施对于建设美丽乡村、建设美丽中国具有重要意义。

三、乡村振兴战略的内涵与路径

（一）乡村振兴战略的科学内涵

乡村振兴战略的科学内涵可以从多个方面把握。第一，要明确乡村振兴战略的基本含义。乡村振兴战略是在我国社会发展进入新时代的背景下，以习近平同志为核心的党中央，以中国特色社会主义为引领，为解决我国"三农"问题，推进我国"三农"工作而提出的一项重大战略举措。第二，要明确乡村振兴战略的总体要求。产业兴旺、生态宜居、乡风文明、治理有效、生活富裕是乡村振兴战略的总体要求，其中产业兴旺是根本、生态宜居是基础、乡风文明是关键、治理有效是保障、生活富裕是目标。在我国经济发展步入新常

---

① 阴映月：《乡村振兴战略提出的背景及意义探讨》，《现代化农业》2018 年第 4 期。

态和社会主要矛盾转换的背景下，乡村振兴战略能够从总体上推动农业生产、提高农民收入和改善农村面貌，并能够满足农民对美好生活的需要。第三，要明确乡村振兴战略的主要内容。乡村振兴战略是一项系统性工程，不仅涵盖了与"三农"相关的城乡一体化发展问题、农业现代化问题、农村土地制度改革问题及农产品食品安全问题，还涉及农业现代化与工业现代化协调发展问题。第四，要明确乡村振兴战略的主要目标。乡村振兴战略最重要的目标就是要实现农业现代化，实现农业、农村、农民的全面发展。第五，要明确乡村振兴战略的关键举措。我国多年来存在着城乡二元社会结构，因此，采取措施实现城乡发展一体化是解决我国"三农"问题的一项重要举措。可以通过构建新型城乡关系、统筹城乡发展来实现城市支持农村发展的良好局面，走城乡融合发展的道路，实现城乡发展一体化以此实现我国的乡村振兴战略。①

（二）乡村振兴的实现路径

任何战略的实施都要找到精准路径，而乡村振兴战略作为我国新时代的一项重大发展战略，也需要找到准确的实现路径来推动，以保证战略的顺利实施，乡村振兴战略可以从以下几方面来推进：首先，要全面深化农村改革，通过机制创新推进乡村振兴。作为社会活力的总开关，体制机制的创新能够有效激发农村活力，促进农村各项事业的发展。一方面，要完善农村土地的"三权分置"制度，放活农村土地经营权，使土地承包关系保持长期稳定，并且将土地承包期再延长 30 年；另一方面，农村集体产权制度要进一步改革，不断壮大集体经济，切实保障农民的权益。其次，要振兴农村产业。产业兴旺是乡村振兴的根本性问题。一方面，要鼓励农村地区根据自己的区位优势、资源优势以及历史人文优势等，因地制宜地发展自己的优势产业，并逐步引导当地的特色产业结构适应市场需求；另一方面，要引导农村地区的农业生产与第二产业

---

① 廖彩荣、陈美球：《乡村振兴战略的理论逻辑、科学内涵与实现路径》，《农林经济管理学报》2017 年第 6 期。

和第三产业相融合，促进农业产业链的延伸，加快农业与其他产业的融合。再次，要借助科技创新实现乡村振兴。科技是第一生产力，创新则是推动生产力发展的不竭动力。乡村振兴离不开农业现代化，农业现代化又离不开科技创新。一方面，要加大农业科技资金的投入，将互联网技术、智能化技术以及物联网技术等等引入到现代农业中，让广大农民利用这些科技成果来实现农业振兴；另一方面，要整合民间力量，扩大民间资本在农业科技中的投入，在扩大使用范围的基础上进一步提高使用效率。最后，要加强人才培育，利用人才队伍助力乡村振兴。人是经济社会发展的首要资源，乡村振兴战略的实施更是离不开优秀人才。一方面要加强对职业农民的培训，对其进行现代化农业生产、加工以及经营等方面的培训，打造一支现代化的农民团队；另一方面，要激励更多的技术人员下乡，打造一支乡村科技人才队伍。从农村地区的农民和城市地区的非农民两个方面入手，共同打造实现乡村振兴战略的优秀人才队伍，促进乡村振兴战略推进。

第二节　特色小镇与乡村振兴战略的关系

一、特色小镇是实施乡村振兴的平台

特色小镇尤其是农业特色小镇，是促进乡村振兴的重要战略平台。以江苏省为例，农业特色小镇丰富多样、大放异彩，南京江宁香草小镇、无锡阳山蜜桃小镇、盐城大丰荷兰花海小镇、赣榆谢湖樱桃小镇、邗江甘泉樱花小镇、苏州东山茶叶小镇、灌南菌菇小镇、常州夏溪花木小镇、句容丁庄鲜果小镇等，各具特色。农业特色小镇既能够创新农业发展载体，也能够保持农业创新机制的活力；既是提高农民收入、改善农民生活质量、提升农村生活条件的新思路、新方法，也是推进农业供给侧结构性改革的有效路径。而且，从我国的现

实状况和作为"农业大国"的现实依据来看，加快建设农业特色小镇，深入推进农业与工业、服务业的深度融合，是推动农村经济发展的新动力、新引擎，是传统农业向现代农业转变的新路径，有利于促进新型城镇化建设，有利于促进区域经济社会全面、协调发展。

（一）特色小镇是促进乡村产业兴旺的新路径

特色产业是特色小镇得以生存和发展的重要载体，更是特色小镇的灵魂，特色产业的选择是基于当地独特的资源优势。一般来说，特色产业的发展都具有一定的规模，涉及产业链和价值链的延长提升，这一点恰恰与乡村振兴战略中产业兴旺所要求的第一、第二和第三产业融合发展相一致。[①] 在我国广大村镇地区的特色产业中，农业占据很大一部分，特色种植业和养殖业作为主导产业的情况十分普遍，在构建现代产业体系的过程中，特色小镇的特色产业对乡村产业结构、产业布局、产业组织、产业技术和产业关联等方面均起到了推动作用。其中，特色产业中的新产品开发以及新业态的孕育等都促进了特色产业的产业结构升级；特色产业的规模效应及其对周边地区的带动作用优化了产业布局，促使产业集群式分布；市场主体的不断壮大则优化了产业组织；特色产业中现代信息技术的应用和科技成果的普及也使产业技术得到进一步发展；特色产业的产业链建立和延长之后，产业链中各个部分的产业关联不断优化，可以有效避免由于农产品的直销或短缺所带来的利益损失。

比如，广州从化被称为"广州后花园"，打造了一个著名的西塘童话小镇，西塘村位于鳌头镇东北部，童话小镇是以西塘村为中心辐射带动鹿田村和横坑村。童话小镇通过一系列水系和绿道，将三个村庄有机串联在一起，嵌入各种动漫元素、童话元素，深入挖掘稻田文化、农耕文化、山水文化，发展以"三农"为核心的童话旅游小镇，有效带动了当地农业产业、观光旅游、采摘体验、

---

① 苏毅清、游玉婷、王志刚：《农村一二三产业融合发展：理论探讨、现状分析与对策建议》，《中国软科学》2016 年第 8 期。

童话之旅的综合产业发展，形成西塘童话小镇"生态—农业—企业—旅游"经济社会繁荣的一体化新格局。因此，特色小镇通过对农业的扶持和推动，成为促进农村产业兴旺的平台。

（二）特色小镇是引领乡村文化振兴的新平台

乡村振兴不仅仅是经济振兴，更是乡村文化振兴。现在人们更加重视对美好生活的追求，对精神文化的需求也日益增加，而特色小镇的发展模式则不同于以往小城镇的发展模式，在彰显文化底蕴方面，特色小镇具有独到的优势。不同类型的特色小镇具有不同的挖掘传统地域文化并植入传统文化因素的方法。[1] 农业特色小镇通过挖掘我国历史悠久的农耕文明，并将新的创意融入到农产品研发与设计当中，在传承传统农耕文化的同时又注入新的活力；旅游型特色小镇则注重开发当地的文化资源，形成独特的文化标签，吸引游客；历史经典产业型特色小镇则需要同时兼顾传统产业的传承和现代产业的融合发展，展示经典产业生产工艺的变迁。[2] 不同类型的特色小镇具有不同的传承和发展传统文化的方式，但是无论哪种方式，都能促进乡村文化的振兴。

比如，陕西商洛有个丹凤棣花文创小镇，主要围绕贾平凹文化名人效应，投资12.6亿元，打造了平凹文学馆、作家村，复原了贾平凹获茅盾文学奖作品《秦腔》里的"清风街""千亩荷塘"，打造了实景演艺《粮花往事》，动员127家企业和个体工商户前来投资发展，并获批成为4A级景区，受到省内外广泛关注，2017年底被省政府纳入创建类特色小镇名单。[3] 因此，特色小镇通过各式各样传承发展传统文化的方式带动乡村的文化振兴，成为引领乡村文化振兴的重要平台。

---

① 成岳冲：《发掘优秀文化资源 创建现代特色小镇》，《行政管理改革》2017年第12期。

② 杨梅、郝华勇：《特色小镇引领乡村振兴机理研究》，《开放导报》2018年第2期。

③ 《特色小镇 乡村振兴的突破口》，2018年9月30日，见 http://yjzx.shangluo.gov.cn/Article. aspx?ID=29968。

（三）特色小镇是带动乡村生活富裕的新引擎

特色小镇作为连接城市和乡村的重要载体，其公共设施一般来说较为完善，并且作为重要载体，特色小镇在承接、吸收城市产业和文化并向农村辐射的过程中，不仅开阔了乡村居民的视野，还给乡村居民带来了许多机会。一方面，特色小镇特色产业的建立和发展，会吸收当地农民实现就地就业，让更多农民参与到第二、三产业中来，为提高农民收入开辟了一条新渠道；另一方面，特色小镇除了是重要的就业平台之外，还是一个十分重要的创新创业平台，而且特色小镇对于创业人员设置的门槛较低并且扶持较多，具有一定能力或者丰富经验的人可以在特色产业衍生出的市场需求和发展机会中创业，实现自己的理想与价值。特色小镇通过搭建就业平台和创新创业平台，在吸引外出务工人员返乡就业与创业的同时，还吸引了一大批有理想有能力的人来此实现梦想。

比如，广州市有个莲麻小镇，小镇在 2016 年国庆期间正式对外开放，这片山清、水秀、人杰、地灵、酒香的好地方吸引了大批游客前来参观，走进小镇会看到各式各样的酒旗、酒坛、水墨画、特色民宿、小酒馆等。国庆期间参观人数约 12.6 万人次，7 天里带动当地消费及农民增收约 553 万元。2017年，莲麻小镇获国家"环境整治示范村"和第四批"美丽宜居村庄示范"称号，2017 年国庆期间共接待游客 6 万多人次，综合收入 600 多万元，让这个过去的贫困小镇焕发出勃勃生机。① 因此，特色小镇是带动乡村生活富裕的重要平台。

（四）特色小镇是拉动乡村生态宜居的新支点

特色小镇一般都有合理的空间布局规划和发展规划，能够在有限的空间里高效地利用土地资源，兼顾生产、生活和生态的协调发展，这对于周边乡村的建设和规划都起到指导作用。乡村居住环境应以特色小镇为样板，积极建设乡

---

① 《以特色小镇为抓手　实施乡村振兴战略》，2018 年 1 月 12 日，见 http://mini.eastday.com/mobile/180112181553861.html#。

村垃圾处理和污水处理设施，美化乡村居住环境。特色小镇的这种重视生态环境的发展方式为其他乡村地区的发展，尤其是乡村农家乐的转型升级提供了经验借鉴，这些都有助于乡村振兴战略生态宜居要求的实现。

比如，在江西省赣州市大余县，丫山小镇以发展生态旅游产业为核心，先后被评为江西首个 5A 级乡村旅游点、中国最美休闲乡村、中国传统文化养生基地、国家森林公园等。小镇具有无与伦比的生态优势，丫山的森林覆盖率达到 93%。丫山小镇在整体建设、运营发展过程中注重生态保护、绿色优先。小镇负氧离子含量平均值达 19 万 / 立方厘米，PM2.5 个位数值的天数每年在 300 天以上；建设了水上乐园、乡村旅游观赏园、龙山瀑布群等乡村旅游项目 56 个，年接待游客 760 万人次。[①] 因此，特色小镇是拉动乡村生态宜居的重要平台。

二、乡村振兴为特色小镇建设提供理念

乡村振兴要求我国的城乡结构从城乡二元向城乡一体化、城乡融合的方向发展。乡村振兴在实施过程中，要求相关部委加大对农村土地经营权改革、三产融合、绿色发展、金融服务、人才振兴等方面政策的支持力度。[②] 这些政策为特色小镇的建设提供了理念指导。

（一）乡村振兴为特色小镇提供规划理念

乡村振兴中有一项生态宜居的要求，所以在特色小镇的建设过程中，在顶层设计时就要充分考虑到绿色发展理念和可持续发展理念。在乡村和小镇的建设过程中，要广泛采用现代化的生态技术、可循环技术、节能和节水技术，减少碳排放和水资源浪费，同时还要配备相应的污水处理设备和垃圾处理设备，

---

① 《运动休闲去丫山　诗和远方在大余——江西省大余县丫山运动休闲小镇典型经验》，《中国经贸导刊》2019 年第 9 期。

② 许利峰：《我国乡村振兴战略背景下的特色小镇发展趋势》，《建设科技》2018 年第 2 期。

以减少乡村和小镇的污染，实现乡村和小镇的可持续发展。建设布局合理、环境优美，生产、生活和生态相融合，以绿色发展和可持续发展为特色的特色小镇。另外，乡村振兴战略还鼓励将农业与生态休闲结合起来，打造集现代农业、休闲娱乐及文化旅游为一体的田园综合体绿色经济产业链条。因此，乡村振兴战略从生态环境的角度为特色小镇的建设提供了总体规划理念。

（二）乡村振兴为特色小镇提供产业理念

乡村振兴提出产业兴旺的要求，在弱旅游、强产业的政策指导下，特色小镇应立足于当地的资源优势、地理位置、文化传承以及产业聚集等因素，建设特色明显的优势性产业，并在多元化的发展格局中建设小城镇、大产业的发展格局。[①] 依托特色产业，特色小镇应把特色产业从生产向加工和服务延伸，实现第一产业和第二产业、第三产业融合发展。另外，现阶段产业融合已成为趋势，在特色小镇建设过程中，也要注重产业的跨界融合，比如苏州市七都镇"国学＋音乐"、茂名市沙琅镇"有机龟养殖＋生物科技产业＋物联网产业"等特色小镇的产业融合模式，完善了特色小镇的产业建设。另外，在"工业4.0"的背景下，特色小镇作为传统产业转型升级的重要载体，产业也应向生物、科技、信息以及高端制造业发展。因此，乡村振兴战略从产业定位和产业发展模式的角度为特色小镇建设提供了产业指导理念。

（三）乡村振兴为特色小镇提供运营理念

乡村振兴还有一个治理有效的要求，治理有效不仅仅是指对乡村的治理，还表现为对特色产业的有效治理。乡村的基础设施建设相对薄弱，自身"造血"能力不足，经济相对落后，再加上人才流失等不利因素，难以对特色产业提供有力的全方位支持，难以有效解决特色产业发展中存在的问题。因此，特

---

① 付晓东、蒋雅伟：《基于根植性视角的我国特色小镇发展模式探讨》，《中国软科学》2017 年第 8 期。

色小镇要广泛吸引外部资金和优秀人才，以"金融＋产业的齿轮＋杠杆价值"的方式实现满足特色小镇和特色产业对资源、服务的巨大需求。因此，乡村振兴战略从对资金、人才和服务有效治理的角度为特色小镇的建设提供了运营理念。

三、"特色小镇＋田园综合体"建设

（一）"特色小镇＋田园综合体"的内涵

2017 年 2 月 5 日，"中央一号文件"提出："支持有条件的乡村建设以农民合作社为主要载体、让农民充分参与和受益，集循环农业、创意农业、农事体验于一体的田园综合体，通过农业综合开发、农村综合改革转移支付等渠道开展试点示范。"这是我国首次明确提出"田园综合体"概念。从田园综合体的概念可以看出，作为一种发展理念和模式，田园综合体适应了农村的供给侧结构性改革，是加快城乡一体化，建设美丽乡村，促进农业现代化发展的一个重要途径。[①] 近年来，我国各地兴起了特色小镇的建设热潮，但是随着城镇规模的快速扩张，城镇也愈发缺乏与乡村田园的互动，居民的幸福感并未得到有效提升。所以，在特色小镇的发展过程中融入田园综合体的建设，将两者进行有机融合，才能更好地提升我国特色小镇的建设水平，促进农村发展、培养新型农民，有助于更好地贯彻和执行乡村振兴战略。

（二）"特色小镇＋田园综合体"的建设内容

产业兴旺是乡村振兴战略的首要要求，农业又是大多数乡村的主导性产业，"特色小镇＋田园综合体"的建设恰恰就是以现代农业为主要内容进行建设的。[②]"特色小镇＋田园综合体"的模式通过把乡村丰富的青山绿水、多样

---

① 陈李萍：《我国田园综合体发展模式探讨》，《农村经济与科技》2017 年第 21 期。
② 杨梅、郝华勇：《农业型特色小镇建设举措》，《开放导报》2017 年第 3 期。

的田园野趣、乡土气息的生活方式、底蕴浓厚的传统文化等沉睡的资源转化为经济优势,建设成为推动城乡一体化的有力抓手。

首先,"特色小镇+田园综合体"立足于打造生态农业示范基地。生态农业示范基地的大小一般根据建设规划确定,但是各个基地无论大小,在不违反相关土地法律的前提下,各个基地都会对自己的空间进行充分有效的利用。比如,为了保护耕地,可以在基地内搭建架空结构的建筑,一楼用作农业生产,二楼用来休闲娱乐。另外,作为生态农业示范基地的田园综合体还应该大力推广生态科技农业,建立有机的蔬菜种植园和果树种植园,并搭配现代化的灌溉技术,建立可持续的低碳生产模式。

其次,"特色小镇+田园综合体"注重高科技元素,加强校企科技合作。现代农业相对于传统的普通农业来说,更加重视科技投入,"特色小镇+田园综合体"作为现代农业的重要基地,致力于加强与高校和科研院所之间的战略合作关系,搭建校企科技创新合作平台,打造以农业专家和科学家为主体的科研技术团队,实现了新品种培育、新型栽培技术和种植方式的开发、水肥一体化技术的培养等等,提高了生产效率和土地利用效率。

最后,"特色小镇+田园综合体"培育了新型农民,提高了农民收入。由于现代农业的生产方式与传统农业不同,所以"特色小镇+田园综合体"需要对农民进行观念、技术以及管理方式等方面的培训,让农民能够熟悉并熟练使用新技术、新工具和新设备,实现传统农业生产方式向现代农业生产方式的变革。另外,农民在现代农业基地获得工作,就可以将自己的土地进行流转,农民不仅可以获得工资收入,还可以获得土地的流转收入。

(三)"特色小镇+田园综合体"的建设优势

"特色小镇+田园综合体"融合了特色小镇与田园综合体的优点,本身在具备地理优势和产业优势的同时,还能够接壤田园生活,是生产与生活互动的重要载体,在我国提出乡村振兴战略之后,"特色小镇+田园综合体"又具备了更多的建设优势。

首先，五大发展理念为"特色小镇＋田园综合体"的长期发展打下基础。党的十八届五中全会提出，要实现发展，就必须贯彻创新、协调、绿色、开放和共享五大发展理念。乡村振兴战略背景下的"特色小镇＋田园综合体"的建设首先要求的就是转变农村的发展理念，将五大发展理念融入到农村发展中，尤其是绿色和共享理念，绿色是为了保护农村的生态环境；共享是把新经济和新产业等融入到乡村发展中，增强乡村发展的可持续性。其次，以"三农"为基础是"特色小镇＋田园综合体"建设的指导原则。乡村振兴的根本性产业就是农业，"特色小镇＋田园综合体"的建设也应以农业为基础，立足于三农，探索出适合的产业发展体系和发展模式，加快产业化进程，这样不仅可以促进农业发展，实现乡村振兴战略中产业兴旺的要求，还可以加快第一产业和第二产业、第三产业的互动，实现农业人口向第二、三产业的转移，这也是乡村振兴战略的一个重要发展目标。最后，"特色小镇＋田园综合体"具有浓烈的人文性质。①"特色小镇＋田园综合体"多具有独特的品牌和文化，又由于"特色小镇＋田园综合体"的规模一般较小，所以"特色小镇＋田园综合体"也更加强调可持续、可循环的发展理念，在发展过程中注重生态环境的保护和文化的传播，这种既强调商业价值又注重社会目的和文化运作的方式符合了乡村振兴战略中对于生活富裕、生态友好以及文化传承等多方面的要求。

四、特色小镇与农村电子商务发展

(一) 农村电子商务的发展情况

1. 农村电子商务发展的现状

农村电子商务的发展对于推进农业的供给侧结构性改革、助力农村地区的精准扶贫以及帮助农民创新创业和增加收入具有重要作用。近年来，随着农村电商飞速发展，农村网络零售额迅猛增长，农村网店数不断增多，带动

---

① 林向阳、廖中武：《特色小镇田园综合体的定位与规划》，《城乡建设》2017 年第 20 期。

就业人数一路飙升。2018 年全国农村网络零售额达到 1.37 万亿元，同比增长 30.4%；全国农产品网络零售额达到 2305 亿元，同比增长 33.8%。[①] 据数据统计显示，2017 年农村网店数达到 985.6 万家，较 2016 年增加 169.3 万家，同比增长 20.7%，带动就业人数超过 2800 万人。[②] 据中商产业研究院的研究结果，2018 年农村网店数达到 1200 万家，带动就业人数 3500 万人。[③]

从目前来看，我国农村电子商务的发展呈现出以下特征：首先，从流通内容上来看，农村电子商务的流通产品主要以农村实物类产品和农村服务类产品为主，其中，农村实物类产品所占的比重更大，以 2017 年为例，农村实物类产品网络零售额为 7826.6 亿元，农村服务类产品网络零售额达到 4622.2 亿元，农村实物类产品的零售额远远高于农村服务类商品的零售额。[④] 虽然农村实物类的零售额很高，但是，在这些零售额中占比最多的是服装、家具、鞋、箱包皮具、汽车用品、手机、服饰配件和生活电器等十类商品，并没有农产品的类别，要想实现农产品在网络上的销售，还有一系列的加工、销售、品牌推广等难题需要克服。其次，从农村电子商务的空间分布来看，区域发展不平衡问题也十分显著。东部沿海地区农村电子商务发展水平远远高于中西部地区，2017 年东部、中部、西部和东北部农村分别实现网络零售额 7904.5 亿元、2562.1 亿元、1700.5 亿元和 281.8 亿元，同比增长分别为 46.2%、33.4%、55.4% 和 60.9%。其中，东部农村网络零售额占比达到 63.5%，优势较为明显。[⑤] 除此之外，阿里研究院认定的 2015 年农村电子商务最活跃的 25 个县市，均位于浙江、福建、河北、江苏、广东和山东这样的东部沿海地区。最后，从农村电子商务的发展方式来看，呈现自身发展基础和资源禀赋模式相结合的发展方式。

①　《商务部：2018 年全国农村网络零售额达 1.37 万亿元》，《经济日报》2019 年 2 月 21 日。

②　廖翼、姚屹浓：《农村电商发展困境及对策》，《合作经济与科技》2019 年第 12 期。

③　《中商产业研究院：2018 年农村网店数将达到 1200 万家　带动就业人数 3500 万人》，2018 年 7 月 14 日，见 https://news.d17.cc/show-27056.html。

④　《商务部：2017 年全国农村网络零售额 12448.8 亿元人民币》，2018 年 1 月 25 日，见 http://k.sina.com.cn/article_1663612603_6328b6bb020004qht.html。

⑤　廖翼、姚屹浓：《农村电商发展困境及对策》，《合作经济与科技》2019 年第 12 期。

发展路径主要有两种：一种是电商平台在农村地区的推广，如京东等电商平台对线下的实体店进行改造；另一种是传统企业借助于农村网点和配送优势对原有网点进行改造升级。① 但是，无论哪一种路径，都是以自身的发展基础和资源禀赋为基础发展起来的。

2. 农村电子商务发展存在的问题

虽然农村电子商务已经成为我国农村地区经济发展的一项重要助力，但是在农村电子商务创造经济价值的同时，我们也不能忽视农村电子商务在发展中还存在的许多问题。首先，农村电子商务的发展还缺少相应的规划。在当今"大众创业、万众创新"的背景下，利用电子商务进行创业的门槛和成本相比其他方式较低，因此，选择利用农村电子商务进行创业的人越来越多，但是由于创业缺乏规划等原因，以及对于专业知识和市场需求了解的不足，电子商务产品的同质化问题严重，产品的成功销售就成了一大难题。2015 年的数据显示，国内农产品电商只有 1% 能够盈利，7% 巨额亏损、88% 略亏、4% 持平，2015 年倒闭的农产品电商就有水果营行、特土网、采购兄弟、后厨网、菜管家等。② 其次，农村电商规模较小，品牌化程度不够，缺乏号召力。农产品与工业产品不同，其生产、保存和加工的难度较大，经营者面临着产能、成本和定价的多重约束。另外，农村电商发展水平较低，抄袭产品设计、宣传的现象十分普遍，农村电商的品牌难以建立。最后，农村电商发展的科技支撑和人才支撑较弱。我国农村地区尤其是中西部的农村地区教育水平相对落后，科技和互联网教育相对不足。同时，有经验的美工、计算机、运营和销售人才也难以留住。农村电商小镇的建立和发展将是农村电商的一个重要发展方向，不仅可以解决农村电商的发展问题，还可以促进乡村振兴。

① 谢天成、施祖麟：《农村电子商务发展现状、存在问题与对策》，《现代经济探讨》2016 年第 11 期。
② 乔金亮：《农产品电商的"风"会往哪吹》，《经济日报》2016 年 7 月 19 日。

(二) 农村电子商务与特色小镇的融合

1.农村电子商务帮助特色小镇摆脱发展瓶颈

特色小镇相对于大中城市而言偏于一隅,在交通条件和信息沟通条件方面,特色小镇往往处于劣势,对特色小镇的发展产生阻碍作用。特色小镇具有产业优势及资源优势,可以依托当地的优势产业和资源建立起相关的产业特色小镇和旅游特色小镇等,但是特色小镇的"特色"却不能够及时地被外界社会所了解,难以吸引外部资源的流入,这就导致特色小镇"养在深山人不知"的情况,导致特色小镇的发展陷入瓶颈,难以取得发展突破。而电子商务利用信息技术、远程通信技术和互联网技术等,使整个商务过程电子化,不仅能够向外部传递信息,从而起到宣传作用,还能使消费者实现在网上直接下单购物、网上支付,并通过物流公司直接送到相应的收货地点,就能使特色小镇的特色产品实现顺利流通,为特色小镇创造经济价值。电子商务在特色小镇建设中无论是起到宣传作用还是转变交易模式的作用,都能够为特色小镇创造经济价值,破除特色小镇由于信息不畅和交通不便而产生的发展瓶颈。

2.农村电子商务为特色小镇提供动力支持

农村电子商务除了可以破除特色小镇的发展瓶颈,还可以作为特色小镇的特色支柱产业,直接为特色小镇创造经济价值。2018 年 1 月 10 日,河南舞阳县辛安镇被批准建立辛安电商特色小镇,转变了当地的农业发展模式,实现了电子商务在农业生产中的应用,帮助了当地农民适应市场的变化,实现了农产品市场的对外开放。辛安镇推广当地的特色产品,双孢菇、吴堂粉条等通过网络电商销售,不仅实现了当地特色产品走出省、走出国、走向世界,还通过推动农产品线上线下的融合发展,带动了周边县域地区的电商发展。

辛安镇电子商务的快速发展,也吸引了许多城市人口和外出打工的农村人口回到辛安镇创业,现阶段在辛安镇创业的年轻人有80%以上都是 30 岁以下的年轻人,这为辛安镇的发展注入了新鲜的动力。辛安镇还定期对技术人员以及相关工作人员进行培训,打造了一支专门负责协调、规划、招商以及具体运营的专业电商队伍,为辛安电商特色小镇的发展提供保障。辛安镇特色电子商务的蓬勃发展也吸引了外界的目光，目前，辛安镇已经与"梦幻水上乐园"项目初步签约，与北京"智晓未来"、河南"豫货通天下"达成合作意向，这些都有利于辛安镇的进一步发展。农村电子商务可以作为独立的产业为特色小镇提供动力支持，并且能够吸引人员和资源的流入，为特色小镇的发展提供不竭动力。

（三）农村电商小镇的发展：以浙江遂昌为例

我国的淘宝村数量持续上涨，并在 2015 年达到了 780 个，淘宝村数量的持续上涨导致了淘宝村的聚集，形成"淘宝镇"。遂昌县隶属于浙江省丽水市，位于浙江省西南部，遂昌县并不具备明显的产业优势，遂昌县正是通过互联网与世界各地进行着各种信息与资源的交换，创立了人才流、资金流和物流相联系的电商平台，建立起了国内首批农村电商小镇，提高了当地人民的收入水平和生活水平，带动了遂昌县的快速发展。像遂昌一样的县占我国县级行政单位的 80% 以上，所以遂昌县电商小镇的发展不仅具有代表性，还为其他县域建设农村电商小镇提供了经验。

自 2005 年起，浙江遂昌就已经开始出现以个体形式存在的淘宝电商，主要经营当地特色农产品，比如山茶油、竹炭等。随着个体淘宝电商数量的不断增加，在 2010 年，遂昌网店协会成立，淘宝电商的发展朝着制度化和规模化的方向发展。2013 年，淘宝网遂昌馆建立，初步形成了以当地特色农产品为主，多种类商品共同销售的"遂昌模式"。2013 年 5 月，阿里巴巴与遂昌县人民政府合作，启动了"赶街"项目，遂昌县借助该项目，通过 B2C、B2B、C2B 等方式，实现了当地特色产品的进一步推广和销售。2015 年 12 月，商务部发布文件，认定浙江遂昌县为农村电商强县和创建先行县，在获得商务部肯定的基础上，遂昌网店协会起草了《农村电子商务服务规范》和《农村电子商务工作指引》两项标准。商务部在网店协会起草的基础上，又做了进一步的修改和完善，形成农村电商强县的评估指标体系，为浙江遂昌县创建农村电商强县打下了制度基础。2016 年 1 月，第二批特色小镇创建名单公布，遂昌电商创业小镇入围。至此，遂昌电商创业小镇正式建立起来。①

　　浙江遂昌电商特色小镇的发展具有以下几个特点：首先，遂昌县率先构建起了网商县域集群式发展模式。通过建立网店协会的方式，实现网店与供应商之间的资源共享与优势互补。其次，遂昌县以农产品为网店特色。近年来，农产品在网上受到的关注越来越多，成为图书、服装、3C 电商之后新的销售热点，而遂昌县的农产品种类丰富，从零食坚果，到茶叶干货，再到生鲜蔬果一应俱全并且品质又好，自然会受到广大网友的欢迎。最后，遂昌县政府积极优化遂昌农村电子商务的环境，这也是助力遂昌电商特色小镇发展的因素之一。主要包括基础设施建设和政策扶持两个方面，遂昌县政府建立和完善了电商小镇的交通、互联网等基础设施，遂昌县政府还在人才、资金等方面对电商商户给予一定程度的扶持。从遂昌电商小镇的发展我们可以看出，一个电商小镇的出现与其自身优势、市场需求、管理和经验模式及当地政府的支持密切相关。

第三节　乡村振兴战略下的特色小镇建设案例

一、沙沟特色小镇

　　沙沟镇位于江苏省兴化市的西北部，总面积 72 平方公里，全镇总人口2.86 万人。沙沟镇始建于公元前 206 年，具有悠久的历史和灿烂的文化，是我国著名的古镇。沙沟镇拥有丰富的旅游资源，在 2016 年就被认定为泰州首批特色小镇，以旅游业作为沙沟镇的特色产业。沙沟镇按照"产业兴旺、生态宜居、乡风文明、治理有效、生活富裕"的乡村振兴战略总要求，结合沙沟镇的

---

① 张浩：《从农村电商到特色小镇——"遂昌模式"详解》，《中国房地产（市场版）》2016 年第 10 期。

当地实际，以乡村振兴战略为支撑，进一步推动了沙沟特色小镇的建设。

首先，沙沟镇以特色产业为支撑发展特色小镇。党的十九大报告指出，"构建现代农业产业体系、生产体系、经营体系……促进农村一二三产业融合发展"。所以，沙沟镇发展特色产业不仅仅是产业兴旺的要求，也是构建农业现代化体系、促进农村三大产业融合发展的要求。沙沟是江苏里下河风情特色小镇，是著名的"鱼米之乡"，旅游资源十分丰富，沙沟镇也因此把旅游业作为当地的特色产业。一方面，沙沟镇的旅游文化深厚，既有庙会、灯会、石刻、纸扎、制铁、竹业、衡具等非物质文化遗产，又有遗存的古街巷、店铺、民居、石桥等物质文化遗产，更有被列为市级文物保护单位的鱼市口石板街、沙沟市政府旧址、虹桥等等。除此之外，还有许多特色美食，比如沙沟鱼圆、水粉炒鸡和酥皮春卷等，都被列入"中国淮扬菜谱"，如此有特色的饮食文化也是吸引游客的重要途径。另一方面，沙沟镇的水陆交通十分便利，公路、铁路、水路交通体系已经形成，为沙沟镇特色旅游业的发展提供了便利条件。沙沟镇借助这些优势条件将自己建设为江苏里下河风情特色小镇，以特色旅游业带动了整个沙沟镇的发展。除此之外，沙沟镇的渔业也十分发达，具备完整的鱼类产品的加工销售链条，沙沟镇的鱼类产品占据了整个温州市场的六成，年产值高达一亿元，有效带动了当地农民收入的增加，并实现了三大产业的融合发展。

其次，沙沟镇以生活富裕为目标发展特色小镇。党的十九大报告提出，要支持和鼓励农民就业创业，拓宽增收渠道；以人民为中心，全面建成小康社会，一个不能少；共同富裕路上，一个不能掉队。沙沟镇人民政府时刻牢记以人民的利益为根本，通过招商引进与沙沟镇特色相符合的农产品加工项目和手工艺项目，为当地的特色旅游业增砖添瓦，提升了当地居民的收入，并积极引导在外地的沙沟人回乡创业就业，为沙沟人民创造更高的收入和更好的生活条件。

最后，沙沟镇以生态宜居为根本发展特色小镇。习近平总书记提出要让居民"望得见山、看得见水、记得住乡愁"，这是农业农村现代化生态宜居的总要求。立足于这一总要求，沙沟镇人民政府积极推进沙沟镇的生态修复工作，污染水资源的小化工厂等均已关闭，沙沟镇人民政府还积极组织队伍专门打捞水面和水底的废物与垃圾，以保证水乡环境，保护淡水养殖基地，打响沙沟特色小镇的"渔文化"品牌。沙沟特色小镇立足于乡村振兴战略的总体要求，使沙沟特色小镇在乡村振兴战略的背景下有了更进一步的发展。

二、柳林特色小镇

柳林镇位于宝鸡凤翔县，柳林镇占地面积 203.5 平方公里，全镇范围内人口有 7 万人，共有 36 个村在柳林镇的管辖之下，白酒酿造业是柳林镇的支柱型产业。近年来，柳林镇先后荣获全国重点镇、省级文明镇、卫生镇、生态镇、省级重点示范镇等荣誉称号，并在 2017 年 8 月入选第二批全国特色小镇。

特色小镇一端连着城市，一端连着乡村，而乡村振兴战略的一个发展要求就是要建立健全城乡融合发展体制机制和政策体系，乡村振兴战略的推进将会有效促进特色小镇与城市的融合，实现乡村振兴战略中城乡融合发展的要求。发达国家的历史经验表明，当一个国家的城镇化率达到 70% 左右的时候，就会出现城乡人口的平衡甚至是逆向流动，我国的城镇化率正朝着这个数字迈进。因此，无论是城市人口还是农村人口，他们对于美好生活的追求和向往都是一样的。

柳林镇的定位是特色制造型城镇，为了建设成为特色制造型小镇，柳林镇采取了一系列举措：首先，柳林镇将产业发展重点放在了白酒的生产与销售上，建立起白酒加工生产的完整产业链条。另外，柳林镇依托中国西凤酒城建设，投资 30 亿元用于中国西凤酒城二期项目的建设以及周边项目的建设，并建立起了酒城包装产业园、酒城仓储物流产业园、酒城文旅产业园等，发展起了以"酒"为主题的旅游业。其次，在环境整治方面，柳林镇加大了环境综合整治力度，建立起了垃圾转运处理系统，并实施了周边街景、道路绿化以及主题公园的建设项目，近年来共创建了省级卫生村 12 个，为特色小镇的发展创造了良好的环境。再次，在弘扬传统文化方面，柳林镇也加快相关项目的建设，比如西凤酒文化馆、群众文化艺术中心、村史馆等等，除此之外，还积极组织开展民俗饮食、民间技艺、乡土艺术、民俗风情展等活动，在提升居民文化素质的同时，促进了传统文化的传承。最后，在公共设施的建设方面，柳林镇近年来积极加快对外交通设施的建设，完成 G344 国道的拓宽改造和合凤高速建设项目；在城镇内部的基础设施方面，柳林镇推进南大街、文化路、文艺路等道路及配套设施建设，在提高当地居民生活质量的同时，也方便了柳林镇的对外交流。除此之外，柳林镇在社会管理服务方面也有创新，柳林镇成立了小城镇建设工作领导小组建设办公室，负责规划管理、招商引资、项目建设、综合协调等事务，提高了特色小镇的建设效率和服务水平。

在乡村振兴战略的背景下，柳林镇在产业、环境、文化、公共设施和治理等方面积极采取措施，改善了农民的生活，促进了农村的发展，加强了特色小镇与城市之间的交流并逐步缩小了城乡的差距，初步实现了乡村振兴战略统筹城乡的发展要求。

三、江南药镇

"龙鸟一源青山水，千里婺江万古流。"婺江在磐安发端，江水带给当地人不少活计：1300 多年前，史料记载了磐安与药的故事；新中国成立后，磐安药农用着"芍药床"，以婺江水给药材加工去皮，种药卖药挣一年生活费；如今，磐安道地药材覆盖第一、二、三产业，大健康产业风生水起……"家家户户种药材，镇镇乡乡闻药香"的景象犹在，而今风景更好。①

江南药镇位于浙江金华市磐安县，素有"群山之祖、诸水之源"的美称，全县森林覆盖率高达 75.4%，空气质量国家一级，98% 的河流水质达到国家一类标准。正是因为得天独厚的地理条件，磐安县内药用植物 1219 种，种类数

---

① 盛游等：《磐安"江南药镇"身心两安　家家种药材镇乡闻药香》，《金华日报》2019 年 8 月 5 日。

量占全省68%，同时也是全省最大的中药材主产区，被称为"中国药材之乡"。早在2003年6月，时任浙江省委书记的习近平在磐安调研时指出："中药材是磐安的最大优势，'浙八味'中'磐五味'就占了五席，中药材产业是'生态富县'的重要依托。"① 中药材种植面积8万亩左右，产量1.2万多吨，产值5亿元，约占全县农业产值的40%，著名"浙八味"中的白术、元胡、浙贝母、玄参、白芍五味道地药材盛产于此（俗称"磐五味"），其中白术、浙贝母产量居全国之首。

2015年，磐安县委、县政府审时度势，整合资源，申报创建"江南药镇"，并于当年6月被列入全省首批37个特色小镇创建名单。"江南药镇"坐落于磐安新城区，距离县城约10公里，总体规划3.9平方公里，核心区块1平方公里。2016—2017年，江南药镇连续获评省级考核优秀。今天的江南药镇，产业已经从一产走向全产，市场已经从当地走向世界。②

江南药镇在建设过程中，把"浙八味"特产市场作为核心区域，联合中药材交易区、科技信息区、综合服务区和药文化展示区，形成"一城四区"的发展框架。同时，小镇内的百中医药养生园、养生博览馆、中医药文化特色街区、百草园等项目也在积极招商中，逐步将药镇的功能从简单的种植、生产、销售衍生至旅游服务、医疗保健、养生研发等多个层面。

在招商引资、招才引智、招院引所"三管齐下"的作用下，一方制药、国药文化城、康恩贝等许多健康养生项目在此落地，除此之外，浙江省中药研究所等14家高校、科研院所也在磐安建立了分院，来自国内外的多名高校教授、医药专家、企业主齐聚一堂。依靠资金、项目和人才的支撑，磐安中医药种植加工业、养生旅游业、健康服务业等多种产业进一步融合，逐步聚合成大健康产业一体化发展，成为长三角休闲养生的首选地之一。③

目前，江南药镇是国家3A级旅游景区，入驻国家级高新技术企业4家，

---

① 盛游等：《磐安"江南药镇"身心两安　家家种药材镇乡闻药香》，《金华日报》2019年8月5日。
② 盛游等：《磐安"江南药镇"身心两安　家家种药材镇乡闻药香》，《金华日报》2019年8月5日。
③ 盛游等：《磐安"江南药镇"身心两安　家家种药材镇乡闻药香》，《金华日报》2019年8月5日。

已有 95 家中药制药、配方颗粒、饮片加工企业陆续落地，实现了世界 500 强企业和中国民营企业 500 强企业从无到有的突破。[①] 据不完全统计，至 2018 年底磐安大健康产业总产值达 68 亿元。[②] 药镇的全产业链打造，促进了农民增收、产业兴旺等，药镇核心区的"浙八味"市场交易额突破 20 亿元，同比增长 170%，游客人数突破 50 万人，同比增长 25%。带动农民增收致富效果明显，据统计，创建后药镇药农户均收入 5.4 万元，比创建前增加了 2.1 万元，[③] 整体推动了乡村振兴。

四、鲁朗小镇

鲁朗小镇位于雅鲁藏布江中下游，林芝八一镇以东 80 公里左右的川藏路上。2018 年，鲁朗镇接待旅客 111.54 万人次，旅游总收入达 6936.8 万元，其中，当地农牧民参与旅游相关产业的总收入在 800 万元左右，人均纯收入 2.1 万元，已成为名副其实的小康镇。[④]

在鲁朗镇，1300 多户牧民家庭共开办了 100 多个民宿旅馆，每年仅此一项户均收入就有 20 多万元。鲁朗镇原住民家庭的收入有几项：畜牧业收入，一头牦牛价值 1.8 万元至 2 万元，有的牧民家庭有几十头牦牛，每年牦牛的肉、奶收入有 50 万元左右；草原生态奖补资金，目前国家的补贴标准是禁牧草原每年每亩 7.5 元，草畜平衡草原每年每亩 2.5 元；民宿旅馆、做生意和务工收入，每年也有几十万元。[⑤]

---

① 盛游等：《磐安"江南药镇"身心两安　家家种药材镇乡闻药香》，《金华日报》2019 年 8 月 5 日。
② 盛游等：《"江南药镇"磐安：家家户户种药材　镇镇乡乡闻药香》，《金华日报》2019 年 8 月 5 日。
③ 《逆袭！从被警告到优秀，磐安江南药镇用一年完成蜕变！》，特色小镇网，2017 年 8 月 8 日。
④ 章轲：《特色小镇"生死劫"：没有"特色产业"支撑早晚被淘汰》，2019 年 8 月 18 日，见 https://finance.sina.com.cn/roll/2019-08-18/doc-ihytcern1773600.shtml。
⑤ 章轲：《特色小镇"生死劫"：没有"特色产业"支撑早晚被淘汰》，2019 年 8 月 18 日，见 https://finance.sina.com.cn/roll/2019-08-18/doc-ihytcern1773600.shtml。

第五章　特色小镇与产城融合战略

特色小镇一定要做到产城融合，平衡发展。"产"是发展的灵魂、"城"是发展的肉体，二者相互融合，缺一不可。如果只有"产"没有"城"，消费人群不稳定，商业配套设施也得不到好的发展，造成小镇生活极不便利；如果只有"城"没有"产"，没有特色产业做地基、传统文化做底蕴，很容易出现"鬼城"的现象，造成"好山好水好寂寞"的窘境。

第一节　产城融合的发展历程

一、产城融合的内涵

产城融合是城镇发展的必然趋势，然而，对于产城融合的概念还没有明确的定义。作为产业发展和城镇发展相结合的新模式，产城融合得到学术界的高度重视，许多学者发表了自己的见解，出现了百家争鸣的现象。

狭义的理解，有人认为产城融合主要表现在新城区的产业与城市发展上面，比如杨芳、王宇认为产城融合是为了满足城市转型时期对综合服务功能提出的要求，不仅需要以居住功能为主的新城区增强产业功能，也需要以产业功能为主的新城区增强综合服务功能。①

广义的理解，秦智、李敏认为产城融合中"产"代表的是产业，"城"就是城市，也就是说，产城融合就是城市与产业相互促进、发展的一种模式。两者相互依托，产业的集聚带动人口的集聚，为城市发展添砖加瓦；城市的功能完善又为产业发展和人口聚集提供条件支持。② 刘欣英认为产城融合中的"产"既指的是产业的概念，也是指产业聚集区的概念；既强调产业的竞争力和社会服务功能，又强调产业自身与老城和城市新区的融合及其辐射带动作用。③

产城融合是在综合考虑城镇承载力和产业空间结构及可持续发展的基础上，使产业发展符合城镇整体功能扩展，通过城市、产业、人口的有序发展驱动城镇更新和完善城镇服务水平，形成城镇功能优化与产业发展协同共进与良性互动的科学动态过程。产城融合的内涵主要包括：布局与功能的统一、城市与产业的共生、居住和就业的融合、生产与服务的互动、经济与环境的协调。④ 产城融合要求产业、城镇的一体化发展，主要是指"以产兴城、以城促产、产城融合"。产业是核心，产业的属性在很大程度上决定了城镇的用地规模、规划布局、交通导向、景观格局等；公共服务配套设施、房地产开发建设等是关键要素；实现空间结构优化、城乡一体化发展、城镇功能提升、社会人文生态的协调发展是最终目标。

二、产城融合的提出

产城融合的提出与我国开发区发展有密不可分的联系。自 1978 年实行改革开放以来，我国经济发生了翻天覆地的变化，随着政策的进一步推进，国外

---

① 杨芳、王宇：《产城融合的新区空间布局模式研究》，《山西建筑》2014 年第 2 期。

② 秦智、李敏：《产城融合推进柳东新区新型城镇化建设步伐》，《企业科技与发展》2013 年第 16 期。

③ 刘欣英：《产城融合：文献综述》，《西安财经学院学报》2015 年第 6 期。

④ 刘欣英：《产城融合：文献综述》，《西安财经学院学报》2015 年第 6 期。

资本大量涌入中国，我国进入以工业化发展为核心的阶段，于是开发区成为吸引资本、项目落地、产业发展的主要空间载体。

　　1984—1986 年，开发区处于早期发展阶段，这个阶段我国一共建立了 15 个经济技术开发区，先后开放 14 个沿海港口城市。① 之后，掀起了以上海浦东开发区为代表的新一轮开放开发浪潮，这个时期是中国吸纳外资在华投资的成长和发展阶段，中国成为外商投资的主要目的地之一，跨国公司争相投资，大量外资汇集流入。国家、省、市、乡镇等各级政府积极响应，纷纷建立包括经开区、开发区和高新区等多种类型的开发区。② 与此同时，1990 年国务院发布《中华人民共和国城镇国有土地使用权出让和转让暂行条例》，1994 年中央和地方实行分权政策，这代表着我国土地市场全面开放，地方政府权力有所扩大，提高了他们经营土地、经营城市的积极性。这样的背景加快了城市的外拓节奏，出现了新型城市空间，比如大学城、新区、新城等事物。凡事都有两面性，开发区的快速发展也伴随着某些问题的出现。1997 年，受亚洲金融危机的影响，国际资本总量相对减少，再加上之前开发区的盲目建设，导致开发水平低下、大量基本农田被占。因此，2000 年初开发区发展进入调整反思阶段。2003 年，国土部联合国务院有关部门开始清理整顿全国范围内的各类开发区，共撤销 4813 家开发区，数量减少了 70%。规划面积减少 2.49 万平方千米，降低了 65%。2005 年以后，开发区步入成熟阶段，发展日益完善，在地区发展中占主要地位，成为经济发展的推动器。③ 就拿上海青浦区来说，2010 年园区总产值 997 亿元，占当年全区工业产值 1327 亿元的 75%。④ 但同时，开发区的新问题也逐渐暴露，比如说因前瞻规划不足及后期缺乏公共服务设施，出现产城脱节现象，这就需要在规划初期考虑产城融

---

①　李文彬、陈浩：《产城融合内涵解析与规划建议》，《城市规划学刊》2012 年第 S1 期。

②　李文彬、陈浩：《产城融合内涵解析与规划建议》，《城市规划学刊》2012 年第 S1 期。

③　李文彬、陈浩：《产城融合内涵解析与规划建议》，《城市规划学刊》2012 年第 S1 期。

④　林华：《关于上海新城"产城融合"的研究——以青浦新城为例》，《上海城市规划》2011 年第 5 期。

合的必要性及可行性。除此之外，随着城市的快速扩张、膨胀，出现了各种"城市病"，房价、地租急速上升，环境却加速恶化，导致城市对居民的吸引力大大降低，[1]这就要求调整产业结构，未来城市产业要向服务功能型、密集型和生态节约型方向发展。另外，中国小城镇建设普遍存在产业效率低下、产业结构雷同等现象，小城镇的发展也要解决好产业发展问题，适应新型城镇化发展的转型要求。[2]

在这样的背景下，产城融合成为一种新的发展趋势。在学术研究层面，张道刚最早提出产城融合理念，他认为："城市和产业需要双向融合，也就是说要在两者之中找到平衡，产业发展好了，能促进人的需求，城市就会有活力、有灵魂；反过来也一样，城市设施的完善、功能的升级也会为产业发展提供便利条件，这才是城市和产业的本义，两者是互相促进的关系。"[3]在政府层面，国家强调建设以人为核心的新型城镇化，努力提高城镇化建设质量。2014年3月16日，中共中央、国务院颁布的《国家新型城镇化战略规划（2014—2020年）》指出："产城融合不紧密，产业集聚与人口集聚不同步"，以及"推进功能混合和产城融合，在集聚产业的同时集聚人口，防止新城新区空心化"。这是国家首次在官方文件中使用"产城融合"一词。

三、产城融合的发展现状

自从提出"产城融合"这一概念后，很多地方政府积极响应国家号召，进行了许多实践探索。目前，我国的产城融合发展势态良好，有成果也有问题。

---

[1] Krugman P., "Urban Concentration:The Role of Increasing Returns and Transport Costs", *International Regional Science Review*, 1996, No. 19, pp.5-30.

[2] 刘欣英：《产城融合：文献综述》，《西安财经学院学报》2015年第6期。

[3] 张道刚：《"产城融合"的新理念》，《决策》2011年第1期。

（一）我国产城融合发展现状

1.新老城区产城融合发展不协调

随着经济的发展，城市也步入新的发展阶段，大多数城区的发展是积极的，但部分老城区发展存在很大问题。受基础设施配置不完善、人口密度过大以及超负荷长时间运转等不良因素的影响，老城区的发展状况极不理想。目前，老城区存在多种"城市病"，比如交通拥堵、住房紧张、环境污染、资源贫乏、人才流失、城市老化等，老城区的人口承载力已经达到极限，经济发展缺乏活力。① 研究发现，老城区有一个共同的特点，就是经济发展过度依赖某种产业，这不仅滞缓城市的发展，对产业的综合发展也没有好处。老城区的发展问题主要集中在三个方面：一是居住环境，体现为基础设施不完善。公共设施老旧、医疗保障拖延、教学质量低下、供电供气不及时，居民生活条件亟须改善。二是经济发展滞后与发展过度并存，发展滞后就是老城区的基础设施陈旧，又缺乏足够的资金更新，导致老城区的商业竞争力不强，严重阻碍了经济发展。而发展过度是指政府片面追求经济效益，对城区进行不合理的大规模改造，忽略城区现有的承载能力，不符合实际发展需求，造成城市整体功能失调。三是老城区的衰退，尤其是老城空心化带来了一系列社会问题。群众负担不起快速上涨的房价，大量外迁选择郊区住房，这也造成城市失业人群增加、犯罪率上升、商业活动减少、居住环境恶化，大大降低了城市宜居性。这些老城区也受观念陈旧、财力不足等因素的影响，产城融合发展缓慢，又反过来导致老城区的进一步衰落。

与发达国家相比，我国的新城区有很大的不同，作为整个国家城镇化、工业化发展的重要组成部分，新城区的建成对缓解人口居住压力、就业压力有一定的积极作用，对城镇化的可持续发展具有重要意义。但不可忽视的是，新城区在建设和发展过程中也存在一些问题。在建设初期，一些新城区忽视了产城

---

① 李东序、赵富强：《城市综合承载力结构模型与耦合机制研究》，《城市发展研究》2008 年第6 期。

融合这一模式，甚至认为城镇化就是"房地产化"，占用大量土地，盲目扩张，但相关产业和基础设施没有跟上，没有从实际出发，没有根据产业的真实需求建设，导致出现有产无城、有城无产、产城分离的现象。还有一部分新城新区违背当初设立的初衷，不仅没有促进经济发展，还导致大量资源的浪费。由于产业配套能力不足且基础设施条件较差，短时间内新城区无法形成完整的产业体系，产业不多提供的就业机会也就不多，无法吸引人口集聚。新城区建设投资资金需求很大，主要用于基础设施方面，包括道路交通、信息网络、生态绿化等，一些地方过度融资，超出了自身的承受范围，导致风险大大增加。① 虽然老城区发展也存在很多问题，但相比起来，新城区的问题更加严重。从某种程度上来讲，部分地区老城区的改造并没有受到新城区建设的影响，老城区发展缓慢与新城区产城分离问题相互交织，极不利于我国城镇化的可持续发展。

2. 土地城镇化与人口城镇化不同步

工业化和城镇化的快速发展极大地推动了土地城镇化的进程。自 20 世纪 90 年代以来，我国郊区的土地征用面积大幅度增加。土地征用对农民来说并不是好事，大量失地农民被动城镇化，就业困难，没有生活保障。一方面是因为他们当中的大多数人并没有接受过高等教育，也没有接受过专业的技能教育培训，职业素质不高；另一方面是因为公共就业服务部门忽视了就业模式的灵活性，过于重视正规就业，导致就业模式僵化，失地农民就业难度大大增加。而且在实际生活中，很多地方在规划城镇化及产业发展的时候，并没有重视失地农民的就业问题。② 所以失地农民的就业率并不高，不利于社会稳定。而且，即使解决了就业问题，但由于他们大部分人都处于社会底层，缺乏专业技能和专业知识，工资水平并不高，生活质量没有得到提高。国家实行城镇化的目的是让更多的人过上好日子，但进城之后没有解决好农民的就业问题，生活质量反而下降，违背了国家的初衷。与此同时，在现有的土地征用制度下，政府为

---

① 方创琳、马海涛：《新型城镇化背景下中国的新区建设与土地集约利用》，《中国土地科学》2013 年第 7 期。

② 陈彬：《失地农民就业制约因素与对策》，《当代经济》2014 年第 6 期。

了获得大量资金，一般都选择卖地的方式，进一步抬高了房价。而大量的社会资本也被房地产企业的超高利润所吸引，进一步促进了土地城镇化的发展。

同时，人口城镇化的发展不仅速度迟缓，质量也严重偏低。我国城镇化有一个特点，就是常住人口城镇化率远远高于户籍人口城镇化率（如图5-1所示）。表明在城市常住人口中，有一部分人是不能享受"市民待遇"的，他们不仅在教育、医疗方面无法享受真正的公平，甚至在购房等其他方面也存在严重的歧视现象。这些问题导致很多城市常住人口无论在心理上还是生活中，都不能真正融入到城市生活中，有人称他们为"半城镇化"的产物。

单位：%

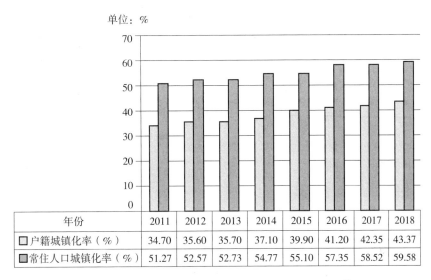

年份	2011	2012	2013	2014	2015	2016	2017	2018
□户籍城镇化率（%）	34.70	35.60	35.70	37.10	39.90	41.20	42.35	43.37
■常住人口城镇化率（%）	51.27	52.57	52.73	54.77	55.10	57.35	58.52	59.58

图5-1 户籍人口城镇化率与常住人口城镇化率 [①]

3. 产业园区"孤岛化"

产业园区只是一个生产基地，是一种单一的生产功能区，并不具备完整的城市功能。一方面，住在厂区内的农民工大都没有城镇户籍，不是真正意义上的市民，这种产业园区是畸形城镇化的产物，只有产业却无市民，很容易产生失业率增大、人才流失等问题。与此同时，园区内不存在完整有效的产业链，

---

① 数据来源：国家统计局网站，见 http://www.stats.gov.cn/tjsj/。

多数产业链较短且产业之间关联度不高，并且创新能力不够，缺乏核心竞争力，导致园区内的产业无法做大做强。[①] 另一方面，产业园区产城分离现象主要体现在农民工居住地与就业地空间分离方面，从而导致农民工缺乏对城市的归属感。同时，由于产业园区交通不便、周边基础设施不完善、地理位置偏远等因素，往往变成城市里的"孤岛"，不利于城市和产业的长远发展。

（二）我国产城融合发展趋势

总结近几年的实践经验，我国产城融合发展主要有以下趋势。

1.产城融合将形成规模效应

近年来，产城融合示范区并不多，总体推进缓慢，没有形成规模效应。为进一步推动产城融合，国家也出台了一系列政策。国家发展改革委打算在全国范围内建立 60 个产城融合示范区，不仅保证数量达标，范围也遍布全国，各地方政府都可申报示范区，很大程度上照顾了中西部地区，保证了地区间的平衡发展。随着产城融合规模的扩大、经验的逐渐增多，为其他城区产城融合更好地发展提供了经验借鉴。

2.产城融合趋向于网络化

随着科学技术的进步，互联网在我们的生活中扮演着不可或缺的角色，现在我们的生活已经离不开它，产城融合也不例外。网络化是我国产城融合发展的重要基础，它促进了我国产城融合发展空间组织的产生。在大数据网络化的发展背景下，我国城市将成为推广创新成果的应用平台，成为创新要素的集聚之地。在发挥互联网优势的同时，我国各地政府积极配合中央推行的"大众创业、万众创新"政策，推动创新工厂、创客空间、智慧创业等新空间的组织建设发展。部分传统卖场也适应网络化这一新概念，重新定位卖场功能，采用优发展、促转型的模式，发展互联网创业园，提高我国企业的网络化水平，探索

---

① 田翠杰等：《产城融合城镇化发展现状分析——基于全国 7 省（市）的调查》，《江苏农业科学》2016 年第 1 期。

产城融合发展新空间，努力缩小企业和消费者之间的距离。改变了我国产城融合的发展方式，是未来趋势之一。①

3. 农村在产城融合中的角色更加显著

随着产城融合的进一步发展，农村在产城融合中扮演的角色越来越重要。我国的土地资源大都集中在农村，人力资源也是如此，但从实际情况来看，却呈现出人多地少、效益低下的特点。一方面，科学技术的发展促进了农业现代化水平的提高，解放了大量农村劳动力，为城市和工业化发展提供了源源不断的动力，进一步促进了产城融合的发展。但是，另一方面，城市空间是固定的，承载力也是固定的，只能容纳一定数量的人口，超出这一范围会影响城市的发展。发展农村非农产业就能很好地解决这一问题，不仅可以吸引农村剩余劳动力，还能解决就业问题，促进农村的经济发展。② 产城融合的良好发展能够优化城镇布局和产业结构，这在很大程度上促进了城市的经济发展；反过来讲，城市的良好发展又为农村产业发展提供了前沿的科技支持和充足的资金保障。农村经济发展、城市经济发展和产城融合发展是相互促进、相互依托的关系（如图 5-2 所示）。农村给产城融合提供劳动力和基本的土地资源，在产城融合中占据着重要地位。

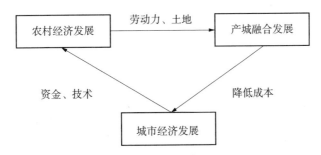

图 5-2　城市经济发展、农村经济发展与产城融合发展的关系 ③

---

① 《产城融合"四化"趋势，为高端产业创发展新契机》，2018 年 8 月 3 日，见 http://www.sohu.com/a/245073018_100137839。

② 潘丽新：《浅谈农村剩余劳动力转移与城市就业矛盾》，《黑龙江科技信息》2013 年第 36 期。

③ 丁羊林：《新型城镇化视角下我国产城融合度研究》，安庆师范大学硕士学位论文，2016 年。

第二节　产城融合的相关理论

一、产业区位理论

区位指的是自然、经济、交通地理区位在空间地域上的有机结合。关于区位理论的研究，大致分三个时间段：一是古典区位论；二是近代区位论；三是现代区位论。

（一）古典区位论

古典区位论首次提出是在 19 世纪初期的自由资本主义时代。那时人们关注的是在一定地域范围内，通过选择优势区位，能够帮助单个经济组织降低成本、增加利润。因此，以研究经济活动区位为目的的区位理论便产生了。1826年，杜能提出农业区位论，成为古典区位理论的奠基人。之后，韦伯在 1909年提出工业区位论。

农业区位论的基本思想是运输成本差异导致"杜能环"的产生，也就是城市周边形成农业布局的圈层结构。工业区位论的基本思想是运输费用、地租、劳动力费用等区位因子决定生产区位，从而将产业建立在生产费用最小的点。其中，运费是决定性因素，造成工业部门生产成本出现地区差异。

（二）近代区位论

德国经济学家廖什是近代区位理论代表人物之一，他把利润原则和产品销售范围联系在一起考察，用利润原则来说明区位趋势。在考察整个工业区位问题时，他既从一般均衡的角度来考虑，也从局部均衡的角度来考察，并且他并不赞成韦伯提出的"工业的最低运输成本决定了工业区位趋势"这一看法。廖什的理论被认为是近代西方区位理论的新发展。

与此同时，还有瑞典经济学家俄林的区位理论和弗兰克·费特尔的"贸易区边界区位理论"等。前者是一般区位理论的主要代表人物，他为区位理论发展作出了突出贡献。因为他首次突破了以往把区位问题孤立来看的传统观念，而是把它看作是贸易理论，并认为区位理论是贸易理论的基础。他也在西方经济学区位理论方面开辟了一个新的研究领域。后者则属于商业区位理论，并非工业区位理论。①

（三）现代区位论

现代区位论主要是 20 世纪后半期发展起来的理论。之前，西方经济学家都是采用微观经济学来研究工业区位，分析单个生产因素的供给价格和需求价格间的均衡关系。20 世纪后半期，以凯恩斯主义为代表的宏观经济学在西方流行起来，因此，这方面的研究也越来越多。

任何产业的发展都离不开区位选择问题，区位因素对产城融合发展起着重要作用。一方面，产业空间布局具有区位指向性。产业倾向于靠近某一特定地理区位来选择发展空间，所以可以通过分析计算资源、运输、集聚等因素，找出产业发展优势地区，实现产业理想布局，这也体现了区域经济理论的应用。另一方面，恰当的区位有利于城镇化建设。具有地理优势的区位，可以扩大人口规模，提高经济实力，利于加快空间扩张，区位优势越强，对城镇化的推动作用也就越强。②

二、产业空间结构理论

产业空间结构又叫区域产业空间结构或产业地域结构，表示在地域空间上，经济地域主要物质内容之间的相互关系和组合形式，包括在地域范围内各

---

① 朱华友：《空间集聚与产业区位的形成：理论研究与应用分析》，东北师范大学博士学位论文，2004 年。

② 张琳：《新型城镇化背景下产城融合发展研究》，浙江师范大学硕士学位论文，2017 年。

种经济活动的分布状态、组合形式、形成机制、演进规律等，以及反映这种关系的客体和现象的空间集聚规模和集聚形态。产业空间结构包括空间维、结构维和时间维这三个维度，空间维是指点、线、网络、域面这四者之间的尺度转换；结构维是指第一产业、第二产业和第三产业；时间维就是前两个维度叠加的动态变化。

产业空间结构理论的目的是根据实际情况找出各产业活动的优化布局规律，并得出最佳组合形式，达到区域整体的最优发展，给产业空间优化的实践工作提供理论依据。相关理论包括以下几个方面。

（一）工业地域综合体理论

指在一定的地域范围内，许多工业企业在经济和生产方面都有合作关系，共同组成了地域生产综合体。这个综合体具有少数的主导企业、工业部门和多数的相关企业、工业部门，它们相互合作，组成一个有机整体。有以下几个特点。

1. 主体是专门化部门

综合体形成机理比较复杂，由多个行业组成，但各行业、各企业的作用却不同。作为整个综合体的主体和核心，专门化部门影响综合体在全国地域分工体系中的地位，对综合体内部其他产业的发展也有一定的影响。

2. 位置固定

工业地域综合体范围不一，大的一般属于区域性工业地域综合体，偏重于经济上的联系。范围较小的叫作基层性工业地域综合体，主要是生产和技术的联系。不管范围大小，工业地域综合体的位置都是确定的，这是因为工业生产大都涉及产业原料，尤其是矿产企业，为了交通方便、资源易获取，工厂都建立在能源富集区。

3. 多部门协调发展

综合体内的部门分工明确，既有面向全国或大经济区、经济带的专门化部门，也有服务性质的辅助部门和基础设施。后者的协作配套水平和质量在很大程度上决定了专门化部门的作用程度。各部门之间可以是水平式的联系（跨行业、跨部门的联系），也可以是垂直式的联系（采掘—原材料—产品加工—销售），但更多的则是这两种联系相互交织。

4. 发展速度快

工业地域综合体都是由国家投资建设的，提供目标规划、管理授权、政策扶持，科技人员占比高，产品更新换代周期速度快，这就注定了它的发展轨迹不是渐进式的，而是跳跃式的，能够创造巨大的财富。

（二）"中心—外围"理论

"中心—外围"理论（Core and Periphery Theory），是由阿根廷经济学家劳尔·普雷维什提出的一种理论模式，它将资本主义世界划分成两个部分：一个是生产结构同质性和多样化的"中心"；一个是生产结构异质性和专业化的"外围"。[1] 区域包括中心区和外围区。简单来说，中心区就是社会经济活动的聚集区，一般是指城市或城市集聚区。[2] 这类区域经济发展迅速，人口众多，产业发达，具有大量的优势资源。外围区就是分布在中心区外围的区域，并受到中心区的影响，由资源前沿区域和上、下过渡区域三部分组成。上过渡区域表示经济处于上升状态，以中心区为中心呈环状分布；下过渡区域地理位置偏僻，多位于边远的农村，也包括老工业向衰退方向变动、原料枯竭在内的区域；资源前沿区域顾名思义就是资源丰富，有很大的潜在价值，一般来说位于两种过渡区域之间。[3]

中心区和外围区相互作用、共同发展。一方面，外围区为中心区提供大量的生产要素，用于社会、材料、技术、文化体制的创新。另一方面，中心区创

---

① 参见董国辉：《经济全球化与"中心—外围"理论》，《拉丁美洲研究》2003 年第 2 期。

② 罗清和、许新华：《经济特区与非特区协调发展的理论基础与政策思考》，《深圳大学学报（人文社会科学版）》2014 年第 1 期。

③ 罗清和、许新华：《经济特区与非特区协调发展的理论基础与政策思考》，《深圳大学学报（人文社会科学版）》2014 年第 1 期。

新完成后，又向外扩散，给外围地区提供好的生产方式，转变外围区的经济结构和社会文化，促进整个空间系统的良性发展。[1] 当然，中心区和外围区之间还有其他力量的推波助澜，比如说决策的传播、投资转移和移民的迁徙这三种基本的空间作用过程。

（三）梯度推移理论

梯度推移就是从低到高过渡的空间变化。这种现象很常见，比如海拔高度的变化；我国从南到北温度、降水的变化；还有杜能的农业圈层理论，经营水平由高到低、由里向外的变化等。

美国哈佛大学的弗农是工业生产生命循环阶段论的创始人，他认为工业与其他事物一样，都会经历生命循环阶段，在发展过程中经历创新、发展、成熟、衰老四个阶段。如果一个区域的主导专业化部门大多数是处在创新阶段的兴旺部门，那它的经济发展实力就比较强，且具有很好的发展前景，这个地区就是高梯度地区。反过来讲，如果一个区域的主导专业化部门是由处在成熟阶段后期甚至衰老阶段的部门组成，那么这个区域的经济发展肯定缓慢，出现一系列问题，严重的甚至会陷入经济危机，这种地区就是低梯度地区。[2]

梯度推移理论就是指在进行区域经济开发时，要根据实际情况，确定好地区的现实梯度，优先开发高梯度地区，让他们优先发展新技术、新产品和新产业，然后再将这些技术、产品、产业逐步推移到中梯度和低梯度地区，从而实现经济的平衡发展。

---

[1] 罗清和、许新华：《转型时期经济特区与非特区如何协调发展的思考》，《广东社会科学》2014 年第 3 期。

[2] 潘悦：《开放条件下中西部的区域开发：影响因素与路径选择》，《中国党政干部论坛》2011 年第 7 期。

三、城市更新理论

城市更新是指城市发展中的新陈代谢过程，也被称为旧城更新。城市也符合事物的发展规律，会经历萌芽、发育、成长和衰退这一过程。[1]

（一）城市更新的目标

城市更新的目标有五个：一是有污染的建筑物和建筑空间，与环保节能理念相违背，比如高耗能、高污染的老旧建筑和粗犷空间等；二是具有安全隐患的更新对象，比如由于各种原因造成结构性损伤的各类建筑物，棚户区住宅等；三是一系列城市中无用的组成部分，比如目标为生活型城市的就不需要目标为生产型城市中存在的工业企业，特别是二三类企业；四是不能满足现阶段居民的生活空间需求，现在居民普遍重视环境绿化，要求有足够的公园、绿地；五是精神层面，城市更新肯定会改变原来的面貌，带来新的发展内容，要帮助居民做好心理准备，接受并融入新环境。[2]

（二）城市更新的基本理论

早期城市更新计划的理论基础是凯恩斯宏观经济理论的加速原理和乘数原理。后来，随着研究的深入，20世纪50年代城市更新政策的理论指导是伯吉斯（E. W. Burgess）的"过滤论"（Filter Down）。之后，专家将其与其他学科领域相结合，比如西方的经济学家将福利经济学和博弈论运用于城市更新领域。

实际上，城市更新理论（Urban Regeneration）是一种人为的发展形式，在城市演化过程中必然会出现。有的城市的兴起属于被动发展，是在地理优势或传统产业的刺激下发展起来的，而城市更新则属于主动发展，人是主要的核心，注重人对于物质精神需求满足和人与环境的高度和谐。[3]除了关注城市衰

---

①　李昌法：《城市更新理论基础梗概研究》，《居业》2016年第8期。

②　李昌法：《城市更新理论基础梗概研究》，《居业》2016年第8期。

③　杨紫薇：《论资源型城市转型发展的机遇与挑战》，《中国经贸》2014年第21期。

退的物质表象，它更加注重不平衡的经济发展，提倡采用统筹兼顾和综合协调的方式来解决地区间的文化、经济和环境之间的综合问题。在城市更新领域，可持续理念是核心，已经全方位地渗透到社会、经济、文化这一系统当中，这就要求城市更新不能只注重眼前利益、以点状项目论好坏，而是要考虑城市的长远发展和利益。①

（三）城市更新的基本内容

随着社会、经济的发展，城市会逐步呈现后工业时代的特点。根据美国社会学家丹尼尔·贝尔的解释，后工业社会是工业社会各种趋势的继续，从工业社会向后工业社会的转变包括："轴心原则"的转变，指社会活动从以经济增长为中心转变为以系统的理论知识为中心；经济形态的转变，指从商品制造经济转变为服务经济。②2014 年，我国服务业占比首次超过制造业占比，达到 46.1%，2018 年，服务业增加值占比 52.2%，服务业对 GDP 的贡献率达到 59.7%，③我国大型城市正在步入后工业时代。当然，随着经济发展的变化，我国也相应地调整了经济规划，城市更新势在必行。我国可从以下几个方面实行：(1) 选择主导产业与调整城市产业结构；(2) 城市人口适宜性规模确定；(3) 定位城市空间形象；(4) 更新城市文化；(5) 成功城市开发强度确定；(6) 功能定位与城市性质；(7) 城市用地布局与结构调整；(8) 更新道路交通系统；(9) 城市更新实施的措施与建议。④

---

① 刘宇、张辰：《城市更新理论推动下的资源型城市矿业遗产活化利用研究》，《青海社会科学》2017 年第 1 期。

② [美] 丹尼尔·贝尔：《后工业社会》(简明本)，彭强译，科学普及出版社 1985 年版，第 2 页。

③ 孙韶华、金辉：《服务业占半壁江山 我国迈入服务经济时代》，《经济参考报》2019 年 8 月 21 日。

④ 李昌法：《城市更新理论基础梗概研究》，《居业》2016 年第 8 期。

第三节　特色小镇与产城融合战略的关系

一、产城融合是特色小镇建设的关键

"城无产不兴，产无城不立。"但是，部分地区在城镇化过程中并没有做到这一点，产业与城市发展步调不一致。产城分割，限制了城镇的进一步发展。正因为城镇化过程中"产""城"关系不协调带来了不良影响，人们由此才进行了深刻的反思，近几年，产城融合走进人们的视线，成为新的发展理念。①

特色小镇与传统生产主导型的产业园区不同，它不仅注重产业的发展，还把生产、生活、生态、文化融合在一起，实现"产、城、人、文"的融合发展。特色小镇作为连接城市与乡村经济协调发展的"驿站"及实施乡村振兴战略、推进城乡融合发展的重要阵地，也要牢牢把握好产城融合这一关键点，才能确保小镇的健康成长。

特色小镇与传统的产业集聚区性质不同，因此在开发建设中，不能片面地引进投资，注重产值和利润，或者片面重视产业项目的引进及产业平台的建设，而忽视了城镇建设的统一，或空间相对隔离，或不能基本同步。虽然特色小镇的发展与周边大中城市不能分开，还要依托大中城市的服务功能，但特色小镇内部所需的服务功能必须相当完善甚至要适当超前，包括餐饮酒店、放松休闲、商务办公、舒适环境以及公共图书馆、实验室等。

在特色小镇建设中，如果不能抓住产城融合这一关键点，那小镇一定发展不好甚至可能导致失败。比如在建设特色小镇时，完全照搬他人的模式，不考虑自己的特色、优势条件，无特色产业支撑，有"城"无"产"，小镇就会失

---

① 王登海：《产城融合新态势：补齐"民生短板"防范"假小镇　真地产"》，《中国经营报》2018年1月1日。

去发展活力，造出的小镇可能会变"空镇"；或者在建设特色小镇时，只考虑了产业的发展，但是位置偏僻，远离大中城市，自身城市要素发展不足，导致有"产"无"城"，人气不够，造出的小镇可能变成"产业孤岛"。没有产业，小镇就会变成空城；没有城镇，产业将会变成孤岛。产城融合，相互促进，才会赢得产业与城镇比翼齐飞。

在特色小镇的建设过程中，要遵循客观规律，牢牢把握好产城融合这一关键点。特色小镇建设要实现"产业＋城镇"、"产业＋生态"、"产业＋旅游"和"产业＋文化"的新型发展模式，努力形成价值多样、功能齐全的新型发展业态。第一，加强产业与城镇的融合。打造特色小镇的目的就是促进区域经济发展，通过供给侧结构性改革，形成产业、人口集聚，改善小镇及周边地区的样貌，提高居民收入，提高城镇化水平，增强人民群众幸福感。第二，加强产业与生态的融合。注意保护区域生态资源，建造疗养型、宜居型的特色小镇。第三，实现产业与旅游的融合。设计规划旅游小镇时，注意加强文化与旅游的结合，科学有度地开发，打造集文化、旅游、生态于一体的小镇休闲文化产业。第四，实现产业与文化的融合。了解小镇文化底蕴，梳理文化源头，解读文化内涵，充分利用地方历史文化优势资源，把优势转化为看得见的竞争力。①通过产业发展与特色小镇建设的深度融合，做到"产城互动、产城融合"，避免特色小镇出现"空心化"和"无序化"，努力把特色小镇建设成为产业集聚、体制灵活、环境优美的新型小镇。②

二、特色小镇是产城融合的载体

很多人对特色小镇的内涵还没有清晰的认识，认为特色小镇就是所谓的行政区划意义上的"镇"，或者是传统意义上的旅游区、工业功能区等。其实不

---

① 许正：《打造特色小镇，"融合"是关键》，《人民论坛》2018 年 4 月 25 日。
② 王旭阳、黄征学：《推进中国特色小镇建设研究》，《区域经济评论》2017 年第 5 期。

然，特色小镇是"产、城、人、文"四位一体有机结合的重要功能平台，它打破了行政区划界限，具有明确的产业定位、一定的社区服务功能、优美的旅游环境和深厚的文化内涵。产城融合战略的实质是产业与城镇的融合发展，而特色小镇就是产城融合的重要平台。

特色小镇是传统经典产业和新兴产业集聚的平台，这就是产城融合中"产"的发展。特色小镇的特色表现为功能和产业的特色，作为"产、城、人、文"融合发展的新载体，其主要功能就是承载产业发展，促进环境友好和居民生活环境改善。参考比较优势原则，每个特色小镇或多或少都有自身现存的或潜在的优势，要好好把握区位、市场、经济、资源、技术等方面的比较优势，扬长避短，投资具有市场竞争力的优势产品、特色产业，努力提高其专业化水平，促进市场化和集约化，逐步形成具有鲜明区域特色的主导产品和特色产业。可见，特色是小镇的核心元素，产业特色又是重中之重。通过集聚和利用小镇资源要素发展特色产业，把先进的管理理念、服务体系等现代元素引入小镇，加快新型城镇化进程。

特色小镇是新型城镇化的特色担当，这就是产城融合中"城"的发展。一方面，特色小镇建设可以提高城镇居民收入水平。产品和产业特色会增加市场竞争力，有利于提高当地居民收入水平。而且，特色产业的发展开拓了新的就业空间，也为居民增加收入创造了良好的环境和条件。通过发展特色产业，发挥区域比较优势，形成区域化、专业化的生产，大大增强了特色小镇的实力。另一方面，特色小镇的产业发展能带来促进城乡一体化、有效的投资增长和推动改革创新等多种"溢出效应"。特色小镇汇集了新兴产业、高端资源、优秀人才，既是传统产业转型升级的"引擎"，又是新经济新业态的"前沿"，更是基层组织建设的"塔尖"。

第四节 产城融合战略下的特色小镇建设案例

一、上海市嘉定区安亭镇汽车产业园

2017 年 7 月 27 日，第二批全国特色小镇公示了 276 个小镇名单，上海有 6 个，其中就包括嘉定区安亭镇。作为国内汽车产业"重镇"，安亭镇不仅促进了自身经济的发展，也为有意走特色小镇的城镇树立了一个发展样本，探索了一条产城融合、政企联动的发展之路。

（一）产城一体

2001 年，地方政府规划安亭镇建设上海国际汽车城，总面积 100 平方公里，投资高达 1000 亿人民币。[①] 这时的安亭只是一个名不见经传的小镇，但这却是安亭发展的新节点，由此掀开了上海城镇化建设的新篇章。

在确定好要建设成为国际新型汽车产业城后，安亭新镇为完善产业配套，先后建设了汽车会展中心、国际汽车城大厦、国际赛车场、汽车展示贸易街、汽车博物馆等。在汽车产业发展方面，注重科技创新，自主研发新产品。现在，安亭小镇有总部型企业 12 个、高新技术型企业 76 家、技术中心型企业 65 家和公共研发平台 15 个。[②] 通过不懈努力，安亭上海国际汽车城不仅是国内规模最大的现代化轿车生产基地，而且也是世界最大的集文化、教育、研发、制造、旅游、F1 赛事等于一身的汽车产业链基地之一，聚集了上汽、大众、蔚来汽车等 13 家世界 500 强企业和 300 多家汽车配套企业。据统计，2016 年，安亭上海国际汽车城创下了产车数量 194.9 万辆、销售数量超过 200

① 柏源、马梓墨：《上海万科助力安亭新镇蝶变 共创特色小镇新标杆》，《中国经营报》2017 年 7 月 29 日。

② 徐倩：《特色小镇的上海样本：产城融合塑造国际汽车城》，人民网，2017 年 7 月 28 日。

万辆的奇迹，产值高达 2286 亿元，成为中国第一个整车年产量突破 100 万辆的生产基地。[①]

汽车产业的聚集，吸纳了大量的外来人口就业，尤其是高科技人才的聚集，改变了安亭小镇的人口结构。目前，安亭小镇有 1.1 万常住人口，其中汽车产业员工过半，达到 60%，包括 381 位来自 15 个国家的外籍人士，是真正的国际融合住区。安亭小镇未来的发展方向是促进人、车、城之间的进一步融合，通过引入高科技人才、改变人口结构、完善配套设施等方式实现对人的服务，使安亭更具活力。[②]

（二）万科进驻

虽然安亭新镇在产业发展上日新月异，但安亭镇也面临着产业人群的日常居住和生活难题，需要解决城镇的发展和服务问题。2015 年，安亭上海国际汽车城与万科实现强强合作，引进万科旗下的商业、住宅、教育、医养、产办等，解决居住和服务问题。万科进入安亭后，将重点放在完善配套服务上面。在商业设施方面，安亭拥有约 15 万平方米的市级配套场所，包括用于办公的"万创坊"、用于商业的"万科集"、用于居住的"泊寓"，引入多种餐饮品牌，比如 7-11、食集、星巴克等，全面提升生活质量。除此之外，万科还与方所图书联合建造了"方亭图书馆"，开设"万花筒剧院"，保证居民日常生活所需的文娱活动。建造的奥林匹克公园、体育公园，也成为社群活动的日常场地。[③] 有关专家表示，安亭小镇能成为特色小镇的示范样本不仅是因为它同步规划"产"和"城"的功能模块，还与它根据自身情况因地制宜，把"产""城"动静分区，借助区域城市绿化带和吴淞江天然分割，形成动与静、产和城的有

① 柏源、马梓墨：《上海万科助力安亭新镇蝶变　共创特色小镇新标杆》，《中国经营报》2017年 7 月 29 日。
② 徐倩：《特色小镇的上海样本：产城融合塑造国际汽车城》，人民网，2017 年 7 月 28 日。
③ 柏源、马梓墨：《上海万科助力安亭新镇蝶变　共创特色小镇新标杆》，《中国经营报》2017年 7 月 29 日。

效分区，是真正的产城融合小镇。学者陈根表示，此次安亭与万科联手打造的产城融合新模式，对促进城市发展意义重大，并且希望通过企业的力量探索一种新的区域经济模式。①

二、海尔地产"产城创生态圈"

海尔集团旗下的海尔地产于 2002 年成立，专门从事房地产的投资、开发和经营，2009 年底更名为"海尔地产集团"。"产城创生态圈"是海尔集团"人单合一"模式实践的重要成果，是一种特殊形态的特色小镇，对于促进城市产业升级再造有一定的助力作用。具体而言，"产"就是产业资源社群，是海尔集团产业平台以及利益相关方形成的聚集生态圈；"城"是产业群的智慧生活交互平台；"创"包括两方面，产业以及政策资源。具体到合作项目来说，"产"包括《中国制造 2025》示范平台——COSMOPLAT 示范平台合作和金融中心合作。前者的目标是把具有自主知识产权、用户全流程参与的 COSMOPLAT 打造成为与德国"工业 4.0"、美国"先进制造"并肩的世界第三极。后者主要集中在基金、清算、小贷等项目上。"城"注重智慧生活，目的就是提升居民生活幸福指数，将传统评价指标 GDP（国内生产总值）转换为 GDH（国内幸福总值）。具体项目包括智能制造小镇项目、康养小镇项目、国际云谷项目。"创"是包含联合创新中心、全国双创示范基地以及相应的引导政策。他们三者之间相互促进、融合发展，产业集聚会带动人才集聚，拉动就业，促进经济发展，智慧生活社区来做配套，把生活、产业、创业融为一体，实现开放共赢，为城市发展提供新动能和新样板，助力城市产业转型升级。②

海尔地产的目标是将"产城创生态圈"布局全国，目前已在天津、上海等

---

① 参见柏源、马梓墨：《上海万科助力安亭新镇蝶变　共创特色小镇新标杆》，《中国经营报》2017 年 7 月 29 日。

② 郑子辉、张玉波、赵建华：《以双创平台建设促进传统大企业转型升级——以海尔为例》，《中国经贸导刊（理论版）》2017 年第 32 期。

地落地实施。2017 年开始，海尔地产将目标瞄准山东，先后在济南、青岛打造这一新型产业发展模式。

（一）济南"产城创生态圈"的实践

2017 年 7 月，海尔地产与济南市政府、市中控集团在舜耕山庄签订战略合作协议。济南是第三个实行海尔"产城创生态圈"模式的地方，前两个分别于 2017 年 5 月正式落户天津和 6 月正式落户上海。"产城创生态圈"将助力济南打造"品质市中"。

政府为什么选择与海尔地产合作，这与济南目前的发展战略目标密不可分。济南以"打造四个中心，建设现代泉城"为目标，走内涵式发展之路，注重城市品质，这恰好与海尔"产城创生态圈"模式的目标相契合。市中区坚持走"产城融合"之路，以产业为保障，驱动城市更新和完善配套；以城市为基础，承载产业空间和产业经济，实现"以产促城、以城兴产"，达到产业、城市、人之间的完美结合。那两者是怎样有机结合的呢？

1. 产：智能制造

（1）COSMOPLAT 平台的推广和应用。以海尔自主研发的 COSMOPLAT 工业互联网平台为基础，向企业提供互联工厂解决方案，给离散型制造企业提供智能改造，根据实际情况搭建智能制造专区，促进产品优先上架，给企业需求与服务商、创客之间的交互、交易带来便利，成为济南市政府双创示范工程。

（2）智能制造产业基金的成立。打算在市中区设立价值为 100 亿元的产业发展母基金，本基金的服务对象主要是海尔双创示范中心孵化企业、COSMO-PLAT 平台生态企业、市中区智能制造转型升级企业，且基金实行市场化运作、专业化管理和自主投资决策。

2. 城：智能生活

海尔国际创智谷的目标是借助开放的社会资源和海尔本土生态产业资源，规划建造海创会、少海汇两个国际创客平台、智慧社区及配套智能生活体验中心，加快企业的快速发展。对济南来说，就是借助资源对接，构建济南首席孵化平台。

3. 创：智者平台

（1）国际科创中心。在济南市大力发展创新创业的产业环境下，充分利用智能创新平台、中关村科技转化平台、中国技术交易所、中以美欧等创新平台资源，努力将济南打造成为国际科创中心、科技创新创业高地、智慧城市与智慧产业应用创新示范引领城市。

（2）产业创客中心。建立济南海创汇双创基地，建立济南海创汇双创线上平台和社群。产业创客中心借鉴了海尔集团的双创优势，依托区位优势、产业优势和支持政策，在海尔集团"互联网转型＋智造创客孵化"战略下，搭建创客生态圈，全流程支持创客孵化，创造出满足市场需求的领先技术、产品与模式。建立创客学院、创客实验室、创客工厂、创客金融及创客基地等子平台构成开放的创业生态系统，力争建设成为全省的产业创客中心。①

（二）青岛"产城创生态圈"的实践

2017 年 8 月 17 日，全国运动休闲特色小镇建设工作培训会在贵州召开，会议总共有 600 多人参加，包括体育总局等中央有关单位、全国 31 个省（区、市）代表等。这次会议主要是针对全国运动休闲特色小镇建设相关工作进行部署，会上由海尔地产集团联合国家游泳运动中心申报的"青岛即墨温泉田横运动休闲特色小镇"引起大家的广泛关注。

即墨温泉田横运动休闲特色小镇将与海尔地产"人单合一"成果——"产城创生态圈"模式相融合，以海尔全球资源为依托，以创业带动产业，以产业带动就业，配套智慧小镇，三者联动，形成共创共赢的"产城创生态圈"。② 具体来讲，就是对即墨的运动健康小镇的文化、商业进行宣传运营，在 5—8

---

① 刘阳、朱振：《市中牵手海尔打造"产城创"生态圈》，《济南日报》2017 年 7 月 13 日。

② 高雪婷：《山东省运动休闲特色小镇的发展现状及对策研究》，曲阜师范大学硕士学位论文，2018 年。

年时间内，将青岛打造成为中国游泳之都，促进游泳相关交易、旅游和文化交流等，最终吸引相关产业的入驻，带动青岛周边产业发展及就业，成为名副其实的中国游泳副中心，打造以游泳为龙头的体育康养小镇。①

---

① 王凯：《海尔布局体育产业 以"产城创生态圈"打造全国运动休闲小镇样板》，2017 年 8 月 17 日，http://house. qingdaonews.com/xinloupan/zixun/0/0/mitem 14921-923.htm。

第六章 中国特色小镇建设存在的典型问题

本章主要介绍我国特色小镇发展中面临的关于资金、资源环境及规模基础三方面的基础问题；另外，还从特色小镇建设过程的角度出发，揭示了政府多头领导、特色小镇无"特色"、同质化建设现象严重、缺乏文化内涵以及政策执行效率低下等问题。

第一节 特色小镇建设基础存在的问题

一、发展资金支撑不足

我国特色小镇发展如雨后春笋，但建设水平也参差不齐，面临着不少问题。其中，资金不足、财力短缺成为目前国内特色小镇发展基础存在的一个重要问题。资金不足导致小镇的财力仅能满足财政的刚性支出，而能够用来支持小镇事业发展的财力极其有限。同时，小镇在发展过程中也缺乏可以独立做主的政策工具和资金支持，发展空间较小，城镇中能够借势、借力的余地也有限，这都导致这些小镇很难引起战略投资者的重点关注，无法获得足够支撑小镇事业发展的资金规模，从而使小镇的发展活力与后劲不足，在市场竞争中缺乏核心竞争力。

特色小镇的建设作为一项系统工程，涉及到经济社会发展的各个方面，在这个过程中，大量人力、物力、财力的投入是必不可少的。但是由于种种原因导致特色小镇面临着资金支撑后劲不足、融资难、社会资本进入不足的严峻形势。（如图 6-1 所示）

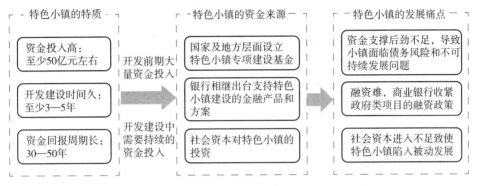

图 6-1　特色小镇的特质、资金来源及发展痛点 [1]

一是上级政府转移支付资金总量有限。近几年，不管是小镇建设发展的相应配套政策还是直接的专项资金扶持，对于特色小镇建设而言，都只是杯水车薪，远远满足不了实际的经济需求。比如，某些小镇为招商引资而出台的相关激励政策，其实对当地经济社会的发展并未产生明显的助推作用，其贡献度也较低，在扣除了企业落户资金的补助以及企业所得税等各项税收优惠、企业高管个税反补之后，实际上能够为当地政府创造的税收十分匮乏，并没有预想中那般美好。[2]

二是地方配套项目投入较为困难。由于资金总量不足导致了地方财政吃紧，没有允分的资金调配，因此难以将相关配套项目设施及吋建设到位。例如，浙江部分小镇的重点功能区块目前仍然没有具体的产业项目落地，项目落

---

① 艾瑞咨询：《2018 年中国文旅特色小镇发展研究报告》，艾瑞网，2018 年 10 月 18 日。

② 沈琪芳：《特色小镇培育与建设的问题及对策——以湖州为例》，《浙江树人大学学报（人文社会科学版）》2016 年第 3 期。

地困难主要是因为一些民营投资主体经营状况堪忧，很多计划中的投资资金都不能及时到位，从而导致小镇的建设项目搁置。

三是引入社会投资存在困难。由于特色小镇多是以发展农业、旅游业为核心的项目，这就导致企业投资的回报周期较长而且回报率不高，所以降低了社会资本投入的积极性，民间资本投资小镇建设的意愿不强，难以及时吸引足够的资金支撑特色小镇的发展建设。以浙江省的特色小镇为例，在2015—2018年特色小镇的投资建设过程中，都出现了部分小镇产业投资占比过低的不良现象，而且民间资本的投资金额普遍偏低、项目种类较少，这与浙江省在2015年出台的《关于加快特色小镇规划建设的指导意见》提出的"特色小镇建设要坚持政府引导、企业主体、市场化运作""凸显企业主体地位""由企业为主推进项目建设"等要求依然存在显著差距。①

四是小镇建设的资金筹集渠道单一。特色小镇的融资渠道呈现出多样化的特点，但是最主要的投资还是来源于当地政府，甚至在有些地方政府是唯一的投资渠道，由此导致特色小镇筹资渠道单一，影响了特色小镇的健康发展。另外，由于一些特色小镇本身发展规模较小、经济基础薄弱等问题，越发限制了资金的融资渠道。

以温州平阳宠物小镇为例，随着宠物小镇建设不断提效增速，资金的需求量也不断增大，工程建设、政策处理、土壤修复等项目需要资金约6亿元左右，其中房屋征收约需5000万元，土地征用约需6200万元（如采取货币化需2亿元），土壤修复（含场调）约需1.6亿元，市政道路一期缺口4000万元，建设垃圾中转站需1200万元，建设河道开挖需3000万元，建设总部经济园需1.5亿元，建设宠物文化公园需5000万元，建设市政道路网二期需5000万元。但当前融资渠道越来越窄，融资难度越来越大，且目前宠物小镇PPP暂

---

① 朱莹莹：《浙江省特色小镇建设的现状与对策研究——以嘉兴市为例》，《嘉兴学院学报》2016年第2期。

停，市政道路一期、宠物文化公园因资金问题已经全部停工。[①] 因此，特色小镇建设过程中面临着资金困境。

二、土地资源存在制约

在影响特色小镇发展的基础问题中，土地资源作为特色小镇建设的必要因素，其存在的诸多问题制约了特色小镇的建设与发展，如土地资源短缺、土地资源配置结构不合理、土地供后监管力度较弱等。

一是土地资源短缺，瓶颈制约明显。就土地资源而言，特色小镇在建设过程中的用地指标大多是通过与城乡建设用地增减挂钩、用耕地的占补达到平衡，另外还会使用上级政府拨给的一些储备用地指标。但是，通过"增减挂钩"和"占补平衡"等获取的土地指标受限，并且土地到位速度也比较慢。由于一些征地与拆迁会直接影响到被征地农民预留安置点用地和安置补偿措施等问题，导致土地供给的速度被大大延缓，从而影响了小镇建设项目的推进速度。此外，特色小镇在建设过程中需要使用建设用地，但是由于全国每年用于民生基础设施、重大产业园区项目的用地指标较大，导致结余的建设用地指标难以保障特色小镇的建设需求。以杭州市为例，假设特色小镇的规划面积为 3 平方公里，建设面积为 1 平方公里，那么在"十三五"期间，一千个国家级特色小镇就需要新增 1000 平方公里的建设用地，所以说土地要素的保障问题亟待解决。[②]

二是土地配置结构不合理，规划制约性不足。土地利用结构不合理、低效利用土地等不良现象是目前特色小镇建设需要及时解决的问题。一些以文化旅游为主导的特色小镇在建设中普遍存在容积率和建筑密度较低、绿地占用面积较小、公共设施用地不全等问题，使特色小镇的土地利用结构不尽合理，效率

---

① 吕秋慧：《产业转型背景下特色小镇的建设及对策研究——以温州平阳宠物小镇为例》，《现代商贸工业》2019 年第 24 期。

② 尹晓敏：《对当前浙江特色小镇建设存在问题的思考》，《浙江经济》2016 年第 19 期。

低下；一些以产业为主导的特色小镇则存在着"多圈少建、圈而慢建"等问题，这些粗放而低效利用土地资源的现象层出不穷。这些特色小镇不按规划操作，盲目追求建设指标，从而导致总体规划失去了原本的制约作用。

三是土地供后监管力度较弱，存在盲区。很多投资主体急于求成，将地产楼盘的名字换上特色小镇的外衣后开始大肆圈钱圈地，大搞房地产开发建设，很明显，他们对于小镇未来的主导产业没有一个准确清晰的定位和认识。部分企业利用一些产业型特色小镇出让的土地投资兴建了部分区域后，剩下部分则搁置或是简单搭建一些建筑物。其实，企业可以利用土地抵押融资，或者通过大规模的"囤地"将工业土地的用途变更，从而实现土地的"增值效益"。但是在土地供应后，使用是否合理、是否达到集约要求、是否符合规划要求等，国土部门的监管显得有些力不从心，实际监管力度不足，导致土地被不法占有，资源得不到有效利用。

三、小镇规模偏小、基础薄弱

打造特色小镇需具备必要的客观条件，其中，特色小镇的空间格局决定着小镇的未来发展宏图，而这个发展空间平台中应该具备一定的特色产业基础和充足的资源禀赋，或者具备鲜明的旅游特色和特有的社区功能，从而能够支撑小镇的长期规划与长远发展。但是，目前诸多小镇在建设过程中举步维艰，面临很多困难，究其根本，还是因为小镇的规模小、基础差进而限制了小镇事业的进一步拓展。

特色小镇的发展离不开产业作为其经济后盾，以便为后期的建设提供支持。而产业发展需要打造一条完整的产业链，从而形成完整的产业生态，一般来说，部分产品制作简单的小产业链能够较易实现。比如，浙江省的诸暨大唐镇，该小镇以加工销售袜子为主业，因产品设计、原料生产加工和包装批发流程较为简单，所以他们拥有一条完整的袜业产业链。但是，有许多大型或较大型产业链会因为小镇的规模较小、基础较差而受到限制，导致其无法承载一条完整的产业链，在小镇内部也较难形成一个闭环的产业生态系统。比如，中西部的一些欠发达地区，它们的产业基础薄弱，大量生产要素聚集在城镇中心，但是城镇外围地区发展积累缓慢，也缺乏能够吸引要素的平台与产业，因此建设特色小镇势必会受到村镇发育不成熟、增长集聚效应弱化等问题的制约。

经济资源是支撑小镇发展的基础与动力。全国各地发展特色小镇的经验告诉我们，特色小镇的经济功能依然排在第一位，但这种经济功能是靠特色产业支撑起来的特色经济。但是如今却有许多小镇不具备专属的特色产业作为支撑，发展基础薄弱，因此特色经济也无法形成。最终，特色小镇会因缺乏自身的"造血"功能而无法实现长期可持续的发展。

第二节　特色小镇建设过程存在的问题

2019 年 4 月，国家发展改革委公布了各地区各有关部门淘汰整改的 419 个"问题小镇"，这从一个侧面说明特色小镇在建设过程中存在很多问题。有的特色小镇开业头 3 天便涌入 13 万游人，但繁华景象只是昙花一现，大部分店铺关门歇业，曾经风光的乌篷船从水里来到旱地；有的小镇投资数十亿元，号称要打造产业、居住、生活服务配套为一体的现代化生态观光小镇，最后只打造了一个核心区便收工。[①] 这些被淘汰的特色小镇，要么是缺乏特色主导产业支撑；要么是配套设施不够完善；要么是照抄照搬其他地区的发展模式，缺乏创新创意，丧失了自己的特点；等等。

---

①　章轲：《特色小镇"生死劫"：没有"特色产业"支撑早晚被淘汰》，2019 年 8 月 18 日，见 https://finance.sina.com.cn/roll/2019-08-18/doc-ihytcern1773600.shtml。

一、政府多头领导与角色不清

(一) 政府主体的多头领导

从 2016 年开始，关于指导建设特色小镇而出台的政府文件层出不穷，住房城乡建设部、国家发展改革委、国家体育总局、国家林业局、农业农村部、财政部等诸多部门都陆续发布了指导意见或规划书，甚至还有一些协会、学会等行业组织也加入其中。但是，这些由国家、省级、市级多部门出台的指导文件对特色小镇在建设空间、整体规划、产业定位及核心诉求等概念的定义却众说纷纭。此外，不同文件对特色小镇建设周期、投资要求和运营管理能力等因素的评定标准也参差不齐，通过量化指标来追求特色小镇的数量，这既给各城市特色小镇的申报和建设工作造成了困惑，同时也背离了国家想要集中力量重点发展有基础优势的小镇的初衷。①

政府管理部门出台多渠道招商与多重优惠政策，原本是为了更好地促进特色小镇的发展，但是却因为政府管理部门缺乏对小镇建设的总体统筹规划而产生多头布局、多头管理等问题，城镇建设过程中各级政府之间难以统筹协调，反而降低了特色小镇建设的效率。此外，政府部门领导换届和更替会出现"新一任领导班子、新一套政策指示"的问题，这种现象也容易造成政府主体的多头领导。

(二) 政府角色定位不清

从特色小镇的建设理论以及规划形式可以看出，政府以"引导和服务保障"作为特色小镇创建中的角色定位。企业应该是特色小镇建设的主体，并按市场规律来推进小镇项目发展。特色小镇建设要坚持企业为主角、政府做引导的市场化运作原则，但是这种原则在现实中往往使政府陷入"主导"角色中而无法

---

① 潘道远：《供给侧改革背景下的广东特色小镇：问题、思路与方向》，《城市观察》2017 年第 6 期。

自拔。

比如，位于黑龙江省东南部的绥芬河特色小镇，在其建设过程中政府部门及其所属的组织协会发挥了重要作用，政府一直处于主导地位，大包大揽，拍板决定规划建设和招商引资，没有利用好市场导向，职责分工也不够明确，使企业一直处于被领导的尴尬境地，融洽的合作氛围并未实现，特色小镇建设未获得有效供给，群众和企业需求也没有得到有效满足。同时，绥芬河特色小镇在建设过程中，主要依赖政府的投资，但是政府刚性支出有限，实际支持特色小镇建设的资金不足，企业因为缺乏充分的主动权，而丧失了参与的主动性和积极性。因此，绥芬河特色小镇建设在美化、绿化与特色化上都存在较大缺陷。

政府一味地主导特色小镇的建设工作，长此以往，非但不会促进特色小镇的健康发展，反而会产生一些不良后果：一是会造成资源的巨大浪费。企业一般是按照市场规律追求利益最大化，但是政府作为社会公共利益的代表，在追求经济利益的同时还会考虑社会利益。从现实出发，政府和官员会因为现行的压力体制而追求"绩效动机"。政府的行政权力强大时，社会力量就会相对弱小，而由政府主导和推动的特色小镇建设就会在有限理性支配下过度投入到基础设施建设和土地征用上，将会产生巨大的资源浪费。二是会造成政府的负担加重。因为企业追求的是利润最大化，在特色小镇的建设过程中，部分企业会因为市场和优惠政策的变化，随时准备抽身离开，他们剩下的债务及搁置的建筑物就会留给政府去解决，从而加大了政府的压力与负担。只有增强企业的主导性，增强他们的积极性才能减少这种不良现象的产生。三是会造成政府公信力的缺失。政府原本强调的应该是引导和服务保障的功能角色，但实际上政府仍然沉迷在主导特色小镇建设的角色中，且出现置人民利益于不顾或单纯追求"个人政绩"等不良舆论就会削弱政府的威信，降低公信力。[1]

---

[1]　尹晓敏：《对当前浙江特色小镇建设存在问题的思考》，《浙江经济》2016 年第 19 期。

二、特色小镇无特色、缺创新

特色小镇的"特色"是能够支撑小镇长期可持续发展的核心和根本。但是，当前部分特色小镇规划和建设却存在拼凑痕迹、特色不突出、缺乏创意等问题，缺乏能够彰显小镇特点的产业元素、建筑元素和文化元素等。

（一）特色小镇无特色

目前特色小镇的建设虽然"遍地开花"，但是却"千镇一面"，明明是特色小镇却无特色可言。所以有个问题值得我们思考，究竟什么样的才是"特色"小镇？小镇究竟要"特"在哪里？

要想解答这个问题，我们对特色小镇的解读就不能仅从表面上去思考，因为具有深层次、差异化的风情小镇才是游客、居民乃至投资者们的真正追求。特色小镇发展虽然是以产业经济为支撑，但是小镇的"特色"建设不能只满足于 GDP 的提升，而是要具有充足的吸引力，能够吸引源源不断的游客、开发商和投资者。小镇的特色应该能够融入到人们的生活水平和生活方式中去，从而形成一种独具特色的小镇生活形态。因此，这就需要小镇的创建人与投资人在建设过程中不断思考和追求，才能慢慢创造小镇真正的特色。

目前诸多小镇急于求成，盲目借鉴和简单囫囵地模仿，没有开发利用好本地资源，疏于挖掘历史和立足乡土，因此产生产业特色模糊、地域特色模糊和建筑特色缺失等问题。以绥芬河小镇为例，由于该小镇没有清楚和深刻地认识本地的资源禀赋、文化元素和特色产业，忽视了发展阶段中经济与小镇生成与发展的基本规律，使小镇产业与经济发展背道而驰。此外，该小镇在发展模式上也是一味追求多快好省，简单模仿、生搬硬套地去打造小镇特色，从而使小镇的旅游、文化、农业等功能未能完美融合，从而造成产业定位混乱、特色不足等问题。①

---

① 闵学勤：《精准治理视角下的特色小镇及其创建路径》，《同济大学学报（社会科学版）》2016年第 5 期。

（二）特色小镇缺创新

想要创造一个既富有地方文化底蕴，又拥有地方文脉传统的特色小镇，创新是必不可少的重要原则和前提。只有做到创新，才能够走出一条符合本地实际的特色小镇建设之路。比如，浙江省以"块状经济"的集聚优势作为经济社会发展的特色，因此具有"块状经济"特色的发展模式就成为浙江省建设特色小镇的特有风格。浙江省通过对特定新空间进行整合创新与再生产，以独特的创新思路打造出了经济型、空间结构型和地方文化型等与传统结合的"新型块状经济"结构化空间，从而有效促进了高端经济要素的再集聚。

但是，目前部分小镇的产业种类较多，科技、人才和创新等要素资源紧缺，存在创新投入少、高端人才少和企业负责人缺乏创新意识等问题，导致产业的内部创新动力不充足、导向性不明确，无法形成具有影响力的特色品牌效应。当小镇的主导产业不够突出时，产业就较难进行特色化与集群化发展，也难达到特色小镇的创建标准。[①] 当特色小镇的建设毫无创意与新颖理念时，就会使小镇的建设工作陷入僵局，所以若想破局，小镇的规划者就要从城镇自身优势入手，精准定位，不断发掘和创新小镇的特色建设，从而建设一个有创新、有深度、有品位的特色小镇。

三、同质化建设现象严重

如今，全国已经兴起一股特色小镇的建设浪潮，各省市地区开始大肆地做规划版图，有的省提出要在未来创建 105 个特色小镇；有的政府部门提出要建设 200 个民族特色小镇和 2000 个少数民族特色村寨；有的机构提出要建 1000 个旅游小镇；等等。在这些规划设计里，部分小镇功能存在重叠、交叉现象，也有部分小镇属于重复申报和胡乱申报，没有清晰的市场定位，同质化现象十

---

① 卫龙宝、史新杰：《浙江特色小镇建设的若干思考与建议》，《浙江社会科学》2016 年第 3 期。

分严重。①

目前诸多小镇存在"跃进式"发展，为了力争上游，不落后于其他地区建设，想尽快在体制和机制上夺得先机、抢占高地，进而导致这些小镇主要的设计理念、建设规划与发达地区的特色小镇高度雷同甚至是重合，直接照搬、模仿其他小镇的特色产业，仿制产业链，既没有体现属于自己的小镇特色，也没有联系小镇的发展实际，脱离市场的发展规律，导致新建特色小镇千篇一律，同质化严重，使小镇在市场中竞争力低下，无法带动消费群体，会造成无法挽回的损失和严重的弊病。

比如，陕西咸阳东黄小镇，投资规模达到 5 亿元，2015 年开始运营，但是没有运营多久就破产。主要原因就是民俗小镇选择了省时省力的"照抄"模式，东施效颦，简单模仿，千篇一律的风格、千篇一律的特色、千篇一律的建筑、千篇一律的文化体验，没有因地制宜，没有保持当地的原真性，完全丧失了自己的地域特色文化元素和文化符号，造成审美疲劳，产生高度的同质化。

四、缺乏文化内涵支撑

文化是特色小镇建设中的精神纽带，连接着小镇中的每一个人，使他们对小镇拥有认同感与归属感。在市场化运作的过程中，特色小镇的文化建设值得我们重视。作为"产、城、人、文"一体化发展的特色小镇，亟须加强文化与其他方面的跨界融合，要把独特的文化资源作为特色项目、特色产业以及经济社会发展的新动力。

经济新常态下，文化消费已越发成为新的经济增长点，文化消费的趋势也逐渐渗透到特色小镇的建设过程中。当今社会已进入高速发展的信息经济时代，第三产业已经不再是简单的低端服务业，人们的消费需求也拓展到了更为

---

① 徐林：《全新战略条件下特色小镇建设的意义、问题和健康发展的基本要素》，《中国经贸导刊（理论版）》2018 年第 5 期。

广阔的精神文化领域。所以，产业发展离不开文化内涵的支撑，小镇的发展更需要有文化支撑产业做主导，我们不仅要重视文化的经济性，更要重视产业的文化性。

文化是特色小镇的灵魂和精神纽带，国外许多休闲小镇有着悠久的历史并经久不衰，主要是因为他们把丰富多彩的文化元素融进小镇建设中使其具有了独特的文化特色与浓厚的文化内涵。比如，西班牙隆达斗牛小镇，该小镇将斗牛运动文化完美融进特色小镇的建设。斗牛运动开始之前的鼓乐表演，身着传统古装的表演者，重现了300年前的斗牛场景，使来此参观的游客仿佛置身于300年前的斗牛活动现场。隆达斗牛小镇将本地传统文化与特色小镇建设相融合的做法，满足了人们精神与文化层面的追求。如今随着社会脚步加快，人们的物质需求得到了较大满足，已经不再局限于追求生活中的物质丰富，而是希望能够生活在有文化内涵、生态宜居、健康向上等多种小镇功能互补的空间中。①

但是，当前许多小镇甚至是一些以历史文化产业为主导的小镇，对于文化培养重视不足，对提升小镇文化功能的关注不够，从而造成特色小镇出现文化风格趋同、文化内涵单调、文化嫁接刻板以及文化功能可挖掘性较低等现象。如今许多特色小镇建设仅仅考虑"空间设计、项目规划、资金引入、功能增强、价值多元"等产业建设层面，但却忽略了如何将本地的特色文化和地域文化融入小镇建设，这会导致特色小镇的未来运营和品牌拓展因失去文化内涵做支撑而失去灵魂与动力。以我国中西部地区为例，中西部地区的传统民间文化艺术丰富多样，但是由于人们对文化价值的认知较为滞后，还无法正确认识到文化的内核价值，优秀的传统文化难以得到充分的挖掘传播，文化创意型的企业也较为匮乏，这些都导致当地的特色小镇发展陷入困境。因此，我们需要重视特色小镇的文化建设，文化内涵是小镇发展的内在动力与活力源泉。

---

① 王志文、沈克印：《产业融合视角下运动休闲特色小镇建设研究》，《体育文化导刊》2018年第1期。

五、忽视生态环境保护

特色小镇的基础建设应该遵循自然环境的发展规律，尊崇"绿水青山就是金山银山"的发展理念，牢固树立生态优先绿色发展的理念，从而打造一个积极健康的生态型特色小镇。但是，诸多特色小镇在发展过程中盲目追求产业效益、经济效益，却忽视了自然环境的重要性，出现缺乏环保意识与生态规划理念、粗放式发展、绿色基础设施建设不足等一系列问题。

一是缺乏环保意识与生态规划理念。特色小镇的规划理应将生态文明、环境保护等生态理念放在建设工作的第一位，但是一些小镇却不重视环保创新，缺乏生态规划理念。一些小镇仅注重经济利益，甚至将特色小镇的建设当作是谋求经济价值的工具，一味追求小镇的硬件设施建设，忽略了城镇发展的生态环境保护与绿色空间建设。一些小镇的规划也缺乏持续性与稳定性，规划内容朝令夕改，环保理念滞后。特色小镇本应是推动生态文明建设、实现绿色发展的希望之种，而不是投资者与开发商牟取暴利的经济工具。没有自然环境与自然资源的支撑，特色小镇的建设将寸步难行。生态绿色理念被削弱，自然环境问题不断加剧，将从根本上制约特色小镇的可持续发展。①

二是粗放式的小镇发展。一些特色小镇拥有优美的自然风光和特色文化，吸引了大量的外地游客慕名前来旅游观光，这给投资商与经营者带来了巨大商机，他们在此大肆建设民宿与商铺，毫无节制地进行粗放式发展，过度消耗本地资源，这种以牺牲环境和资源为代价的"冒进"现象最终不可避免地导致周围生态环境不断恶化。以云南省的双廊古镇为例，古镇位于大理市的东北部，背靠洱海，是一座拥有四千年历史的古渔村，一直享有"大理风光在苍洱，苍洱风光在双廊"的赞誉。近几年，由于游客数量激增，洱海沿线的客栈、新建民房也如雨后春笋般大量涌现，双廊古镇的客栈数量也从 2012 年的百余家翻倍增加。除当地人之外，这其中多半是外来投资者。2016 年，大理的旅游人

---

① 张鸿雁：《论特色小镇建设的理论与实践创新》，《中国名城》2017 年第 1 期。

数逼近 4000 万人，这个数据是 10 年前的 4 倍。但洱海的污染问题也随之加剧，数据显示，所有污染源中，仅人为产生的生活垃圾就占 35%，污染形势已经相当严峻。因此，大理市政府采取紧急行动，于 2017 年 3 月 31 日发布了针对洱海生态保护核心区餐饮、客栈等服务业的专项整治行动通告。之后，云南省大理州又启动洱海治污"七大行动"，包括"杨丽萍艺术酒店"在内的环洱海 2498 家餐饮客栈全部关停，其中有 629 家属于双廊古镇。特色城镇的发展理应敬畏自然，珍惜自然资源，单纯追求城镇化速度与经济利益，只会违背人口、资源、环境的发展规律，也终将会受到自然的惩罚。[①]

三是绿色基础设施建设不足。1999 年美国环境保护基金会和农业部巡林管理局组织的"GI 工作组"最早提出绿色基础设施的概念，绿色基础设施就是指自然生命支撑系统，该系统是由水道、绿道、湿地、公园、森林、农场和其他保护区域等组成的互连网络，用以提高人民的生活质量。绿色基础设施作为一个小镇生态文明建设的重要标志，对于促进自然环境保护具有十分重要的作用。因为绿色基础设施不仅起到修复环境、维护生态平衡的作用，还能够优化城镇的空间结构，从而促进环境的可持续发展。但是，如今在特色小镇的建设过程中，却普遍忽视绿色空间的规划，忽视交通基础设施、排水及污水处理系统、垃圾无害化处理等一些绿色基础设施体系的建设，这都在一定程度上制约了特色小镇的健康发展。[②]

六、政府政策执行效率偏低

国务院在"十三五"规划纲要中明确提出要因地制宜地发展"特色鲜明、产城融合、充满魅力"的小城镇；2016 年 7 月，住房城乡建设部、国家发展改革委、财政部联合发布《关于开展特色小镇培育工作的通知》提出"到 2020 年，

---

① 刘芳君：《关于建设生态特色小镇的问题与思考》，《建设科技》2018 年第 2 期。
② 李集生、王海山等：《以可持续发展理念建设特色小镇》，《工程管理学报》2018 年第 4 期。

在全国范围内培育 1000 个特色小镇";2017 年的政府工作报告指出要支持中小城市和特色小城镇发展;党的十九大报告明确提出实施区域协调发展战略,并提出以城市群为主体构建大中小城市和小城镇协调发展的城镇格局。[①] 这些密集出台的政府政策,不断为特色小镇发展营造着优越而宽松的政策环境。

但是,一些特色小镇的建设还是停留在政策要求与政策号召上,在实际操作中缺乏具体的评价指标体系进行指导与管理,政策规划的执行也往往是半推半就、敷衍塞责,导致政策执行效率低下。虽然政府的指导意见明确表示各省和地市有关部门要不断细化配套政策,优化和整合政策资源,但就具体实践情况而言,一些部门对于政府的政策部署并未进行深刻理解与贯彻落实,也缺乏紧密联系实际的配套政策,所以造成小镇建设的部分政策目标虚浮笼统,可操作性不足,使政府政策依旧停留在宣传与号召的阶段。

另外,部分特色小镇还存在产业扶持政策落地执行难的现象。以浙江省为例,自 2015 年起,省政府办公厅专门针对该省的十大历史经典文化产业出台了相关指导意见,以大力扶持这些文化的传承与发展,并给出诸多的优惠政策来鼓励小镇建设。然而,部分经典产业发展的扶持政策实际上并没有贯彻到位,落实缓慢,一些政策红利投入十分不足。比如,根据对磐安药镇的调查我们了解到,目前仅有两条政策措施得到了真正的落实,而上级主管部门为扶持中药产业发展实际制定的支撑政策有六个方面;龙泉青瓷小镇的企业也认为省政府扶持青瓷产业发展的相关政策迟迟未能落地,他们并没有享受到在政策宣传中提及的诸多优惠福利措施。更有甚者,部分小镇过度利用政府的鼓励政策进行招商引资,某小镇于 2017 年向外界出台了"五免五减半"的税收优惠政策,并为前来入驻的企业提供虚拟地址进行注册,这既违反了《中华人民共和国公司法》,也会导致企业经营过程中的监管缺失,提升了风险隐患,完全违背了上级政府的初衷。[②]

---

① 习近平:《决胜全面建成小康社会 夺取新时代中国特色社会主义伟大胜利——在中国共产党第十九次全国代表大会上的报告》,人民出版社 2017 年版,第 33 页。

② 陈建忠:《特色小镇建设重在打造特色产业生态》,《浙江经济》2016 年第 13 期。

政府政策的执行效率低、不彻底已成为阻碍特色小镇长期有序健康发展的显著问题。政府一味地专注于指导意见与政策措施的制定颁布，却忽视了对地方政府执行效率与执行效果的及时监督与考核，缺乏合理有效的考核评价标准，使地方特色小镇建设盲目追求数字与指标，而忽视政策本身的精神实质，这都会导致特色小镇的规划与指导政策变成纸上谈兵，最终流于形式。

第七章　国外特色小镇建设的实践与启示

　　国外特色小镇建设历史悠久，并形成一批世界闻名的特色小镇，诸如基金小镇、冲浪小镇、香水小镇、会议小镇等，特色小镇的发展促进了当地经济的发展。国外很多特色小镇追求小而专、小而美、小而精，如法国的阿维尼翁小镇，该镇利用著名的儿歌《在阿维尼翁桥上》，大力发展当地的戏剧文化，吸引了全世界各地的戏剧爱好者和表演者来阿维尼翁进行演出，由此让阿维尼翁成为名副其实的戏剧小镇；同样，瑞士的拉绍德封小镇因资源短缺、土地贫乏而专注于发展占地小、用料少的钟表业，成为世界钟表制造业中心；此外，还有诸如美国的萨勒姆女巫小镇、意大利的穆拉诺玻璃小镇、斯特拉特福德莎士比亚小镇等，它们通过各自独有的传说故事、手工制作工艺、名人影响力等来分别打造自己的小镇特色，并成功地吸引了全世界的目光。[1] 通过系统梳理国外特色小镇建设的思路、模式和经验等，为我国特色小镇建设提供可借鉴的发展路径，打造具有"中国文化底蕴"的特色小镇，推动我国城乡一体化的发展，推进我国新型城镇化进程。

---

① 王竞一：《新时代特色小镇创新创业存在的问题及对策研究》，《当代经济管理》2019年第8期。

第一节　国外特色小镇建设初探

一、欧洲国家特色小镇的特点及启示

（一）欧洲国家特色小镇的发展特点

欧洲国家以城乡协调发展为大背景，已经建成一大批不同类型的特色小镇，而且绝大部分都具有旅游功能。

以产业基础作为切入视角，欧洲国家的特色小镇大致可以分为三类：第一类是具备旅游功能的以制造业或农业为主的城镇。例如德国体育用品名镇赫佐格奥拉赫，涵盖了阿迪达斯、彪马、舍弗勒等全球知名品牌；瑞士的沃威是雀巢的总部；兰根塔尔镇是一个重要的纺织工业小镇；以香水产业闻名于世的法国格拉斯小镇；以鲜花闻名的普罗旺斯小镇；德国麦茨堡葡萄酒形成了完整的产业链；位于奥地利因斯布鲁克郊区的瓦滕斯小镇则是施华洛世奇的水晶生产中心；还有以制造布谷鸟钟而出名的德国小镇弗莱堡。第二类是具备旅游功能但是以教育为主的小镇。例如英国的剑桥市、德国的海德堡市等等。第三类是特色文化旅游小镇。其中包括法国戛纳、瑞士达沃斯、法国依云、瑞典艾丽儿等等。

以区位特征作为切入视角，这些特色小镇可以分为城市相互依存、网络节点和孤立点分布三大类型，其中大部分特色小镇都在大城市1—2小时的交通圈内。拥有适合产业和人才发展的良好自然环境、社会环境并且主要承担大城市的人口和产业外溢。位于交通发达节点城市的大都属于区域特征为网络节点型的特色小镇，它们形成专业化产业集群的关键在于具有发展历史悠久的产业以及良好的自然资源条件；而大多远离核心城市具有孤立点分布特征的特色小镇，它们或具备良好的自然、产业及文化等条件，或凭借强大的IP运营能力吸引电影、动漫等多种文化元素来促进特色小镇的发展。一般来说，依靠独特的工业基础及充分利用小镇的自然资源和文化传统是欧洲特色小镇发展的途径，由此得以突出区域特色，形成完整的产业链及接待体系。

以历史文脉作为切入视角，欧洲国家的特色小镇注重文化传承与保护。实际上，国外特色小镇的建设不是一蹴而就的，它们的历史往往都很悠久并且具有多年技术传承与产业积累的沉淀。比如，瓦滕斯水晶小镇，它的发展始于施华洛世奇家族，施华洛世奇企业至今仍保持着家族经营方式，并把水晶制作工艺作为商业秘密代代相传。这类特色小镇因家族传统工艺的传承与发扬而形成，由于技艺与传统的独创性，奠定了小镇在全球产业链的中心地位。① 游览德国的特色小镇，包括村落、城镇、房舍、教堂、城堡、宫殿、桥梁、道路等，犹如参观富有历史特色的建筑博物馆，现在依然可以看到 2 万多座保存完好的古建筑和古堡宫殿，依然可以看到茂密的传统园林。②

（二）欧洲国家特色小镇的规划特点

欧洲国家在推进城镇化的进程中把乡村和小城镇的发展摆在重要位置。在特色小镇的规划建设方面，主要有以下几个特点。

1. 在科学规划的基础上完善发展模式

以德国为例，20 世纪 60 年代以来的德国在城镇系统设计方面做了以下规划：第一，加强整体规划的功能分区；第二，构建互补共生的区域城市圈；第三，将特色小镇有机结合成城市圈，建立了 11 个都市圈，形成了"多中心"格局。都市圈每一部分的功能明确并相互合作，形成一个独特的城市和农村之间协调发展、合理分布的模型，这不仅避免了被过度发展成一个由一个地区主导的中心城市，并在很大程度上，避开了人潮、就业困难和一系列的"城市病"。由此，不仅提高了生活质量，而且还促进了社会的和谐发展。③

---

① 张银银、丁元：《国外特色小镇对浙江特色小镇建设的借鉴》，《小城镇建设》2016 年第 11 期。

② 张登国：《我国县域城镇化发展路径研究》，人民出版社 2018 年版，第 183—184 页。

③ 张传秀：《欧洲国家特色小镇建设经验及启示》，《沈阳干部学刊》2017 年第 3 期。

2. 在产业培育的基础上促进经济发展

产业培育是欧洲国家特色小镇建设过程中特别注重的一点，产业政策把重点放到了中小城市和特色小镇上。产业政策包括产业发展政策、财政和税收及补贴政策，以维护市场秩序，加快产业技术政策和产业政策支持系统建设等等。同时，加快基础设施建设以及完善特色小镇功能，积极为构建良好的产业发展平台提供服务。很多世界 500 强企业都位于专业化、规范化的特色小镇里。

3. 在生态保护的基础上进行文化传承

在生态保护方面，以德国为例，政府每四年发布一次生态建设规划，对任何建设项目的绿地总量进行强制性控制。德国公民具有较强的生态建设和环境保护意识，这源于德国的历史传统和人文素质，这使特色小镇的生态环境十分优美。走进德国的特色小镇，犹如欣赏一幅巨大的油画：蓝蓝的天空，绿绿的草地；绿树成荫，芳草遍地；服务周到，设施先进；祥和安静，适宜居住。① 在历史街区的保护方面，以法国为例，政府不仅重视物质形态的保护，而且还会保护传统的生活方式，通过提供丰富的历史文化资料，为休闲旅游度假带来新的特色体验，而且传承了城镇的文化。

4. 在公共服务的基础上体现以人为本

欧洲国家的特色小镇不仅具有完备的公共服务设施，而且还具有人性化的特点，"以人为本"的理念体现在方方面面，充分满足居民的实际需求。在欧洲，住房常常被视为一个社会问题，许多政府社会保障体系的一部分就包括颁布社会住房政策和相关法律法规，通过为低收入群体提供各种形式的保障性住房或住房补贴等方式体现政府的人性化管理。交通拥挤是世界各地城市普遍存在的问题，法国和德国通过"公共交通优先"规划解决了小镇和大城市之间的交通拥堵问题。当然，建设和发展特色小镇需要重点考虑的问题还包括教育、医疗、文化等基础设施建设问题，欧洲国家特色小镇处处彰显了以人为本的理念。

---

① 张登国：《我国县域城镇化发展路径研究》，人民出版社 2018 年版，第 183 页。

（三）欧洲国家特色小镇建设的启示

特色小镇不仅是产业和城市的承载形式，而且还是居民可持续发展及就业的重要空间。欧洲国家特色小镇规划建设对我们主要有以下启示。

1.加强顶层设计，实现科学布局

首先，结合生态保护、历史文化保护等需求，在特色小镇总体规划的指导下，加快落实特色小镇各种实施细则、社区规划，完善道路、公共设施、生态绿地、水系统使用等规划，形成结构完整、层次分明的体系结构后，最终实现区域功能科学、农村和城市空间布局合理、公共服务和基础设施完备的目标。其次，坚持"城镇设计第一，项目设计第二"的原则。通过对整个小镇网络的规划设计，来继续加强对建设规模及重点建设项目布局的优化。严格遵循按照不同小镇的不同特色进行建设的原则，加强对重要节点的设计和控制。注重整体色彩和建筑风格的考究和引导，深入挖掘自然景观和民族建筑的空间资源等特色，打造宜居、宜游、宜业的特色小镇。再次，发挥典型示范带动作用。规划建设并严格控制特色小镇的数量，着力提高小镇建设质量，把小镇建设成为具有典型引领和示范作用的特色小镇。最后，择取传统文化中的精髓部分，并且恰如其分地融入到特色小镇的建设和发展中，寻求和谐统一的新发展。优秀的历史文化遗产、农业自然生态环境和农村自然田园风光都需要进一步得到保护和传承。

2.加强文化与生态保护，塑造特色小镇

欧洲国家始终注意保留小镇的特色风貌，不采取"一刀切"模式，力求保持小镇独特的风格，而不是拆了修、修了拆，这些都是在特色小镇建设过程中需要注意的问题。在坚持这个原则的基础上，对旧建筑进行改造和升级，加快基础设施的更新换代。同时，突出小镇的历史文化特色及古建筑特色，把小镇建设成为集休闲、生态和旅游等多功能于一体的特色小镇。按照生态文明的理念，把保护自然环境作为特色小镇发展的重要因素，在发展过程中，不断优化生态环境，将生态优势转化为经济优势。尤其要注意的是，发展经济不能以破坏生态环境为代价，具有产业特色的小镇产业需要引进科学、环保并且又高效的项目，注重设施建设及生态环境的绿色协调发展。

3. 注重基础服务，提升满意度

欧洲国家注重"人的城镇化"，特色小镇的建设目标是为了城镇居民更好地生存与发展，这不仅是推进特色小镇发展的必然要求，也是建设特色小镇的应有之义。因此，借鉴欧洲国家特色小镇建设经验，我们应该积极践行"人的城镇化"，把发展为了人民、发展依靠人民、发展成果由人民共享作为特色小镇建设工作开展的出发点和落脚点。[①] 有序推进农业转移人口市民化工作，并且通过户籍制度改革，进一步落实放宽小镇居民落户政策，把拥有稳定劳动关系并长期生活居住在城市的农业转移人口转为城镇居民摆在优先位置，并让他们享有与当地居民同等的权利。加快特色小镇基础设施和公共服务网络体系的建设进程，提升公共服务水平，把包括劳动报酬及保护、子女教育、医疗服务、社会保障等在内的基本公共服务和公共产品逐步由户籍人口向常住人口覆盖，让农业转移人口全面共享小镇文明成果，让人们在小镇中更好地生产生活，提升归属感、满足感及幸福感。[②]2019 年新发布的《中共中央　国务院关于建立健全城乡融合发展体制机制和政策体系的意见》也提出：加快实现城镇基本公共服务常住人口全覆盖。[③] 实际上就意味着对农业转移人口实现基本公共服务全覆盖，加快其市民化进程。

二、美国特色小镇的特点及启示

（一）美国特色小镇的特点

1. 重视小镇规划

20 世纪 40 年代的美国已经进入工业化后期，当时人口开始从大城市向小

---

① 张传秀：《欧洲国家特色小镇建设经验对我国的启示》，《党政干部论坛》2017 年第 8 期。

② 陈怡男、刘鸿渊：《农民工市民化公共属性与制度供给困境研究》，《经济体制改革》2013 年第 4 期。

③ 《中共中央　国务院关于建立健全城乡融合发展体制机制和政策体系的意见》，《人民日报》2019 年 5 月 6 日。

城镇迁移，小镇迅速发展起来是在 20 世纪 60 年代以后。规划在美国特色小镇建设中扮演着十分重要的角色，美国特色小镇的规划遵循了以下五个基本原则：第一，把实用性放在首位，尽量满足小镇居民的生产生活需要；第二，充分尊重当地的生活传统，并在现有条件下将其发扬光大；第三，把绿化和美化环境一直当作重中之重；第四，塑造和培育特色小镇，深入挖掘小镇特色，努力建设标杆小镇；第五，重视公民的参与。同许多国家一样，美国小镇规划非常重视公民的参与，规划师经常花大量时间同小镇居民进行充分讨论和协商对话，了解和明晰他们的想法与需求，并且收集有效信息，以使小镇整体规划能更好地满足小镇居民需求。

2. 追求个性，强调小镇特色

美国特色小镇建设的特征之一就是追求个性，强调小镇特色。无论你走到小镇的哪个角落，你都能看到具有小镇特色的建筑物。小镇的住宅建筑主要由一、二层组成，色彩丰富，形式多样，而且十分重视对老建筑的保护和维修。在修葺时，不仅保留了传统建筑的外观，还保留了传统的室内装饰。美国进行小镇规划的过程中需要通过专家论证和公民审查，一旦通过审核批准，那这个计划就具有法律约束力，十分稳定，不会被随意更改。

3. 注重环境建设

环境建设是美国小镇建设的主要内容之一。美国小镇环境建设的范围十分广泛，它最注重的是景观环境设计，也关注植树造林种植花草等园林绿化。小镇整体环境建设的内容包括建筑的外观设计、道路的路线形状、沿途景观、路标等。规划者在制订小镇和农村定居点计划时，就把保护小镇周围环境放在重要位置，周围环境包括河流、湖泊、湿地和森林资源等，这样的规划使小镇的整体布局结构和它的地理环境、历史、经济、文化及其他元素较好地融入小镇的发展之中，降低了发展小镇和村庄给小镇环境带来破坏的可能性。

除此之外，垃圾处理、污水处理等环境设施建设也是美国特色小镇建设的重要环节。政府制定污染控制政策和标准是美国特色小镇建设过程中防止环境污染的一种常见途径，此途径主要是通过广泛宣传政策及标准，并采取各种方式惩罚地方企业的污染行为，由此达到实现控制环境污染的目的。凭借先进完善的垃圾及污水处理技术，小镇基本上解决了环境保护问题，为小镇的发展提供了可持续的社会经济环境。现在美国的特色小镇不但拥有与大城市相同的公共设施和良好的社会服务，而且大面积的森林、绿地与公园更是随处可见，小镇环境相比以前更加自然、优雅和舒适。

（二）美国特色小镇建设的启示

1. 政策倾斜，市场宽松

美国政府的特点是权力高度分散，只负责特色小镇的审批工作，由此可见，美国是典型的自由企业国家。民间投资者负责项目建设规划的优势就在于为企业营造了宽松、自由又公平的市场环境，提高了企业市场准入和退出效率及产权交易自由分配的程度，极大地调动了企业的积极性。美国政府实行的联邦—州一体化的管理模式给了州政府一定的管理自由权，使州政府能够根据州的现实情况给予不同类型特色小镇不同的优惠政策，以促进小镇的良性发展。举例来说，美国硅谷有斯坦福大学建造的工业园区，为了实现留住斯坦福大学毕业生、促进当地经济快速发展的目标，当地政府出台了一系列知识产权保护法规及税收政策，促进了产业间的相互合作与研究成果的快速转化。再比如，由于格林威治小镇的地方税费远远低于纽约的股息税，所以在格林威治小镇催生了一大批对冲基金。

2. 结合地区资源，因地制宜

美国特色小镇的区位选址有以下几个显著特点：第一，靠近海岸线；第二，把传统人文资源与自然资源等特色产业的运营结合起来；第三，靠近中心城市，小镇建设与其形成优势互补。实际上，每个小镇的规划设计都可以因地制宜，与周边环境和谐发展。比如，宾夕法尼亚州中部是美国东西海岸的交通枢纽，而此处就是好时巧克力小镇的生产基地，好时巧克力小镇周边生态环境良好，包括有机牧场、纯天然原料奶资源和清洁卫生的生产环境等，这些条件都促进了巧克力的绿色生产。格林威治基金小镇靠近纽约资本市场，且位于一小时经济圈内，金融资源十分丰富，除此之外，小镇还靠近一条海底电缆，符合对冲基金公司对网速高要求的严格标准，这些条件十分有利于对冲基金业的发展。

3.公众参与治理，民间资本运作

美国特色小镇的居民积极参与小镇的规划设计，为小镇建设贡献自己的一份力量。一方面，美国政府非常重视社区居民的建议。许多计划的制定与政策草案的拟订都征求公众意见，在广泛收集公众意见后，政府从中挑选并采纳公众提出的切实可行的建议并将其纳入到计划或草案中。另一方面，小镇居民对参与当地政府的规划建设活动有很强的意愿，把这些当作自己应该做的工作，十分积极地对小镇规划建设提出自己的观点。因此，美国的特色小镇特别贴近居民、实用性非常突出。此外，美国还积极鼓励民间资本参与小镇投资联合建设，小镇纳税人提供了小镇的主要经营资金，而强劲的经济力量是美国特色小镇发展的主要驱动力。

4.重视基础设施及服务设施的建设

美国特色小镇历来重视创建与城市相比更加美丽和舒适的生活环境，注重交通设施的改善、通信设施的完备及农村能源供应设施和社会服务设施的健全。联邦政府、地方政府和开发商共同投资建设美国小镇，连接城镇的公路是由联邦政府负责投资修建的，并主要通过征收汽车关税、汽车消费税、汽油税等方式来筹集，资金来源稳定又合理。供水厂、污水处理厂、废物处理厂等由州政府和小镇政府出资。如果有必要，发行债券也是政府快速筹集资金的一个好办法。为了达到开发商能够建设高质量基础设施的目的，州政府和市政府要求开发商支付基础设施建设押金，如果开发商未能履行承诺，政府可以取消他们的开发资格。

第二节　国外特色小镇建设案例分析

一、区位特色：空间选址考虑产业需求——以格林威治小镇为例

格林威治镇是美国的"对冲基金小镇"。格林威治是美国康涅狄格州一个只有 174 平方公里的小镇，离纽约市很近，坐火车只要 35—40 分钟。除了地理位置接近纽约，康涅狄格州还有特殊的税收优势，这点吸引了许多对冲基金公司的落户。该镇是 500 多家对冲基金公司的所在地，光是 Bridge Water 一家公司就拥有价值 1500 亿美元的规模。[①] 每天早上，你都能看到许多衣着光鲜、精力充沛的年轻人从纽约来到康涅狄格州工作，形成一道亮丽的风景线。

格林威治小镇大约有 7.2 万人，其中有很多人年收入超过 1000 万美元，资产密度位居世界第一。从人口统计上看，多达四分之一的外国居民来自不同的文化背景，包括来自中国和新加坡的精英。格林威治小镇之所以能够在较短的时间内确立自己的对冲基金中心地位，与其地理区位、产业需求等一系列因素直接相关，遵循着空间选址以产业需求为首要因素的原则。

（一）怡人的自然环境

从自然条件方面来分析，小镇环境优美，没有城里的高楼大厦，绿树成荫，就像花园一样。在小镇工作，家庭和办公室之间的距离基本只需要 10 分钟，在住宅附近到处都是跑步健身的好地方，住房宽敞舒适。小镇也非常国际化，走在街上会听到不同国家的语言。

---

① 徐程：《对冲基金小镇格林威治的启示》，2014 年 8 月 28 日，见 http://funds.hexun.com/2014-08-28/167954539.html。

（二）优越的地理位置

小镇的地理位置有着无可比拟的优势。它毗邻纽约市，距离纽约只有60公里，这使经纪人等金融专业人士在这两个地方之间的交流变得非常容易。更重要的是，它靠近纽约巨大的金融服务中心，而且兑换方便。此外，这个小镇被经济发达的地区所包围，投资对冲基金的客户比比皆是。

（三）基础设施齐备

小镇的交通、生活设施、网络等设备齐全，周边有三个机场，出行十分方便，通信便捷，靠近海底光缆，满足了对冲基金高网速的需要。娱乐设施、健身设施完备，拥有最好的心理诊所。另外，小镇还有很多学校、大银行及分支银行，小镇设置了严格的安保系统，如进门的地方有一只警犬，只要有人携带武器马上就会被发现。

（四）政府的助力推动

格林威治基金小镇取得如此大的发展成就，还得益于政府的税收优惠政策，该镇的税收优惠政策吸引了大批的经纪人、对冲基金配套人员入驻。如果他们在格林威治而不是在纽约工作，那么年收入千万美元的员工比在纽约可以少支付50万美元个人所得税；房产的物业税，小镇只有千分之十二，近在咫尺的纽约州就要千分之三十。[①] 另外，政府实行股权投资奖励、一次性落户等优惠政策，提供高品质的教育资源，引进税务、评级等服务组织，充分保障光纤网络，为投资者提供优质高效的互联服务平台。

（五）产业特色和就业机会

格林威治基金小镇以金融业为核心，以金融从业人员为主要常住人口，并且辅以相应的产业基础设施谋求配套发展。从另一个角度看，小镇的金融业也

---

① 欧阳宇琦等：《财税政策支持特色小镇发展的思考》，《中国商论》2019年第13期。

给政府带来了很高的效益，带动了当地实体经济的发展，并给小镇居民带来了充分的就业机会。在这个小镇，超过 20% 的 16 岁以上的人口都从事保险业或金融业。一位对冲基金经理走在路上，他遇到的五个人中就可能有一个是同道中人。

二、产业特色：产业体系主题明显

（一）格拉斯小镇

格拉斯小镇位于法国南部，是世界上最著名的香水原料供应地。格拉斯香水特色小镇以花卉产业为基础，打造了一套独特的小镇发展模式，形成花卉、香水、旅游等产业体系。

格拉斯小镇的花场每年可采集鲜花 700 多万公斤，形成独特的花草种植业。一个很重要的原因是小镇所在的山区水分充足、气候适宜，而且早在 1860 年就修建了用于灌溉的 Siagne Canal。

自 18 世纪末以来，格拉斯小镇的香水制造业一直都很繁荣，有 30 多间香水工厂处理未经加工的花草原料。格拉斯不仅是法国香水产业的中心，还被誉为世界香水之都，产量占全世界香水出口量的 38%，风靡世界的品牌香奈儿 5 号香水就诞生于此。法国的用于制造香水和食品调味料天然 Aromas 三分之二都由小镇生产，格拉斯小镇的香水产业每年能创造超过 6 亿欧元的财富，足以看出小镇的影响力。

为了发展旅游，格拉斯建造三大香水作坊，建设香水博物馆，将香水的制作过程、工厂的历史展现给游客。[1] 各种博物馆和美术馆使香水爱好者可以了解香水的历史、内涵、制作工序等；各大香水工厂可以预约参加香水制作的实习课程，使游客可以制作属于自己的香水，带走专属的气味和记忆；种类繁多的香水使游客不仅挑花了眼，连鼻子也因试太多而失灵；国际香水博物馆位

---

① 　张银银、丁元：《国外特色小镇对浙江特色小镇建设的借鉴》，《小城镇建设》2016 年第 11 期。

于米拉波街旁，也是游客的游玩基地，香水瓶展厅展示了各式各样的古董香水瓶，且馆内会介绍传统的香水制作过程以及所使用的器具，吸引了大批香水爱好者；普罗旺斯艺术历史博物馆展出了许多格拉斯当地人捐赠的古董家具、传统服饰、考古遗迹和许多珍贵的香水瓶；格拉斯每年8月初举行"茉莉花节"，第一次节庆举行于1946年8月3日至8月4日；被称为"Flower Battle"的活动其实就是装饰华丽的花车穿过市镇，车上的年轻女子向人群抛洒鲜花，并且每个被花卉的天然香水淋湿的人会有好运；除此之外，焰火、免费派对、民间音乐也是经典项目。

（二）普罗旺斯小镇

普罗旺斯位于法国南部，从它诞生的那一天起，就一直小心翼翼地守护着它的秘密，直到英国人彼得·梅尔的到来。根据梅尔的说法，"普罗旺斯"不再是一个简单的城市名字，而是一种简单、无忧无虑、轻松、懒惰的生活方式。如今，每年都有数以百万计的人涌向法国南部的普罗旺斯和蔚蓝海岸，以获取小说中所描绘的悠闲。如果旅行是为了摆脱生活的枷锁，普罗旺斯会让你忘记一切。

普罗旺斯一年中最美好的时光是夏天。天空是那样的蔚蓝和清澈，空气就像新鲜的冰柠檬水沁入肺里，心底犹如清泉流过。野生的薰衣草是如此令人心醉神迷，自行车上、女孩子的裙摆上都是深紫色和浅蓝色的花束，整个山谷都弥漫着熟透了的青草香。在远处，有一排排整齐的梧桐树和高大的向日葵，一棵苹果树斜倚在田边，离一些黄墙蓝窗的小砖房不远。阳光洒在薰衣草花束上，泛着金色的光彩。

受自由色彩启发的艺术家，如塞尚、梵高、莫奈、毕加索和夏加尔，都被普罗旺斯注入了艺术的新灵感。美国作家费耶罗、英国作家D. H. 劳伦斯、法国作家赫胥黎和德国诗人尼采也进行了朝圣之旅。朝圣者中还有彼得·梅尔（Peter Meir），他凭借《山居岁月》（*Years in the Mountains*）一书将普罗旺斯推向了顶峰。

12世纪的法国普罗旺斯，以其骑士爱情而闻名。一提到法国，我们就说浪漫之城。事实上，RO-MANCE 一词的起源从一开始就与骑士传说联系在一起。对高贵女人的忠贞之爱是一切骑士活动的起点和终点。因此，普罗旺斯成为情侣们度蜜月的首选地。

除了浪漫的爱情传奇，普罗旺斯的风景更吸引人。这里有历史悠久的艾克斯和阿维尼翁大学城，有令人激情澎湃的城市马赛和尼斯，还有历经世纪沧桑的中世纪时期的村庄。不到 400 平方公里的普罗旺斯还包围着贫瘠的峡谷、整齐的田野和原始的山脉。你很难找到一个像普罗旺斯这样的地方，过去和现在完美地结合在一起。在奥朗德，你可以坐在罗马圆形剧场；在艾尔，你可以在杜广广场咖啡馆（Place du Forum）度过一个下午，那令人沉醉的景致，与一个世纪前梵高所画的画几乎没有差别。

随着一部《薰衣草》电视剧的流行，人们都非常期待参观薰衣草的故乡，看看那些花语为"等待爱情"的紫色花朵。鲁伯隆山区（Luberon）和施米雅那山区（Snmiane-la-Rotonde）是观赏薰衣草的两个圣地。塞南克寺的花田是鲁伯隆山最著名的薰衣草观赏地，也是《山居岁月》一书的故事背景，享有"全法国最美丽的山谷"的美誉。山上有一座 12 世纪时期修建的修道院，修道院前面是一大片薰衣草花田，这是僧侣们种在院子里的，薰衣草的颜色多种多样。施米雅那是一个特色鲜明的山城。山顶上矗立着一座城堡，名叫"罗顿德"，建于 12 世纪和 13 世纪之间。在施米雅那镇，紫色花田随处可见。

三、功能特色：功能构成具有综合性——以达沃斯小镇为例

达沃斯是位于瑞士东南部的格里松斯地区的一个小镇，靠近奥地利边境，是阿尔卑斯山系最高的小镇，海拔 1529 米，有大约 13000 人，大部分人讲德语。这个小镇在很多方面举世闻名，恰恰体现了其功能构成的综合性特征。

（一）旅游产业

达沃斯是一个四周被群山环绕的小镇，小镇主要位于兰德瓦瑟河畔。它以

"欧洲最大的高山滑雪胜地"而闻名，在滑雪旺季，每年有超过50万的游客前来度假，是欧洲人心中的"人间天堂"。小镇是瑞士著名的温泉度假、会议和体育胜地，自20世纪以来已经成为国际冬季运动中心之一，而且它也是瑞士经典火车线路——冰川快车的必经之站。虽然达沃斯小镇的交通并不方便，但交通工具可以给游客带来各种独特的体验，让游客流连忘返。

乘马车旅行：乘马车游览整个城镇。有一条线路（单程大约一个半小时）可以游览塞特克山谷峡谷的乡村美景，还有一条通往斯科雷塔冰川的线路（单程大约50分钟）。

冰川快车（Clacier Express）：冰川快车连接着著名的高山疗养胜地——泽马特和圣莫里茨，并且还可以直达达沃斯。它全程大约需要七个半小时，横跨291座桥、91条隧道和瑞士最受欢迎的全景观火车旅行路线——阿尔卑斯山口。列车全视图车厢顶部的大弧形窗户使人们可以全方位观赏窗外的景色。空调设备使车内温度适宜，并保持空气清新。坐在舒适的火车上，最壮观的全景尽收眼底。

海地快车（Heidi Express）：从达沃斯到卢加诺（Lugano）大约8个小时，从迈恩罗镇附近的兰德夸特（Landquart）经过达沃斯，穿过冰河和伯尔尼那群山到达意大利的蒂拉诺。这条线路从圣莫瑞克特出发，与伯尔尼快车线路重叠，全年都可运行，但只有从6月到9月，才可以持有效的申根签证前往卢加诺旅行。

（二）文化产业

达沃斯小镇举世闻名，不仅因为它是旅游胜地，还因为每年一度的世界经济论坛在那里举行。1987年，"世界经济论坛"让达沃斯走向了全世界。2018年，达沃斯论坛参会者超过4000人，来自100多个国家，基本上都是重要国家的首脑、赞助了达沃斯的跨国公司的最高领导层、皇室成员、诺贝尔奖得主、知名学者、社会活动家、社会名流等。另外，这座城市有很多展示文化作品的博物馆，比如基什内尔博物馆（Kirchners Museum），该博物馆陈列了1200多件曾住在达沃斯的德国画家的作品；木偶及玩具博物馆（Icheug Museum）是一个由私人收藏的 18—19 世纪的木偶及镀锡玩具形成的博物馆，是一个童趣世界，泰迪熊、洋娃娃、办家家的迷你器具，你会看到所有你想得到的和想不到的玩具；达沃斯的海玛特博物馆（Heimat Museum）是阿尔卑斯山地区传统生活的缩影。

（三）疗养养老产业

19 世纪时肺结核还是不治之症，但这时的达沃斯小镇已经以空气干净清洁闻名于世。由于海拔高，周围群山环绕，空气清新干燥，达沃斯就成为各种患肺部疾病病人的疗养胜地。当时小镇的医院鳞次栉比，当然，现在许多医院已经被旅馆、酒店所取代。然而，达沃斯在医学领域继续发挥着重要作用，每年都有许多国际医学会议在这里举行，共同推动医学、疗养、保健产业的发展。

（四）构建全产业链

达沃斯以旅游业闻名，将旅游与文化博览、国际会议、医疗保健、体育运动等行业有机结合，形成了全产业链，完善了休闲服务的软硬件，同时还拥有各种银行、饭店、百货公司、教堂和学校等完善的社区功能，使旅游人数大幅增加。

据说，把达沃斯从一个疗养胜地变成一个旅游景点的是酒店老板，当时由于游客很少，而且大都只在夏天时来避暑。酒店老板向他的顾客保证，如果他们愿意寒假也来游玩的话，第二年夏天就可以享受免费的房间价格。由于无法抗拒"买一赠一"的诱惑，客人们在冬天纷纷来到这里，发现这里的冬天对他们来说更有趣。1877 年，欧洲最大的天然溜冰场在达沃斯建成，世界级的运动员们都在这里训练。此外，达沃斯还有一个冰雪体育馆，每年都有许多国际比赛，这让许多体育爱好者大饱眼福并乐在其中。

四、空间特色：景观风貌具有可识别性

(一) 斯普鲁斯溪航空小镇

如果别墅前面的道路上停放的不是汽车而是飞机，车库就变成了飞机库。美国家庭基本上都已经有了汽车，一个家庭有两辆车也很常见。但是在美国的一个小镇上，几乎家家都有飞机，飞机取代汽车成为家庭生活的必需品，这种情况并不常见。这个小镇最初是二战期间的一个空军村，现在已经变成了一个著名的航空小镇。该镇有 5000 个居民、1500 户人家、700 个飞机库，一些家庭拥有不止一架飞机。这就是世界著名的美国佛罗里达州斯普鲁斯溪（Sprouse Creek）航空小镇，当地还有美丽安静的别墅和各种风格的房子，房子前面的主道路整洁而宽阔，并且直接通向邻近地区一处修复良好的飞机跑道。当地居民一般把飞机停在房子前面或车库里，小镇的道路允许飞机直接从机场飞到居民家中，而道路上的标志提醒人们和驾车者，飞机在道路上享有优先权，这就意味着汽车要给飞机让路。

20 世纪 90 年代，当汤姆·克鲁斯（Tom Cruise）和妮可·基德曼（Nicole Kidman）在佛罗里达州拍摄电影时，他们会飞到世界上最大的航空小镇斯普鲁斯溪过夜。在当地社区，如果房子的机库门是开着的，那表明住宅的主人欢迎与任何人交谈，喜欢与人分享关于飞行的想法。

航空小镇居民具有独特的生活方式。小镇上的居民可以每天从家门前驶出飞机，通过社区公路去机场，然后开飞机去公务出差，开着飞机回家是许多当地居民日常生活的一部分，成为他们一种特殊的生活方式。像斯普鲁斯溪这样的小镇被称为住宅型航空小镇，它为富裕的居民提供了用飞机取代汽车作为交通工具的便利。而且，美国如果能成功研制出飞行汽车，那么美国可能会加快建立更多像斯普鲁斯溪这样的住宅型航空小镇。

航空小镇有十分浓厚的飞行氛围和飞行文化。航空小镇被称为"飞行员之家"，原因是大多数已经拥有或想住在航空小镇的人都是非常热爱飞行的，这里有十分浓厚的飞行氛围和飞行文化。住在这里的人往往在周末一起飞到一个

旅游目的地，会在下午茶时间或社区活动中分享各自的飞行经验与故事，也会在飞行技巧、飞机维修、飞行安全等方面互相给予意见和帮助，邻里关系十分融洽。①

航空小镇的重中之重是机场设施和飞行设备。斯普鲁斯溪航空小镇不仅需要提供日常生活所需的基础设施，还需要建设机场、跑道、滑行道、停机库、停机坪，甚至飞行俱乐部、飞行餐厅等满足飞行所需的必不可少的设施。很多航空小镇拥有自己的机场，并且只允许小镇内的居民使用，不对外开放。机场的跑道符合 FAA 对适航机场的规章和要求，通常都是修葺完整的，与跑道相连的滑行道可通往航空小镇的家家户户。停机库是一般飞行社区内房屋的标准配置，社区同时还提供公共停机坪和地锁。②

航空小镇以其独特的景观风貌和生活方式吸引着越来越多的飞行爱好者，而在这里的居民也在某种程度上成为富人的象征，但并不是所有住在这里的人都非常富有。其中许多人是中产阶级，包括飞行员、空中交通管制员、商人、律师和退休人员等来自各行各业的飞行爱好者。许多在社会上非常有名的人也都非常享受飞行社区的生活方式和私密性，经常三五结伴来这里游玩。③

（二）博卡拉小镇

博卡拉是一个位于尼泊尔喜马拉雅山脉南坡山麓博卡拉河谷上的小镇，海拔约 900 米。博卡拉位于加德满都西北约 200 公里处，是尼泊尔第二大城市，人口约 20 万人，也是尼泊尔西部的中心，它在历史上曾经是西藏和印度之间重要的贸易中转站。博卡拉小镇温度适宜、空气清新，不仅雪山风光壮观绝美，湖滨环境也是舒适宜人，被誉为东方瑞士，是尼泊尔著名的旅游胜地，更

---

① 《美国佛罗里达州一小镇每家均有私人飞机》，2014 年 5 月 9 日，见 http://ah.people.com.cn/n/2014/0509/c227142-21168297.html。

② 《美国佛罗里达州一小镇每家均有私人飞机》，2014 年 5 月 9 日，见 http://ah.people.com.cn/n/2014/0509/c227142-21168297.html。

③ 《美国佛罗里达州一小镇每家均有私人飞机》，2014 年 5 月 9 日，见 http://ah.people.com.cn/n/2014/0509/c227142-21168297.html。

是一个休养生息的好地方。

博卡拉小镇旅游发展系统中的重要元素之一是徒步运动，休闲运动是博卡拉旅游的焦点。博卡拉依托喜马拉雅山南麓的地理优势，开发出适合不同年龄、不同时间长度和难度系数的登山路线。因此，博卡拉小镇被称为"徒步者的天堂"，由此其休闲娱乐产业也蓬勃发展。

博卡拉小镇除了徒步登山，其最著名和最吸引人的旅游活动之一是"低空飞行"的滑翔伞体验活动，吸引了来自全世界的旅行者。众所周知，博卡拉是世界三大滑翔伞圣地之一，在这里进行滑翔运动你可以看到远处的雪山和湖泊。

博卡拉滑翔伞运动的特点是由一个职业教练陪同一名滑翔者，在山坡上起飞，游客可以在空中享受费瓦湖和雪山上的景色。飞行过程由教练控制，旅行者只需要享受飞行体验就可以了。穿过云层，飞越费瓦湖，可以非常接近世界级的山脉和雪峰，并且可以将博卡拉小镇的景色尽收眼底。博卡拉现在有近20个滑翔伞俱乐部，其中大多数是从海拔 1592 米的萨兰科山脉起飞，降落在湖滨区措湖北。

博卡拉小镇的滑翔伞运动发展如此迅速，除了这项运动可以欣赏鱼尾峰和费尔瓦湖的自然美景之外，还有一项优势是博卡拉滑翔伞的价格是世界上最便宜的。此外，为了更好发展当地的旅游业、吸引游客，博卡拉还开设了各种风格和味道的餐厅、舒适和廉价的酒店，以及琳琅满目的手工艺品商店、特殊服装商店、户外用品商店等。

五、经营特色：经营运作以康养为目标

（一）依云小镇

依靠独特水资源逐渐发展起来的依云小镇位于法国 Haute-Savoie 地区，坐落在日内瓦南岸，在小镇的背后，阿尔卑斯山高耸入云。从瑞士日内瓦机场到依云小镇（依云小镇建在湖面上，呈半圆形）需要一个多小时的车程。雄伟的

青山、碧绿的湖泊、鲜艳的花朵、漂亮的房子，所有这些都使这个位于法国南部的小镇美丽而又温暖。依云小镇是法国人和欧洲人休闲度假的好去处，夏天疗养，冬天滑雪。

Evian（依云）在拉丁语中的意思是"水"。依云小镇独特的地理结构造就了依云水，依云小镇背后雄伟的阿尔卑斯山是依云水的源头，依云矿泉水来自依云镇融化的积雪和山雨，这个小镇因依云矿泉水的美誉而成为旅游胜地。依云矿泉水为小镇带来了非常可观的经济效益，依云矿泉水拥有高达 10.8% 的全球市场占有率，工厂平均每月生产量为 4000 万瓶，全镇 70% 的财政收入来自和埃维昂矿泉水公司相关的水厂、温泉疗养中心、赌场等，3/4 的居民成为埃维昂水厂员工。①

法国埃维昂依云温泉是以依云水闻名于世，依云水是世界上罕见的天然温泉之一。该镇以其疗养中心和水疗俱乐部而闻名，该俱乐部强调医生处方疗养与美容、瘦身 SPA 相结合。因为这里的温泉起源于阿尔卑斯山，所以温泉清澈干净，含有钙、镁、锡等元素，因此对治疗皮肤、泌尿、消化、神经系统及心脑血管等方面的疾病都有很好的疗效。

当前，依云小镇已经从最初的疗养胜地，到以水为主题的健康养生度假区，最终向旅游、体育、商务会议等多功能的综合健康旅游度假区发展。依云小镇现已成为国际会议之都，功能布局主要包括湖滨区旅游休闲集中区、腹地城镇中心和度假村服务区，它们组合在一起就形成了四季皆宜的健康度假会议胜地。其中，滨湖旅游休闲区主要包括游艇码头、滨湖休闲广场、博彩中心、滨湖休闲路；城镇中心包括火车站、体育场、教堂、学校、酒店、工业区和住宅区；度假村服务区包括依云水平衡中心、依云水厂、电影院、餐厅、酒吧、游客服务中心、度假村物业、高尔夫球场等。通过构建多元的配套设施，逐步形成集矿泉水生产、美体保健、商务会展、旅游观光以及户外运动为一体的产

---

① 《世界级温泉小镇案例：法国依云小镇》，2018 年 6 月 30 日，见 https://www.sohu.com/a/238539608_99941220。

业体系。

（二）汤布院温泉小镇

温泉小镇（Spa Town）是近一两百年来国际温泉产业发展中最常见、最成功的产业集群和空间集约化发展模式，最早起源于欧洲。温泉小镇是指拥有天然温泉或矿泉出露，人们可以使用这些天然温泉或矿泉水疗（包括沐浴、浴疗和饮疗等）进行康复活动的地方或城镇。

汤布院温泉乡是日本最受欢迎的温泉小镇。汤布院是九州岛大分县由布山下的一个小镇，原称由布院，后与汤坪村合并，称为"汤布院"。由布山是温泉风景区，著名的别府温泉"八汤""八狱"就在这个地区。汤布院温泉小镇的本质是一条欧式养生休闲度假商业街，集养生、休闲、娱乐、艺术体验、餐饮、观光、度假等多种功能为一体，并融入温泉文化、日本动漫文化等多种文化元素。

汤布院以其各种各样的温泉而闻名于世，泉水透明无味、流量稳定，在日本排名第三，800多个温泉组成一个浪漫的温泉小镇。通过成分分析，小镇温泉水被证实对皮肤病、神经痛、关节炎等有一定的辅助治疗作用。目前小镇有127家风格各异的大型、小型温泉酒店，采用"温泉创意产业＋文化旅游小镇"的发展模式，打造温泉依托型特色小镇，培育新增长点。

汤布院不仅是日本著名的温泉小镇，而且还是一个充满童话气息的艺术小镇。这个地方是日本动画大师宫崎骏《龙猫》画作的诞生地，所以在汤布院的院子里有一家龙猫店，店门口有龙猫公交车站牌。小镇的旅游景点包括塘止坪街、大分水岭沿岸、金鳞湖畔和乌越地区。这里不仅有迷人的老街和田园诗般的景色，还有许多特色艺术画廊，如展示现代艺术家收藏的各种日本古代面具的奇幻美术馆。由世界级的建筑师设计的布院车站，也是这个小镇的魅力之一。此外，汤布院还举办了"汤布院音乐节""汤布院电影节"等具有全国影响力的活动，通过这些活动、艺术画廊、博物馆和其他文化设施吸引了越来越多的游客。

第八章　特色小镇的建设模式分析

　　特色小镇是我国新型城镇化的重要载体，为促进城乡协调发展提供了最直接、最有效的途径。国家出台了多项政策指导、规划特色小镇的建设和运行，政府和龙头企业等构成特色小镇的动力支撑体系。随着特色小镇的发展，投资需求也在增加，呈现周期长、投入高的特点，仅仅依靠市场化运作非常困难。再加上特色小镇建设强调的是产业、居住、环境和文化等各种要素的完美整合，而当地政府这方面的运作能力往往比较欠缺。因此，为了特色小镇更好的发展，引入专业的城市投资建设运营商，摆脱资金、人才、能力不足的瓶颈，必须引入 PPP 模式，打通三方金融渠道，引入金融机构和社会资本的资金，再加上政府的政策资金支持，捆绑三方利益，发挥各自优势，以特色小镇为平台实现共赢，整体推进特色小镇的运营和发展，促进当地的跨越式发展。①

第一节　特色小镇建设的总体定位

　　城市定位就是在分析和研究城市发展历史和现状的基础上，对城市的发展

---

① 林峰：《特色小镇的 PPP 投融资模式》，《中国房地产》2017 年第 5 期。

模式、发展方向、发展空间及经济结构布局进行规划的一个总体过程，是城市未来的一种导向，是按照唯一性、排他性、差异性和权威性的原则对城市特色的升华，是找到城市的个性、灵魂和核心价值的过程。[①] 城市定位是城市的性质、历史、功能、声誉、品牌的无形总和，同时也是目标受众对城市产生的清晰印象和美好联想，从而在目标受众心目中占据一个独特的位置。通过城市定位，一个城市可以明显区别于竞争对手，充分表现城市的个性。[②] 与此类似，特色小镇定位也是按照唯一性、排他性、差异性和权威性的原则对小镇特色的升华，是找到小镇的个性、灵魂和核心价值的过程。通过定位，找到小镇的核心功能、开发模式、发展空间等，以打造特色小镇的核心竞争力。

一、特色小镇的功能定位

我国特色小镇的功能主要有三种：生态养生居住功能、产业培育功能和旅游度假功能，根据小镇的要素禀赋和比较优势，这三大功能可以任意组合。我国幅员辽阔，各地经济发展水平不同，自然环境条件也存在很大差异，导致不同省市、地方的特色小镇的功能界定和发展模式也不相同。例如，云南地区的特色小镇建设侧重于旅游功能的完善，广州、浙江地区的特色小镇建设把重点放在项目投资、产业发展方面，陕西、贵州地区的特色小镇建设侧重于城镇化的整体提升。一般来说，位于城市近郊区的小镇建设，要考虑消费者和消费需求，从而驱动创新要素，实现产业转型升级；农业地区的小镇，要发展特色产业、特色农业，以此为支撑，提高居民收入，解决就业问题；城市群地区的小镇，人口多、经济发展较快，特色小镇要想发展得好，要有机结合旅游功能、居住功能和产业功能。总之，特色小镇要坚持以人为本，把控生产和生态空间

[①] 张登国：《城市定位与城市可持续发展》，《胜利油田党校学报》2007年第2期。

[②] 张鸿雁、张登国：《城市定位论——城市社会学理论视野下的可持续发展战略》，东南大学出版社2008年版，第169页。

布局，优化城镇环境，提升城镇品质，完善城镇功能。[①] 特色小镇要结合自己的实际情况，准确定位自己的功能，才能更好地挖掘自己的特色，走一条与众不同的发展道路。

二、特色小镇的区位定位

特色小镇建设成功的首要条件就是与周边大城市或大型旅游目的地建立便捷联系，与大范围的区域分工相融，获取一定的发展空间和机遇。特色小镇选址要遵循下面两个核心原则：一是位于大都市圈，并拥有轨道交通或城际快速路与主城连接（或是在开发期内有快速交通设施连接）；二是位于大型旅游目的地，有良好的天然客流导入性，人次流量有保障。[②]

比如美国著名的格林威治基金小镇，它的区位优势非常明显。从地理位置看，格林威治基金小镇是纽约市的卫星城镇之一，处于纽约东北向的康涅狄格州对冲基金走廊上，便于享受纽约金融要素溢出效应，实现金融产业集聚。从交通优势看，格林威治小镇在纽约"一小时经济圈"内，距离曼哈顿区只有48公里，驾车行驶不到1小时，坐火车不到50分钟；距离斯坦福市也只有15分钟；小镇周边有2条高速路，2小时车程内拥有5个机场、4个火车站。[③]

2015年5月17日，杭州玉皇山南基金小镇正式成立。这个小镇与美国格林威治基金小镇在空间区位上有异曲同工之妙，小镇北距西湖约3公里，临近钱江新城，至萧山国际机场只有半小时车程。凭借优越的地理位置和火热的金融业，玉皇山南基金小镇成为浙江省首批特色小镇之一。小镇占地面积2.5平方公里，总建筑面积约30万平方米。结合小镇本身的区域特征和浙江的发展

---

① 张橙：《特色小镇功能定位与发展模式研究》，《现代商贸工业》2017年第25期。

② 李凌岚、安诣彬、郭成：《"上""下"结合的特色小镇可持续发展路径》，《规划师》2018年第1期。

③ 李雪婷：《南湖私募基金研究百篇系列之（十二）——国外基金小镇之美国格林尼治基金小镇分析》，2017年9月25日，见 http://m.sohu.com/a/194370661_774221。

条件，政府努力把玉皇山南基金小镇打造为集文创、旅游和基金三大功能为一体的特色小镇。[①] 截至 2019 年 4 月，小镇已快速集聚股权投资类、证券期货类、财富管理类等金融机构 2800 余家，资产规模突破 1.12 万亿元，今年一季度税收总额超 6.6 亿元。[②]

三、特色小镇的开发模式定位

根据我国特色小镇的实践开发情况，开发运行模式主要有五种：自然资源导向型、"产学研"结合型、社会中介组织自发型以及前文提到的提供动力的政府主导型和大企业主导型。[③]

自然资源导向型。在古代，社会生产力水平低下，人们都选择在地势平坦、水源充足、气候适宜的地方居住，随着技术的进步、农业生产水平的提高，这些地区最先从部落发展为乡村、城镇和城市。这类城镇产生和发展的基础就是所拥有的自然资源，依托自然资源优势，逐步形成当地特色产业。我国早期的城市主要分布在黄河、长江流域，这里土地肥沃、交通便利、物产丰富，商业活动也随之增加，由此催生了一批具有特色产业的特色小镇。比如长江中下游平原的龙泉青瓷小镇、越城黄酒小镇等就是在特有的自然资源的基础上，发展特色产业，宣传传统文化，有力地促进了小镇的健康发展。[④]

"产学研"结合型（如图 8-1）。"产学研"是指产业主体、高校、科研机构之间相互配合。企业作为技术需求方，科研院所或高校作为技术供给方，两方合作创新，促进各种生产要素的有机组合。高科技产业对人才、技术、知识等要素的要求较高，一般选择在各大高校、科研院所的周边区域布局，相关产业主

---

① 《浙江 10 个特色小镇成功开发案例——房企转型新出路》，2017 年 4 月 7 日，见 http://www.sohu.com/a/132658266_671828。

② 《深交所杭州基地落户玉皇山南基金小镇》，2019 年 5 月 28 日，见 http://tsxz.zjol.com.cn/xwdt/201905/t20190528_10212716.shtml。

③ 谯薇、邹维唯：《我国特色小镇的发展模式与效率提升路径》，《社会科学动态》2018 年第 2 期。

④ 谯薇、邹维唯：《我国特色小镇的发展模式与效率提升路径》，《社会科学动态》2018 年第 2 期。

体集聚于此后形成特色产业，并以此为基础形成特色小镇。比如临安云制造小镇，依托青山湖科技城，周边有很多的科研院所、创客企业，人才济济，具有浓厚的创新氛围，而且靠近制造业巨头，吸引了一批云制造技术研发、工程技术服务的企业及中介组织集聚，将制造业与技术创新有机结合，推动了智能制造的快速发展。①

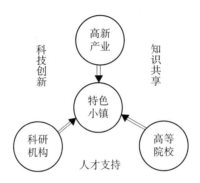

图 8-1　"产学研"主体在特色小镇发展中的作用 ②

社会中介组织自发型。行业协会、商会等社会中介组织是市场发展不可或缺的主体，是政府与市场的有效补充，具有服务、沟通、监督和市场调节等职能。社会中介组织促进了特色小镇的形成与进一步发展，凭借较强的市场影响力、规模不小的协会组织以及商会的有利条件，社会中介组织可以自发带动区域特色产业发展，带动特色小镇建设。比如"中国电器之都"柳市镇，以生产低压工业电器为主，多次进入"中国民企 500 强"和"中国 500 强企业"。德力西集团、正泰集团都是这里的龙头企业，由于经营规模的不断扩大和企业的不断增长，相继成立了许多行业协会，如柳市工商业联合会（商会）、电器行业协会、物流行业协会等，通过组织举办"中国电器文化节"、提高行业自律监管、合作应对贸易壁垒等方式，作用于生产制造、市场营销等方面，使特色小镇制造业有了前进的动力。③

---

① 谯薇、邬维唯：《我国特色小镇的发展模式与效率提升路径》，《社会科学动态》2018 年第 2 期。
② 谯薇、邬维唯：《我国特色小镇的发展模式与效率提升路径》，《社会科学动态》2018 年第 2 期。
③ 谯薇、邬维唯：《我国特色小镇的发展模式与效率提升路径》，《社会科学动态》2018 年第 2 期。

政府主导型。政府主导型特色小镇是依靠政府的推动形成的，萧山机器人小镇、琼海博鳌小镇就是典型的例子。自从确定博鳌小镇永久承办亚洲博鳌论坛后，各级政府制定了一系列优惠政策，包括产业的发展扶持和基础设施的建设，每年在此举办的亚洲博鳌论坛向当地产业提供了动力支持，尤其是促进了会展产业的发展。

企业主导型。企业作为市场经济活动的主体，促进了企业发展和区域发展，尤其是龙头企业，能够带动整个行业的发展，吸引产业链上的产业集聚，提升行业生产效率，起到积极的示范带头作用。比如杭州的云栖小镇，借助于阿里巴巴的影响力，吸引了许多电商行业的企业落户于此，以云产业、电子商务产业为特色产业，带动当地经济发展，同时也解决了就近区域的就业问题，集聚优秀人才，促进了当地的经济增长与产业发展。①

四、特色小镇的可持续发展定位

从各地特色小镇发展的情况来看，存在产业无特色、建设同质化、持续能力差等问题，如果不及时采取措施调整补救，特色小镇可能会失败。特色小镇可实行"上""下"结合的可持续发展定位，"上"就是指国家制定政策，扶持特色小镇的发展；"下"则是发挥市场在特色小镇建设中的决定性作用。

2016年12月12日，国家发展改革委联合国家开发银行、中国光大银行、中国企业联合会、中国企业家协会及中国城镇化促进会等机构下发了《关于实施"千企千镇工程"推进美丽特色小（城）镇建设的通知》。该通知提出要充分发挥市场配置资源的决定性作用，引导社会资本参与特色小（城）镇建设，实现镇企互利共赢，以财政部为主引导PPP模式。PPP模式积极探索多样化的资金来源，改变以往城镇化中简单的土地财政形式。特色小镇是PPP模式的重要实践领域，要打造为吸引社会资本参与的合作平台。除以上模式外，国

---

① 谯薇、邬维唯：《我国特色小镇的发展模式与效率提升路径》，《社会科学动态》2018年第2期。

家层面还有国家体育总局等部门所推动的专业化特色小镇，如农产品加工特色小镇、旅游风情小镇、农业特色互联网小镇、森林小镇、工业文化特色小镇、中医药文化小镇及运动休闲小镇等。总体而言，无论哪种推广模式、哪种空间形态，国家均强调用试点的形式进行推广，并给予一定政策扶持。[①]

特色小镇是政府与企业共同作用的产物，其"成败"不仅由"上"（国家层面）决定，更重要的是企业要有活力，市场要有动力。企业是特色小镇产业发展(工业、服务业、旅游业等）的中流砥柱，是提供就业和保证税收的核心，特色小镇的可持续发展能力和经济发展水平很大程度上是由企业活力决定的。为了保证特色小镇的健康发展，要"上""下"结合，既要有政府的政策扶持，又要夯实小镇特色产业，打好基础，增强企业活力。

第二节　特色小镇建设的主体动力

特色小镇的发展，与动力支持、制度投入是分不开的。特色小镇的主体动力主要包括以下几个方面。

一、政府主导

特色小镇主要可以分为三种：建制镇特色小镇、非建制镇特色小镇和非镇非区特色小镇。其中，非建制镇一般集中在浙江地区，目前成功的西塘、乌镇和云栖都属于这一类，其特点就是以企业为主导。除此之外，作为培育特色小镇的责任主体，县级人民政府要积极制定政策及采取有关措施，完善体制机

[①] 李凌岚、安诣彬、郭戍:《"上""下"结合的特色小镇可持续发展路径》,《规划师》2018 年第 1 期。

制，保证工作顺利推进，并且镇人民政府要负责做好实施工作。①

（一）政府主导优势明显

在资源配置的过程中，政府强有力的计划和政策起着重要作用，能够迅速实现某种短期或长期的增长目标。

第一，政府可以通过制定各种规划完善特色小镇经济发展环境。在宏观调控过程中，各项规划直接影响了国民经济的发展。我国人口资源、经济发展不平衡，中西部地区明显落后于东部地区，偏僻落后地区想要完全依靠自己的力量形成完善的投资环境很困难，甚至没有可能性。只有政府参与，在其强有力的作用下，才能改善内部环境，形成有利局面。② 比如，浙江德清地理信息小镇建设初期，政府邀请了国际著名咨询公司罗兰·贝格做战略咨询、新加坡CPG 集团负责编制控制性详规、南方设计公司完善小镇规划。政府负责道路等公共设施建设，并采取政府垫资代建的方式，帮助企业建设产业用房，为企业搭好"凤巢"后，再由企业以综合成本价购房，为企业分担建房压力。③

第二，政府可以提供各项优质服务。比如，浙江德清地理信息小镇建设过程中，先后承接国家知识产权试点、企业投资项目审批承诺制改革试点、"标准地"和企业投资"一窗服务"试点等，取得初步成果，成功出让全国首块"标准地"，以"店小二"精神提供"菜单式"服务，深入推进"最多跑一次"改革。在浙江省率先实施 EPC 工程总承包模式，推进小镇配套设施和产业项目建设。④

第三，政府可以直接配置各种资源。财政收入上，经济的快速发展导致政府征税能力的提高，随之增长的是可供掌控的财力，这也成为政府最大的资金

---

① 王国华：《特色小镇是政府主导的市场经济行为》，《经济》2017 年第 8 期。

② 王国华：《特色小镇是政府主导的市场经济行为》，《经济》2017 年第 8 期。

③ 《"第一轮全国特色小镇典型经验"总结推广》，2019 年 7 月 2 日，见 http://www.ndrc.gov.cn/fzgggz/fzgh/zhdt/201907/t20190702_940833.html。

④ 《"第一轮全国特色小镇典型经验"总结推广》，2019 年 7 月 2 日，见 http://www.ndrc.gov.cn/fzgggz/fzgh/zhdt/201907/t20190702_940833.html。

来源。财政借贷上，债务就是地方财政及中央财政的当期支出，即政府可支配的资源，包括中央和地方的庞大债务。金融上，虽然市场化了，但是在发放信贷方面，金融机构仍要受各级政府的影响，通过划拨规费、土地、股权等资产，凭借政府信用，政府部门包装出一个资产负债指标可达融资标准的公司，从而获得贷款，投资相关项目。[1]

第四，政府可以制定特殊的财税政策促进特色小镇发展。特色小镇的财税政策目前主要有以下几种形式：专项资金、财政奖励或补助、财税返还、税收优惠政策等。经过对全国各省份财税政策的搜集、整理，发现全国出台明确的特色小镇建设指导文件的省份有 28 个，[2] 各有特色、各有千秋（见表 8-1），为特色小镇的发展增添动力。

表 8-1　我国各省（自治区、直辖市）特色小镇财税政策[3]

财税政策	省（自治区、直辖市）
财税返还	浙江、云南、福建、广东、海南、广西
设立专项基金	内蒙古、湖南、云南、河北、重庆、甘肃、安徽、山东、江西、江苏、河南、广东、海南、四川、辽宁、山西、陕西、青海、西藏、贵州
设立奖补资金	云南、河北、湖北、天津、福建、甘肃、安徽、江西、江苏、黑龙江、海南、四川、青海、广西、宁夏
财政贴息	福建、天津

仅以比较典型的云南省为例，专门设立奖补资金奖励，规定凡纳入创建名单的特色小镇，2017 年，省财政每个安排 1000 万元启动资金，重点用于规划编制和项目前期工作。2018 年底考核合格，创建全国一流、全省一流特色小镇的，省财政每个分别给予 1 亿元、500 万元奖励资金，重点用于项目贷款贴息。2019 年底验收合格，创建全国一流、全省一流特色小镇的，省财政每个

---

[1]　王国华：《特色小镇是政府主导的市场经济行为》，《经济》2017 年第 8 期。

[2]　欧阳宇琦等：《财税政策支持特色小镇发展的思考》，《中国商论》2019 年第 13 期。

[3]　欧阳宇琦等：《财税政策支持特色小镇发展的思考》，《中国商论》2019 年第 13 期。

分别给予 9000 万元、500 万元奖励资金，重点用于项目贷款贴息。[1]

（二）政府主导仍需改进

凡事都不可能是完美的，有利有弊。政府主导的特色小镇建设模式也存在着一些突出问题。

1. 功利性太强

因为各种激励政策和政府评比条件，有些地方政府希望通过建设特色小镇提高业绩，甚至设立专门的特色小镇考核指标，包括数量、产值、人口和投资规模等；[2] 还有一些地方政府把特色小镇当作投资平台，以期利用小镇招商引资，促进当地经济发展，因此把重点放在了投资商上面，确保投资就万事大吉了，对特色小镇缺乏引导、规范和耐心；还有一些地区为了迎合特色小镇建设的指标考核要求，并没有实行改造，只是借了特色小镇这顶帽子，外壳和内涵没有丝毫改变；还有的特色小镇甚至没有居民，完全不符合我们对传统小镇的认知。[3]

2. 追求短平快效果

一些地方为了获得好的排名，没有从实际出发，不顾特色要求，没有目的、不加考虑地引进各种投资商特别是房地产开发商，使房地产商利用特色小镇建设的名头，获取建设用地从事房地产投资和建设。这样做的后果是，虽然短期内可以获得投资金额、排名靠前，但由于没有特色产业的支撑，就会演变成为"空心镇"。还有的小镇，搞不清借鉴和抄袭的区别，盲目模仿其他地区的特色小镇成功样板，出现了"千镇一面"的现象。[4]

---

① 欧阳宇琦等：《财税政策支持特色小镇发展的思考》，《中国商论》2019 年第 13 期。

② 徐林：《政府主导的特色小镇模式亟待改变》，《中国农村科技》2018 年第 2 期。

③ 徐林：《全新战略条件下特色小镇建设的意义、问题和健康发展的基本要素》，《中国经贸导刊（理论版）》2018 年第 5 期。

④ 徐林：《政府主导的特色小镇模式亟待改变》，《中国农村科技》2018 年第 2 期。

3. 容易产生政府目标偏差

在市场经济下，政府的职能主要是进行宏观调控，提供服务，不希望政府成为市场主体。[①] 其实在各地政府负责的特色小镇、开发区中，各级政府首脑相当于总经理，这种政府既是裁判员又是运动员的弊端，并不利于市场经济的成熟发展，也极易使政府目标产生偏差。因此，要加快政府职能转变，防止大包大揽，要尊重市场、尊重企业、尊重一切市场主体，营造良好的发展环境，充分发挥市场在资源配置中的决定性作用。[②] 在政府主导的特色小镇建设中，要注意政府的职责，从实际出发，建立特色产业，让其健康持续地发展下去。

二、项目主导

要实现特色小镇的特色化落地，关键在于项目支撑。特色小镇独特的创建运营发展必须落实到具体项目上，只有在一个个具体项目的运作中才能发挥市场在资源配置中的决定性作用。一言以蔽之，项目是一个个核心细胞，支撑着特色小镇的创建、运营与发展。项目化运作是一个多环节流程的工作，包括项目确立、项目论证、项目落地、项目实施、项目跟踪、项目评估、项目推广等。这些表明，项目化运作的工作范畴是远远大于招商引资的，必须坚持"一条龙"式的工作及相应的指导精神。[③]

三、企业主导

研究发现，作为特色小镇发源地和集聚地的浙江，龙头企业主导的特色小镇更具活力。它们既不是产业园区，也不是建制镇，把重点放在突出特色产业发展上面，同时又具有一定的文化内涵，是社区发展的空间平台，是集科技、

① 王国华：《特色小镇是政府主导的市场经济行为》，《经济》2017年第8期。
② 王国华：《特色小镇是政府主导的市场经济行为》，《经济》2017年第8期。
③ 齐拴禄、杨昆：《河北省特色小镇创建与运营模式研究》，《经济论坛》2018年第1期。

自然、产业和社会于一身的组织形态。阿里云栖小镇就是这种龙头企业主导的产业型小镇的代表。①

云栖小镇，规划面积为 3.5 平方公里，是杭州西湖区依托阿里巴巴云公司和转塘科技经济园区两大平台打造的一个以云生态为主导的产业小镇，打破了传统建制镇的行政区划限制。云栖小镇的发展以云计算为核心，多年来，云栖小镇致力于将自己打造成以云计算大数据和智能硬件产业为主的特色小镇。

2012 年，云栖小镇开始把"云产业"这一高科技产业作为最主要的发展方向。杭州云栖小镇在其主导产业、运作模式以及产业生态等方面均存在创新之处。首先，云栖小镇的主导产业是新兴信息经济产业，以云计算为代表，这一产业就我国目前的发展来说属于一种高端的新兴产业。其次，在运作模式方面，云栖小镇采取的是"政府引导、民企引领、创业者为主体"的新型运作模式，政府、民营企业和创业者职责分工明确，政府主要负责基础设施的建设和服务工作，通过聚集产业要素、打造产业空间以及做优服务体系三项工作为云栖小镇的建设夯实基础；民营企业主要发挥龙头引领作用，打造核心能力，为中小微企业的创业创新提供基础性的支持；在这一运作模式中，创业者的需求和发展则是这一运作模式中的主体部分，政府和民营企业为创业者搭建平台，构建产业生态圈，创业者的存在也是这一运作模式最具创新性的地方。最后，在产业生态方面，云栖小镇构建了"创新牧场—产业黑土—科技蓝天"的创新生态圈。其中，"创新牧场"是指云栖小镇凭借阿里巴巴的云服务能力、淘宝天猫的互联网营销资源和富士康的"工业 4.0"制造能力，并借助于像英特尔、中航工业、猪八戒网、华通、阿里云、银杏谷资本、华通云数据、数梦工场、洛可可设计集团这样的大企业核心竞争力，打造全国领先的创新服务基础设施；"产业黑土"是指通过"互联网＋"的方式，利用大数据推动传统企业的转型升级；"科技蓝天"指的是要在云栖小镇创建一所全国顶尖的民办研究型大学，也就是我们都非常熟悉的西湖大学。

---

① 娄淑珍、王节祥：《平台企业主导型特色小镇》，《中国社会科学报》2018 年 8 月 15 日。

云栖小镇凭借其独具创新性的主导产业、运作模式以及产业生态，发展十分迅速。2016 年 10 月，国内最大的云计算、大数据领域的行业峰会云栖大会在云栖小镇举行，吸引了来自海内外 58 个国家 300 多家企业近 4 万人参会，线上直播观看人数更是达到了 700 多万。2016 年底，小镇已累计引进包括阿里云、富士康科技、英特尔等在内的各类企业 481 家，其中涉云企业 362 家。产业覆盖云计算、大数据、APP 开发、游戏、移动互联网等各个领域，已初步形成较为完善的云计算产业生态。[①] 如今，小镇已有 750 余家技术创新企业，2017 年度涉云产值达到了 166 亿元，集聚了中国云计算产业 70% 以上的人才，云产业税收达 7 亿元。[②]

四、房地产开发主导

特色小镇的提出不仅引起各地政府竞相申报，还引起许多房地产企业的广泛关注。目前房地产市场不够景气，许多房地产企业开始"另谋生路"，表现出强烈的参与特色小镇建设的意愿，并早已有了实际行动，投入到有关地产方面的特色小镇或其他项目的建设运营中。国家特色小镇政策设计的重点是产业的转型升级，为了防止出现"房地产化"现象，相关部门规定 3 年内完成的 30 亿—50 亿元固定资产投资不包含住宅与商业项目在内。但这并不意味着房地产企业不能参加特色小镇的建设运营，事实上，很多值得信赖的房地产企业已经参与了特色小镇项目，比如我们熟悉的万科、碧桂园、绿城等。2014 年 9 月，万科首次正式提出转型战略，由之前的传统住宅开发商转为城市配套服务商；2016 年 8 月，碧桂园正式进军产业地产，推出"科技创新智慧生态小镇"计划，打算在未来 5 年内投入千亿元，按照不低于森林城市的建设标准开发多个科技小镇；2016 年 11 月，华夏幸福开始布局城市化"产业新城＋产业小镇"

---

① 京钟雁：《云栖小镇：中国科技创新新生态》，《人民日报》（海外版）2017 年 3 月 5 日。

② 《西湖云栖小镇：云集数据精英 小镇领跑未来》，2018 年 3 月 8 日，见 http://tsxz.zjol.com.cn/ycnews/201803/t20180308_6748727.shtml。

双产品线；2016年12月，绿城房地产集团有限公司创始人宋卫平与中国工程院院士陈剑平联手打造的"蓝城农业小镇"面世，计划做100个农业小镇，辐射带动1万个小镇，改变2亿—3亿人的生活；同月，华侨城宣布要构建100座具有中国传统民俗文化的特色小镇。[①]

当然，房地产开发主导的特色小镇建设要避免"房地产化"。特色小镇建设最主要的是产业思维，而不是地产思维。特色小镇可以有地产，但绝不是单纯的地产。如果是单纯的地产投机行为，会产生严重后果，会产生有规划无策划、重地产轻游乐、重开发轻运营、重资源轻规划、重文化轻产业、重商业轻文化、重近利轻长效、重模仿轻独创、重推广轻品牌、重游客轻居民等问题。同时，也要对房地产企业参与特色小镇的建设与运营表示欢迎，一味地拒绝房地产企业参与特色小镇的建设也不合适，关键是规划、引导、监督、坚持原则。

以浙江西湖龙坞茶镇为例，这个房地产开发主导的特色小镇建设运营就比较成功。西湖龙坞茶镇是浙江省第一批37个特色小镇之一，位于杭州市15公里开外的地区，这里交通便捷，绕城公路穿镇而过，盛产茶叶，有茶园10426亩，是传统西湖龙井茶产业区域，素有"万担茶乡"之称。龙坞茶镇的建设目标是通过3—5年的努力，把龙坞茶镇建设成为5A级旅游景区标准的中国第一茶镇，打造成为具有江南风情的"波尔多式的小镇"，打造成为集聚"茶产业、茶文化、茶生活"的创新创业平台，这里集聚着集团总部、高端民宿等，成为杭州西湖、西溪湿地之后又一闪亮的国际名片。小镇与蓝城集团、绿城集团签订了PPP项目，计划投资51亿元重新规划小镇建设。包括修建安置房、工业园、学校，还有高档民宿、景观绿化等一系列旅游配套设施。[②] 以"龙井茶文化产业"为主导，把乡村旅游与民俗体验、文化商业、文化创业、养生健身产业和运动休闲产业结合起来，努力把西湖区龙坞茶镇打造成为全国最具茶文化

---

① 高昕怡：《房企能否并如何参与特色小镇建设?》，浙江大学硕士学位论文，2018年。

② 余婷婷：《解码杭州龙坞茶镇》，《中国房地产》2018年第2期。

特色的特色小镇。① 项目规划为两期，一期规划时间为 3 年（2015—2017 年），总投资 50 亿元；二期预计建设时间为 2 年，总投资 10 亿元。项目规划面积 3.2 平方公里，建设面积 1.4 平方公里，水域面积 0.08 平方公里，山林面积 0.72 平方公里。依据产业项目，将规划形成七大功能区块：文创艺术集聚区、养生健身度假区、茶乡民俗体验区、茶叶交易集散区、茶园风光观赏区、户外运动休闲区、茶文化体验区。②

第三节　特色小镇建设的 PPP 模式

特色小镇是一种新型聚落单位，集产业、社区、旅游和文化于一体；也是一个以项目为载体、产业为核心、生活生产生态相融合的特定区域。特色小镇要想发展得好，关键是要拥有稳定持续的资金来源，所以特色小镇必须要有适合自己的融资模式。目前，我国很多地方都在采用政府和社会资本合作的 PPP 模式，主要集中在自来水厂、地下管网等公共服务和基础设施建设领域。特色小镇建设过程中，依据特色小镇建设发展规划，可以充分实践 PPP 模式引入社会资本和专业的城市投资建设运营商。

一、PPP 模式概述

（一）PPP 模式的概念

PPP（Public-Private-Partnership）模式实际上是一种契约关系，是政府和私人组织为了满足某种公共需要而建立的，它受一定的协议约束，为了确保合

---

① 徐军、周慧敏：《打造美丽幸福的首善之区》，《中国改革报》2016 年 5 月 31 日。
② 《西湖龙坞茶镇项目案例》，2019 年 6 月 4 日，见 https://baijiahao.baidu.com/s?id=1635393185 778974755&wfr=spider&for=pc。

作顺利，确定对方的权利和义务，双方要签署一份合同，实现彼此之间的利益共享、风险分担，最终使合作双方达到比单独行动更满意的结果。PPP 模式的本质就是在市场和政府的有机结合下，使资源实现有效配置，社会福利达到最大化。

可以从三方面来理解 PPP 模式的本质：一是 PPP 模式是在有关协议的约束下，公私双方建立长期合作、风险共担、利益共享的伙伴关系；二是 PPP 模式的目的是为了实现公共需要，为公众提供公共产品和服务；三是 PPP 模式把市场与政府结合起来，实现优势互补。政府具有强大的资源配置能力，优势更多地体现在宏观层面，而私人企业的优势则体现在微观层面上，比如运营和收益。PPP 模式吸引、鼓励私人部门和政府部门相互配合，参与提供公共服务和产品，实现效益最大化。[1]

（二）PPP 模式的特征

PPP 模式有三大特征：伙伴关系、风险分担及利益共享。[2]

1. 伙伴关系

PPP 模式的第一大特征就是伙伴关系，表明政企之间的关系是合作关系而非竞争关系。只有政企保持伙伴关系，才能保证它们发挥自己的优势条件，取长补短、互相融合，实现资源的有效配置，最终达到实行 PPP 模式的目标——互利共赢。所有成功的 PPP 项目都是建立在这个基础上的。

既然双方形成合作关系，那必然有共同的目标：通过合作，双方争取用最少的资源获得最多的服务和产品。也就是说，政府的目标是实现公共利益和福利的追求，而企业则是实现自身利益最大化。但是，只依靠目标一致，还不能长久地维持稳定的合作关系，需要一份协议的约束，双方要有契约精神，做到"有福同享，有难同当"。

---

① 马威：《我国基础设施采用 PPP 模式的研究与分析》，财政部财政科学研究所硕士学位论文，2014 年。

② 刘薇：《PPP 模式理论阐释及其现实例证》，《改革》2015 年第 1 期。

2.风险分担

风险分担是指在PPP模式中，政府和企业对项目风险要合理分担，不能只顾自身利益，要充分考虑双方风险的最佳分担、最优应对，从而降低整个项目的风险，而不是想尽办法降低自己负责部分的风险。

PPP模式区别于政府部门与私人部门其他交易形式的标志就是风险分担。比如，政府购买商品这一活动就不能被称为政府与企业之间的合作，主要是因为在交易过程中，两方都是只顾自身利益，努力降低自身风险，没有共同承担的意识。[①] 相反，PPP模式中，两方承担的风险都有自身优势，可以把风险降到最低。具体来说，企业部门主要承担日常管理、运营等微观层面的风险，政府主要承担法律、政策等宏观层面的风险。

不可否认，降低项目成本的有效途径就是合理分配风险，每个部门承担自己最有控制力的、最能应对的那部分风险。现实也是这样，相比于私人部门和政府各自追求风险最小化的模式，追求整个项目风险最低的模式更能应对所面临的紧急情况。

3.利益共享

PPP模式中的利益共享是指在此模式中，享受社会成果的除了政府和企业，还要保证参与的机构、项目等私人部门获得相应的投资回报。PPP模式中的利益共享不是利润共享，所以，政府要控制企业的高额利润，也就是说在PPP项目中不允许企业形成超额利润。要想伙伴关系得到持续稳定的发展，必须实行利益共享，如果得不到保证，很可能导致合作关系的破灭。

（三）PPP模式的理论基础

1.政府失灵理论

政府不是全能的，也会出现失灵问题。表现在以下几个方面。

---

① 范柏乃、胡超君：《地方治理理论视域下PPP模式在中国的运行困境及优化路径》，《中共杭州市委党校学报》2011年第6期。

第一，决策失误。从小的为公共物品选择提供方式到大的关于整个国家发展战略的制定，只要有失误，政府就会失灵，并造成巨大损失。比如，本该是市场提供的私人物品由政府提供了，应该采取紧缩性经济政策的时候政府采用了扩张性经济政策等，都属于决策失误的范畴。

第二，寻租行为。源头来自垄断，整个社会的行政权力由政府垄断了，无法避免因权力滥用而发生寻租行为。一般情况下，政府的目标是整个社会群体福利最大化，但当发生寻租行为后，一些官员追求的是自身利益最大化，不在乎人民的利益，政府失灵由此产生。

第三，政府不准确、及时地发布信息。政府所发布的信息都很重要，关乎国计民生，如果缺乏时效性和准确性，极不利于整个社会的正常运转。

第四，政府职能的"错位""越位""缺位"。"错位"是指政府内部职能混乱，交叉重叠现象频出，责任与义务不明确。"越位"是本应通过市场办好的事情，政府却参与进来，代替了市场职能。"缺位"是指政府没有承担自己的职责，做好自己的工作。①

由于政府失灵，在公共产品和服务提供的过程中，政府独自提供的公共物品效率有偏差，很容易产生豆腐渣工程，无法满足社会公共需要，严重损害社会福利。因此，选择私人部门参与公共物品的提供很有必要。

2.公共物品理论

萨缪尔森指出，公共物品包含两方面：一是道路、水、电等基础设施；二是医疗、教育等公共服务。它们无法确定自己的购买者，不知道谁能得到它们，不论每个人是否同意，它们的好处都是连在一起不可分割的，最大的特点就是个人对该产品的消费使用不会对其他人产生影响，不会降低其他人的消费。②

根据公共经济学理论，社会产品可分为私人物品和公共物品，不同点就是

---

① 马威：《我国基础设施采用 PPP 模式的研究与分析》，财政部财政科学研究所硕士学位论文，2014 年。

② 参见刘勉、黄娅妮：《基于萨缪尔森经典定义对公共物品定义的研究》，《中国市场》2010 年第49 期。

是否具有非竞争性和非排他性。非竞争性就是生产成本不会因为消费者的数量发生变动，即公共物品的供给边际成本为零；非排他性是指在享用公共物品带来的利益时，不付费的厂商或个人并不会被排除在外，或者一些公共物品经过特殊的技术处理具有排他性，但是成本很高，经济上并不可取。[①]

公共物品还可以分为准公共物品和纯公共物品。准公共物品还可以分为具有非竞争性同时具有排他性的准公共物品和具有非排他性同时具有竞争性的准公共物品。纯公共物品指的是同时具备非排他性和非竞争性。由于准公共物品的特性，收取一定的消费费用是可以的。这样的话，消费者分摊一定的消费成本，公共物品的需求量得到调节，使用也变得更公平、更有效率了，资源也得到了有效配置。[②] 所以，私人部门可以独自提供准公共物品。

3. 委托代理理论

最开始提出委托代理理论是为了解决好股份制公司所有权和经营权的分离，随着研究的不断深入，这一理论的应用范围不断扩大，比如公共管理、企业管理等方面。

实际上，委托代理关系是一种契约关系。委托人聘用代理人，将权力交给他们，由他们进行有利于自己利益的活动。之所以会有这种关系的产生，主要有以下两个原因：一是从委托人角度考虑，他们不具备丰富的管理经验、专业的管理知识和完善的管理水平，为了企业实现最大的经济效益，他们把经营权交给代理人行使；二是从代理人的角度出发，自己具备管理才能，帮助委托人取得更多的效益，从而自己也能获得一定的酬劳。正是基于这样的背景，双方为了各自的利益，签订契约，建立了委托代理关系。

PPP 模式有两种委托代理关系：一是由下到上的委托关系，政府作为代理人，公众作为委托人，政府管理全民所有产权；二是政府与私人部门之间的委托关系，政府变成委托人，私人部门成为代理人，委托代理方向是由上到下

---

① 陈共主编：《财政学》，中国人民大学出版社 2007 年版，第 20 页。
② 彭蕾蕾：《公共物品的内涵和外延综述》，《中国市场》2011 年第 2 期。

的。这是因为政府风险管理能力、经营管理能力较差，因此，政府与私人部门签订合约，委托其经营管理。在合作过程中，政府承担项目的政治风险、法律风险，而私人部门承担技术风险、建设风险和运营风险。双方建立合理的约束激励机制，达到互利共赢的目的。

二、特色小镇建设与 PPP 模式的关系

特色小镇没有明确的空间结构，它既可以是行政区划镇；也可以是聚落空间、集聚区，隶属某个地方政府行政管辖范围；或是有明确边界的"非镇非区"非园空间。一般来说，地方政府都存在资金能力有限、基础设施薄弱、土地指标少等问题，发展特色小镇最好的方式就是采用 PPP 模式。为了达到政府更好地建设特色小镇的目的，这种模式以特色小镇项目为合作载体，吸引大企业投资，参与项目建设，参与的社会资本也会获得可观的投资报酬。但是，它参与的项目有一定的适用范围，主要用于公共服务设施、基础设施及产业发展等公共产品的开发。①

（一）PPP 模式为特色小镇提供资金

PPP 是以项目为基础的一种融资方式。金融机构在确定项目融资成本时，会考察项目的预期现金流、收益程度等因素，综合评估投资风险。PPP 融资与企业的信用融资不同，是根据贷款人的资信情况来确定的。所以，对于金融机构来说，以 PPP 模式为基础的特色小镇建设风险较低，适于投资。

过去，政府投资一直是城镇化建设的主力，但是随着经济的发展，小城镇数量不断增加，人口居住规模不断扩大，仅仅依靠政府的投资建设已经难以运行，政府在长期的投资建设中背负着巨大的债务压力，也产生了土地财政、地

---

① 《特色小镇 PPP 模式核心机制与案例剖析》，2017 年 1 月 3 日，见 http://www.360doc.com/content/17/0103/22/39566091_619861030.shtml。

方平台变相融资等问题。以 PPP 模式建设特色小镇，可以吸引资金实力雄厚、市场化运作经验丰富、效率较高的民间资本和社会资本，与政府部门协同合作，实现互利共赢，促进特色小镇的发展。

目前来看，PPP 模式已经广泛应用于浙江等东西部地区的特色小镇建设中，社会资本投资时会根据自己的优势，选择基础设施建设、公共服务类项目或创业类项目投资。在浙江省举办的特色小镇建设及 PPP 项目推介会上，现场签约的特色小镇和 PPP 项目有 24 个，20 个 PPP 项目引入社会资本 766 亿元，总投资 852 亿元。浙江拥有充足的民间资本，发展 PPP 模式的条件得天独厚。中国建设银行浙江省分行为了支持优质企业发展及特色小镇项目建设，安排了700 亿元意向性融资，为引进高科技人才提供了便利条件。[①]

（二）PPP 模式为特色小镇降低风险

使用 PPP 模式时，为了降低和分散风险，政府会和企业签订有关合同，对投资、建设过程中的任务、责任、权力都作出明确说明，进一步提高特色小镇建设的效率和效益。一方面，采用 PPP 模式的目的就是为了吸引社会资本入驻，社会资本具有丰富的管理经验和先进的技术，具有较高的风险识别能力，能够甄选出好的项目，有针对性地采取有效手段参与风险管控；另一方面，政府依靠行政手段，通过公开招标，吸引综合实力强的企业前来投资，一般来说，中标企业的资金资本都很充足，且具有较强的风险控制能力，有利于提高特色小镇的风险管控能力。此外，不同的建设阶段，政府和社会资本的任务也不同。特色小镇建设初期，风险的主要承担者是政府，社会资本只是参与风险管控；特色小镇建设完成后，风险的主要承担者就是社会资本了。这样的分配，能够降低整个项目的最低风险，政府和社会资本根据自己的特点，发挥自身优势，极大地分散了风险，特色小镇建设效率大大提高。[②]

---

① 参见蓝枫：《PPP 模式助力特色小镇建设》，《城乡建设》2017 年第 1 期。

② 李冰：《博山特色小镇建设的 PPP 模式研究》，《淄博师专学报》2017 年第 1 期。

（三）特色小镇建设 PPP 模式的路径

1. 建立 PPP 项目资源库

对地方政府而言，要想建设好特色小镇，首先必须要制定有关的金融、税收政策，建立 PPP 项目库。

首先，确定入库项目范围，大多是城市基础设施及公共服务领域的项目，① 原则上，项目投资总额不能低于 1.5 亿元，合作期限至少十年以上，项目能够建立清晰的风险分担机制。

其次，进行 PPP 项目包装，可以寻求专业 PPP 项目机构的帮助，向上级部门申报；然后咨询中介机构，初步筛选项目，充分考虑项目的经营年限、建设经营方案、盈利补贴方案等重要因素。②

再次，考虑申报项目的成熟度及性质，确定项目是属于执行项目库、示范项目库还是储备项目库，进而确定项目开发顺序。

最后，为了获取准确、及时的项目信息，对项目进行动态化管理，提供针对性的技术支持与专业指导，同时退出效应差、进度慢的项目，形成良性循环机制。③

2. 明确 PPP 项目运作机制

参与特色小镇的建设，企业首先必须要了解 PPP 项目的投资回报预期和运作机制。首先，确定项目合作主体。有四大主体，分别是各种投资主体；政府授权的下属机构或下属公司；咨询设计、招商运营、工程施工等产业服务机构；金融机构或其他投资人。其次，明确政企职责。政府负责整个项目的方向，提供资金支持，给予行政便利；PPP 项目实施主体是 SPV 公司，它的功能

---

① 《特色小镇 PPP 模式核心机制与案例剖析》，2017 年 1 月 3 日，见 http://www.360doc.com/content/17/0103/22/39566091_619861030.shtml.

② 《特色小镇 PPP 模式核心机制与案例剖析》，2017 年 1 月 3 日，见 http://www.360doc.com/content/17/0103/22/39566091_619861030.shtml.

③ 《特色小镇 PPP 模式核心机制与案例剖析》，2017 年 1 月 3 日，见 http://www.360doc.com/content/17/0103/22/39566091_619861030.shtml.

就是签订 PPP 项目合同，开展一系列的运营活动。①

PPP 项目是基础设施与公共事业，所以必须要找到公共利益和社会资本利益的平衡点，大概只有 10% 的收益率。因此，首先，在投资建设初期，社会资本方就要降低自己的收益预期。其次，明确补偿来源及项目收益，收益主要是特许经营收益，补偿是开发建设成本补偿。最后，确定项目周期。PPP 项目运营期一般都比较长，为 10—30 年。所以前期投资需要依靠后期运营的收益来弥补，这就要求社会资本方具有强大的运营能力。②

3. 制定 PPP 项目税收优惠政策

政府应制定相应的政策，鼓励、引导社会资本参与特色小镇 PPP 融资项目。比如，在 PPP 项目实施的各个阶段，为了降低社会资本的投资成本，政府可以建立有关税收减免政策。在特色小镇建设阶段，政府可以少征或免征税费；在特色小镇运营阶段，政府可以免征房产税和营业税。这样做短期内会对政府造成部分财政损失，但长远来讲不会有太大影响，因为会得到未来特色小镇衍生性产业的补偿，所以实际上政府财政收入并没有受到影响。目前，政府出台了一份文件《关于支持政府和社会资本合作（PPP）模式的税收优惠政策的建议》，主要是有关基础建设领域方面的税收优惠政策，为了更好地实现 PPP 模式的运行，针对不同类型的特色小镇、不同阶段的特色小镇，各级政府也需要出台专项扶持、支持优惠政策，吸引社会资本前来投资。

4. 加强 PPP 项目金融支持体系

政府资助特色小镇 PPP 项目时，要从两方面入手：一是出台相应的金融政策扶持项目；二是要根据特色小镇自身特点，建立适合自己的 PPP 项目金融体系，扩大商业银行的贷款力度就是最直接最有效的手段。现在，中国农业发展银行是仅有的一家国家层面上的政策性银行，远远不能满足我国特色小镇建设

---

① 《特色小镇 PPP 模式核心机制与案例剖析》，2017 年 1 月 3 日，见 http://www.360doc.com/content/17/0103/22/39566091_619861030.shtml。

② 《特色小镇 PPP 模式核心机制与案例剖析》，2017 年 1 月 3 日，见 http://www.360doc.com/content/17/0103/22/39566091_619861030.shtml。

的需要。还有一种比较极端的手法，就是为了减轻社会资本的利息负担，利用政府财政收入补贴社会资本的贷款利息，吸引社会资本投资。同时，政府采用行政手段，借助自己的影响力，宣传小镇 PPP 项目。在资本市场里，可以直接发行一些特色小镇 PPP 项目的项目收益债。[①] 特色小镇 PPP 项目还可以使用一些比较流行的融资方式，比如通过资产证券化进行特色小镇 PPP 项目融资，这是因为特色小镇 PPP 项目的收益不会马上产生，要过一段时间才能显现。

三、PPP 模式在特色小镇建设中的实践

（一）嘉善巧克力小镇

嘉善巧克力小镇是浙江 10 个省级示范特色小镇之一，也是目前亚洲最大的巧克力特色旅游风景区，集产业、旅游和文化于一体，深得广大游客的喜欢。小镇将"产业定位要特而强、不搞大而全""功能叠加要聚而合、不搞散而弱""建设形态要精而美、不搞大而广""制度供给要活而新、不搞老而枷"作为小镇的创建要求，自始至终都以"浪漫甜蜜"为主题，提出了"以旅游为主线、以企业为主体、以文化为灵魂、以生态为主调"的创建理念。

巧克力小镇是从 2014 年 10 月开始运营的，规划占地面积为 3.87 平方公里，总投资达 55 亿元。建设运行后，小镇发展势态良好，2016 年获评 2015 年度考核优秀小镇，2016 年获评省级示范特色小镇，2018 年获评 2017 年度考核优秀小镇。截至 2018 年底，累计完成投资 43.5979 亿元，其中特色产业（旅游业）投资 37.07 亿元，占 85.03%；政府投资 1.63 亿元，占 3.74%。目前，小镇 3 个核心景区均已完成国家 4A 级景区创建，2018 年接待国内外游客 293 万人次，同比增长 20%；接待各类考察学习代表团 500 余批次。[②]2018 年，在中国特

---

① 李冰：《博山特色小镇建设的 PPP 模式研究》，《淄博师专学报》2017 年第 1 期。

② 《厉害！嘉善巧克力甜蜜小镇接受省级特色小镇命名验收！》，2019 年 3 月 8 日，见 http://www.sohu.com/a/300039516_120038237。

色小镇博览会上，嘉善巧克力甜蜜小镇成为全国特色小镇优秀示范案例之一。

这个由巧克力、温泉、水乡、农庄、婚庆、花海、鲜切花等浪漫元素组成的农业、工业和旅游业相结合的小镇，把甜蜜作为小镇主题，以农业为底色、以文化为灵魂，将自然生态优势转化为产业优势。小镇建设涵盖了歌斐颂巧克力主题公园、碧云花园、云澜湾温泉、十里水乡等板块，着力打造婚庆蜜月度假基地、文化创意产业基地和巧克力风情体验基地，实现"乡村风情、文化创意和休闲度假"有机结合。①

巧克力小镇的主题园主要是按照"一心四区"的规划格局发展，"一心"指的是歌斐颂巧克力制造中心，"四区"则是指瑞士小镇体验区、浪漫婚庆区、儿童游乐体验区及休闲农业观光区。其中，被小镇作为重点项目实施的主要包括歌斐颂巧克力主题园区、斯麦乐巧克力工业旅游示范区、巧克力产业配套园区、十里水乡休闲配套区、天洋"梦东方"巧克力世界及云澜湾休闲度假园区等六大类项目，计划投资总数将超过 55 亿元，占地总面积可达 3.17 平方公里。

作为省级特色小镇建设项目之一和国内唯一拥有巧克力生产工厂、巧克力体验项目的乐园，巧克力小镇一向重视前来观光旅游的游客体验度，它巧妙地以巧克力"文化"和"体验"作为经营理念，并结合巧克力的食用性、体验性、观赏性以及衍生性，学习国外先进的技术，引进巧克力 Mini 生产线，能够让来此旅游的游客获得一份专属定制的巧克力：游客通过在计算机终端进行自己的需求选择，比如口味类型、可可含量大小及佐料种类等，选完就可以在30 分钟内得到一份专属于自己的定制版巧克力，甚至还可以在巧克力上刻下自己的名字。嘉善巧克力小镇是我国首例巧克力特色产业旅游项目，它不单单弥补了国内巧克力行业旅游的空白，更是完美地利用了巧克力的时尚特性，再通过一系列完整的策划、包装与营销，将其打造成了一种独具特色的旅游景区产品。

---

① 施翼、严慧：《甜蜜浪漫润小镇　农发行助力嘉善巧克力小镇开启甜蜜之旅》，2016 年 5 月 11 日，见 http://zjnews.zjol.com.cn/zjnews/jxnews/201605/t20160511_1539211.shtml。

嘉善巧克力小镇在 PPP 模式方面实践经验丰富,为特色小镇建设提供了借鉴。

1.PPP 项目包装推介

特色小镇建设的核心是项目投资。巧克力小镇的发展思路就是投资为中心、企业为主体。为了实现 55 亿元总投资、三年完成 35 亿元的目标,需要最大限度地调动企业的积极性。[①] 在第三届世界浙商大会开幕式上,总共有 60 个重大项目成功签约,其中关于巧克力甜蜜小镇的 PPP 项目就占了 6 个,分别是甜蜜小镇酒店项目、咖啡豆产业园项目、婚庆商业风情街区项目、巧克力主题街区项目、德国啤酒庄园项目和民宿开发项目。[②] 表 8-2 就是嘉善巧克力甜蜜小镇 PPP 合作产业项目具体情况。

表 8-2　嘉善巧克力甜蜜小镇 PPP 合作产业项目 [③]

投资项目	投资金额	规划面积(亩)
巧克力主题街区项目	5.2 亿元	130
甜蜜小镇酒店项目	3.2 亿元	80
民宿开发项目	1.2 亿元	300
婚庆商业风情街区项目	2.4 亿元	60
咖啡豆产业园项目	1000 万美元	20
德国啤酒庄园项目	500 万美元	11

2.多层金融体系保障

随着特色小镇快速发展,引起了企业、集团的广泛关注,包括大公司大企业集团、政策性金融机构、民营资本、商业银行、政策基金公司等。[④] 确定地

---

① 施翼、严慧:《甜蜜浪漫润小镇　农发行助力嘉善巧克力小镇开启甜蜜之旅》,2016 年 5 月 11 日,见 http://zjnews.zjol.com.cn/zjnews/jxnews/201605/t20160511_1539211.shtml。

② 《以浙江巧克力小镇为例剖析:特色小镇 PPP 模式核心机制》,2016 年 12 月 17 日,见 http://www.sohu.com/a/162071518_780531。

③ 《以浙江巧克力小镇为例剖析:特色小镇 PPP 模式核心机制》,2016 年 12 月 17 日,见 http://www.sohu.com/a/162071518_780531。

④ 谭荣华、杜坤伦:《特色小镇"产业+金融"发展模式研究》,《西南金融》2018 年第 3 期。

说，仅依靠企业包办建设和政府资金投入，特色小镇的发展并不能取得预期的效果。我们必须要引入社会资本，打通金融渠道，实现资本化运营、市场化运作，因此，要加强政府与银行、政府与企业之间的合作，加强投资商、开发商和运营商之间的协同互动。在特色小镇建设过程中，金融扮演着不可或缺的角色，要想大幅度提升特色小镇建设资金的使用效率，回归金融本源势在必行，依靠金融的杠杆作用，吸引金融机构投资，向实体经济输送新鲜血液。[①]

政府和社会资本实现强强联手，最终达到互利共赢的合作目标是 PPP 模式的核心。2016 年，嘉善巧克力小镇获得中国农业发展银行提供的 10 亿元项目贷款，主要用于基础设施建设。小镇基础设施建设项目的总投资是 15 亿元，其中与农发行对接融资 10 亿元。同时，度假区环境综合整治提升项目总投资为 4.3 亿元，计划融资 3 亿元，目前正与多家银行政策比选中。[②] 企业的投资也必不可少，小镇的建设、投资主体是歌斐颂集团，于 2011 年 12 月正式立项，计划投资 9 亿元，规划用地 430 亩，计划年产高品质纯可可脂巧克力 2 万吨、年接待游客 100 万人次，到规划期末年综合收入突破 20 亿元。这就使巧克力小镇的建设"巧借"了歌斐颂集团之力，保证小镇建设、投资主体能落到实处。[③]

（二）金井茶乡小镇

金井茶乡小镇位于湖南省长沙市北部的长沙县，这里聚集着中联重科、三一重工等大量实力雄厚的企业，城乡居民收入远超国内平均水平，人均GDP 也已经达到高收入国家水平。之所以能有这么好的发展成就，与走 PPP模式的发展路径是分不开的。

2014 年 12 月 6 日，PPP 项目推介会在长沙县拉开帷幕。据悉，此次推介会，

---

① 谭荣华、杜坤伦：《特色小镇"产业＋金融"发展模式研究》，《西南金融》2018 年第 3 期。
② 《特色小镇 PPP 模式核心机制与案例剖析》，2017 年 1 月 3 日，见 http://www.360doc.com/content/17/0103/22/39566091_619861030.shtml。
③ 王永昌：《巧克力甜蜜小镇"巧"在何处》，《浙江日报》2016 年 3 月 23 日。

长沙县一次性推出 21 个 PPP 项目，总投资额达 408 亿元，是截至目前湖南省规模最大的一次 PPP 项目的集中推介。其中，成功签订金井"茶乡小镇"城镇及旅游基础设施建设项目等 5 个 PPP 项目合作意向书，签约总金额高达 146 亿元。①

金井镇位于"长株潭都市圈"第二圈层的北部发展轴，是都市圈产业、功能、居住外溢的重要城镇，因百年古井、十里湖面、千年古寺、万亩茶园闻名三湘。金井镇此次 PPP 项目成功主要是依靠丰富的旅游资源，随着国家对旅游发展的重视，金井镇的龙头企业湘丰茶叶集团抓住这一发展机会，充分利用本地区的各类资源，发展以茶产业为核心的生态旅游。本次湘丰茶叶集团 PPP 项目投资包括三个方面：旅游基础设施的建设、新型城镇基础设施的建设和两型产业园基础设施的建设。围绕"山、水、茶、城"共同开发的理念，湘丰茶叶集团相继开发了湘丰茶博园、湘丰山庄等多个旅游景点，并规划了多条自行车骑行线路。

金井茶香小镇的发展，也促使湘丰茶叶集团发展上了一个更高的台阶。在金井镇政府的支持下，有近 5 万亩的高标准茶园为湘丰茶叶集团提供了成规模的优质茶叶基地，也让湘丰茶叶集团迅速成为湖南省乃至全国中部地区茶叶龙头和现代茶叶机械引领者，现在通过 PPP 模式和金井镇打造中国知名的"茶乡小镇"，更加有利于湘丰茶叶集团的内外发展。

在金井茶乡小镇建成的第一年国庆期间，有 6 万人次的游客前来金井茶乡小镇旅游，人数比上年同期增长了一半，由此带动了金井镇的茶产品销售额，达到 400 多万元。金井镇因为它"绿茶之乡"的独特魅力，也正在逐渐成为游客心目中的最美茶乡小镇。与社会资本的合作让金井茶乡如虎添翼，旅游产业的发展为金井带来了新的发展契机，先行一步的金井镇已驶入乡村旅游发展的快车道。②

---

① 吴健：《产、城、人、文四位一体建设特色小镇分析》，《智能城市》2018 年第 15 期。

② 《PPP 模式之金井"茶乡小镇"城镇及旅游基础设施建设项目》，《南方日报》2015 年 1 月 10 日。

（三）深圳甘坑新镇

2016 年 5 月 10 日，第十二届中国（深圳）国际文化产业博览交易会在甘坑客家小镇分会场开幕，当天会场最引人关注的是顺利签约总投资额达 300 亿元人民币的"华侨城甘坑新镇"项目，这是深圳首次落实华侨城"旅游＋文化＋城镇化"的战略，而甘坑客家小镇也成为该模式下的"深圳第一新镇"。[①]

甘坑新镇项目是龙岗区政府、深圳市甘坑生态文化发展有限公司和华侨城集团公司共同合作开发的。华侨城集团公司成立于 1985 年，公司已有 30 多年的历史。发展到现在，资产规模超过 1500 亿元，年均销售收入 500 亿元，早已成为一个大型的企业集团。[②] 其中，文化旅游业务是华侨城最成功的业务。甘坑新镇项目在原有的甘坑客家小镇基础上，规划设计为不同的功能区，分别是山水剧场公园、中国文学部落、华侨城（甘坑）文化旅游小镇、绿道主题鲜花农庄和华侨城艺术家园等。

甘坑新镇项目也是 PPP 模式在特色小镇中的又一应用案例。政府与社会资本强强合作，选择高标准的原创产业，以文化带动其他方面，促进新型产业的转型升级。[③] 怎样才能维持这种 PPP 聚集资金的模式，相关专家认为，特色小镇的收益来源和资金循环问题非常重要。如果存在资金回收困难的问题，那么这个小镇甚至将要开发的其他小镇在以后的发展中将会困难重重，甚至最终导致发展失败。以前该小镇开发企业的盈利模式单一，主要依靠租金，比如旅游商业开发，主要是租给餐饮企业，但实际租金并不高。与此同时，餐饮项目的一个特点就是商业活动具有时段性，平常时间游客并不多，但工作日晚上和周末游客数量会大幅度增加，这就遇到营收范围的瓶颈问题。华侨城所做的第一件事就是改变它的经营结构，从系统的角度出发，整体考虑，整体策划。一

---

① 《华侨城投资 300 亿打造深圳第一镇"甘坑新镇"》，2016 年 5 月 11 日，见 http://www.360doc.com/content/16/0511/22/13888283_558355076.shtml。

② 《文化产业转型新路径：借用 PPP 模式大力开发特色小镇》，2016 年 10 月 9 日，见 https://finance.sina.com.cn/roll/2016-10-09/doc-ifxwrhzc8789672.shtml。

③ 牛浩思：《吉华产业配套提升　不再属于"布吉"的万科麓城（片区分析）》，2017 年 3 月 29 日，见 http://news.szhome.com/244168.html。

个是扩大它的面积，增加接待游客量，还有就是增加周一到周五的娱乐内容，不仅仅只是餐饮，还要引进其他服务产业，比如服装、珠宝、化妆品及文创产业等。①

在资本的介入下，"甘坑新镇"发展势如破竹，带动周边经济发展，大量闲置的工业厂房得到修缮。旅游小镇面积进一步扩大，并引进先进技术，成为IP文创产业、VR内容等科技产业以及创客的进驻地。通过挖掘古镇本土文化元素，开发以IP为主导的旅游和文创产业是华侨城甘坑文化新镇的最大亮点，是区别于其他城镇模式的突出特点。目前，以建筑观光为基础的小镇开发阶段已成过去，未来将是文化现代化的IP开发运营时代，只有IP才能将千百年的历史文化与当代生活和审美连接起来，并且这个趋势越来越明显。②

---

① 《文化产业转型新路径：借用 PPP 模式大力开发特色小镇》，2016 年 10 月 9 日，见 https://finance.sina.com.cn/roll/2016-10-09/doc-ifxwrhzc8789672.shtml。

② 《文化产业转型新路径：借用 PPP 模式大力开发特色小镇》，2016 年 10 月 9 日，见 https://finance.sina.com.cn/roll/2016-10-09/doc-ifxwrhzc8789672.shtml。

第九章　中国特色小镇建设的路径思考

特色小镇建设目前处于蓬勃发展阶段，在党的十九大精神、习近平新时代中国特色社会主义思想的指导下，结合各地实际，厘清特色小镇发展思路，充分发挥区域资源禀赋优势，找准小镇发展路径：在人口集聚区域，着力推进集生态保护、产业开发为一体的特色小镇建设；在环境优美区域，着力推进生态文化旅游并举、休闲开发为一体的特色小镇建设；在特色资源丰富、产业基础较好的地区，着力推进特色资源整合开发，打造资源整合型特色小镇……要将小平台大产业作为着眼点，找准发展路径，形成特色小镇百花齐放的局面。本章将从特色小镇产业模式的打造路径、特色小镇发展路径及特色小镇建设的注意事项三个维度分析我国特色小镇的未来发展路径。

第一节　特色小镇产业模式的打造路径

特色小镇在 2016 年井喷式发展后，2017 年是实质性推动的一年，但尚处起步阶段的特色小镇，由于建设者认知不足，多出现特色趋同、缺乏良好商业运营模式等现象。2017 年有关特色小镇指导型政策更加强调小镇的特色产业、文化传承和生态保护等，更加强调小镇的特色性。因此特色小镇建设需更加务实，为每个小镇打造特色的产业发展模式。如何优化特色小镇产业发展模式，为不同区域条件的特色小镇匹配到合适的产业，解决小镇产业模式低端、小镇业态单一等弊端，将是一个值得研究的问题。①

特色小镇核心在于"特色"，其本质是一种特色产业，不同类型的特色小镇，功能、组织业态和职能亦应该有所差异化。换句话说，特色小镇也有可能是具有法人地位的实体企业，所以特色小镇产业模式的选择取决于我们如何对特色小镇及其产业价值链体系进行定位。下面主要介绍六种产业发展型模式及各种模式的发展路径。

一、产业发展型模式

产业发展型特色小镇不仅是一个宜居城市，还是一个产业发展载体，其首先是产业之镇，生命力取决于特色产业。地理位置、历史渊源以及文化特质的不同将会催生出不同的产业形态，产业发展型特色小镇的形成，影响因素不是单一、孤立的，建设过程中必定会受到周边地理因素、自然资源、文化传统以及社会制度等方方面面的影响。具体来说，产业发展型特色小镇的特点就在于能够利用当地的各种自然资源、文化资源、政策资源挖掘出产业优势，充分利用"互联网＋"技术，对传统产业进行改造升级，努力开发新产业，力争打造特色产业链，形成"一村一品""一镇一业"的产业模式。浙江乌镇、云栖小镇等是产业发展型特色小镇的代表，其利用当地的地缘优势发展特色产业，吸引了大量的中外游客，带动了当地的经济发展。产业发展型特色小镇的形成主要应具有三个条件。

第一，产业发展型特色小镇建设需要自然资源禀赋。区域经济的发展，主要依赖于独特的自然禀赋，包括地理位置、自然资源、人文景观等。人们

---

① 吕靖烨等：《供给侧改革背景下我国特色小镇商业模式创新路径》，《上海商业（理论版）》2017年第11期。

的经济活动起初主要是依附于自然资源，当社会逐渐进步人们便会以自然资源为基础，对自然资源进行融合、加工、改造，进行市场交易活动，产业由此而生。比如，重庆有个著名的涪陵榨菜小镇，涪陵榨菜自1898年诞生并推向市场，经历了百年沧桑，发展榨菜产业具有天然的自然资源禀赋和人文历史优势。为了发挥榨菜产业的文化价值和商业价值，榨菜小镇建起了中国榨菜博物馆、"地道涪陵味"美食文化街、涪陵"十八工坊"非遗街区、榨菜主题工艺街、榨菜文化艺术会馆等。榨菜小镇，不仅可以吃到正宗的、多样的"榨菜宴"，还可以到"榨菜农场"体验使用传统工艺的手工榨菜制作。

第二，产业发展型特色小镇建设需要社会资本。社会资本是产业发展型特色小镇发展的内生动力，产业发展型特色小镇的构建、开拓，必须考虑充分利用小镇的社会资本。社会资本是打造小镇产业特色，凸显产业竞争力的必备条件。本文考虑到特色小镇与企业有所不同，将社会资本分为两类：技术资本以及文化资本。技术资本是指小镇想要发展一个产业所需要的技术，可以是传承而来，也可以是招商引进而来，是产业发展型特色小镇建立产业链的必备条件；文化资本主要是指一个地方的人文气息、文化底蕴、历史遗迹、民俗风情等，是小镇产业特色的核心所在。这两类资本的形成都需经较长时间的历史积淀，是提高小镇生产力的源泉，特色小镇的发展要想得到源源不断的发展动力，就要充分利用社会资本，将文化资本和技术资本相结合。

第三，产业发展型特色小镇建设最重要的是需要调研市场需求，特色产业要迎合市场需求才能够保证可持续发展。市场需求具有地域性特征，不同地区对于产品需求偏好有所不同，要想生产具有地方特色、能够迎合市场需求、保证市场竞争性的产品，小镇产品进行生产前就必须进行充分的市场调研。当然，特色小镇提供的未必是实物产品，其提供的既可能是某种具有地方特色的实物产品，也可能是某种特色服务，比如旅游服务、餐饮服务等。但毋庸置疑的是，发展性是产业发展型特色小镇的重要特点。市场需求不是一成不变的，小镇产业要想不断调整、发展、壮大，就必须提供具有时代意义、符合大众需求的地方特色产品，打造具有明确产业发展路径的特色小镇。①

总而言之，特色产业是产业发展型特色小镇规划的关键。在产业发展型特色小镇的规划过程中，应当充分考虑当地的自然禀赋、社会资本以及市场需求三个方面，以这三个方面为基础来确定产业发展型特色小镇的未来发展方向。此外，还应注重外部因素对特色小镇发展的影响，比如政策因素、市场因素等，这些因素有时也能决定小镇的未来发展走向。

二、生态保护型模式

据国家发展改革委以及原国家旅游局印发的《全国生态旅游发展规划(2016—2025 年)》，未来各级人民政府都要加大对生态旅游的投入，且中央预算内投资将会重点倾向于重点生态旅游目的地、生态旅游协作区等项目。生态保护不仅是我们的国家战略，更是顺应了党和人民的期待，在现实层面和政策层面都刻不容缓，生态保护型特色小镇是最能够将绿色发展理念、生态保护建设融入社会发展的小镇模式。

生态保护型特色小镇多建设在生态环境优美、自然原始风貌保存较好、环境污染较少、森林资源等较为丰富的地区，以便小镇在建设之初能够充分利用当地天然无雕饰的田园风光，挖掘当地的环境优势。换句话说，生态保护型特色小镇就是要充分利用地方生态环境优势，着力打造生态保护特色鲜明、优势突出的生态产业集群，核心是将生态保护与美丽特色小镇建设相结合，通过生态产业优势支撑特色小镇建设，将生态保护以及产业发展定位为特色小镇的发展方向。

生态保护型特色小镇是以生态、村落、古园、古镇以及当地相关的人文资源为依托，促进小镇与当地的旅游业高度融合，在特色小镇周围形成一批全景式的特色古镇观光区、生态文明小镇观光区、天然园林休闲园区、特色小镇采

---

① 付晓东等:《基于根植性视角的我国特色小镇发展模式探讨》,《中国软科学》2017 年第 8 期。

摘园等一批具有生态保护色彩的特色小镇产业群。生态保护型特色小镇强调自然与人融合共生，因此在建设生态保护型特色小镇时，要把生态建设和经济建设相结合，建立资源节约、环境友好型特色生态产业群。生态保护型特色小镇的核心任务是要普及生态意识，优化人与自然的关系，提升小镇的经济水平，生态保护型特色小镇的建设应注意以下三点。

第一，生态保护型特色小镇的核心驱动力是发展生态经济。纵观发展较好的生态保护型特色小镇，其发展成功的关键是依托生态环境，按照生态产业标准，进行产业筛选，打造生态型产业，延长生态产业链，最终形成小镇完整的生态保护产业体系。生态保护型产业需要符合节能环保、循环发展、带动性强的要求，能够聚集科技研发、物流、金融、商贸、旅游、教育培训等产业。在生态保护型特色小镇构建中，要构建以旅游业为核心产业、以生态服务产业为重点产业、以城市综合服务业为支撑产业、以生态农业为辅助产业的产业集群。

第二，生态保护型特色小镇的建设重在科学规划。研究表明，对原始生态环境保护得越好，那么经过改造的生态环境便会受到越多的保护，即建设生态保护型特色小镇时要在不破坏生态环境的条件下对已开发出的地方尽量合理高效利用，不能随意地对原始生态环境进行大肆改造，而是要在小镇建设前期对小镇周围环境进行科学考察，考察通过后，在特色小镇建设过程中严格实施生态环境保护规划。① 小镇建设要因地制宜、方便简洁，鼓励采用节能、可回收利用的材料；在小镇景区、宾馆饭店、民宿客栈等地方开展绿色发展示范，实施绿色小镇引导；要落实生态旅游相关企业的环保责任，实施能源、水资源、建设用地科学规划利用，建立小镇生态考评激励机制。

第三，生态保护型特色小镇重在生态保护。生态保护型特色小镇要注重保护好特色小镇的自然景观，保护好小镇原有的古建筑、特色民居等具有地方色彩的人文景观。此外，生态保护型特色小镇的建设还要加强绿化工作，大力提

① 李周：《推进生态文明建设　努力建设美丽乡村》，《中国农村经济》2016 年第 10 期。

倡自然种植等，充分挖掘特色小镇的自然环境以及民俗风情。目前已经有一批生态保护型特色小镇初具规模，比如贵阳龙凤湿地特色小镇、四川宜宾枫湾特色小镇等，这些小镇都有较多的特色生态产业及丰富的旅游项目，围绕绿色循环以及低碳发展理念，打造绿色小镇空间布局以及特色生态产业布局，不仅促进了当地经济发展，还保护了当地的生态环境。

三、文化传承型模式

近年来，随着我国文化保护措施的升级，国家文化传承发展系列政策的相继出台，"文化传承与保护"迅速成为文化热词，各地文化保护项目方兴未艾。随着生活水平的提高以及国民素质的提升，人们对文化体验的需求也在不断升级，越来越需要传统文化体验。因此，文化传承型特色小镇在未来必将会在不同类型特色小镇中脱颖而出。文化传承型特色小镇主要是在具有特殊人文景观、较多古村落、古建筑等具有丰富文化底蕴的地区建立，这种模式的核心特色就是此类小镇中具有丰富的乡村文化资源，传承着千百年的优秀民族文化，有着丰富的非物质文化遗产，在文化展示传承方面潜力巨大。我国历史悠久，很多地区都有着深厚的文化底蕴，我们应该充分挖掘这些地区独有的地域文化，打造出具有明确文化主题、鲜明文化特色的小镇模式。

文化传承型特色小镇本质上是一种新型文化综合体，必须保留当地特色文化的原真性。我国具有特色文化气息的古镇，都充分地利用了当地所特有的自然条件、历史文化。比如湖南湘西的凤凰古镇，其融合了汉族、苗族以及土家族等不同民族的风情，就像一部让人欲罢不能的文化经典；浙江嘉兴的乌镇，有着六千年的古老历史，是江南六大古镇之一，地处江浙沪"金三角"之地，京杭大运河依镇而过，而且享有"鱼米之乡，丝绸之府"之称，是我国首批及著名的历史文化名镇。总之，文化传承型特色小镇的建设在充分利用其自身的文化特色以及优势的同时要打造出小镇自身的文化个性以及主题，要在遵循小镇当地历史文脉的基础上，选择具有特色、相对成熟的文化资源来打造特色小镇。文化传承型特色小镇的建设应该具备两个条件。

第一，文化传承型特色小镇要打造出独特的文化环境。文化传承型特色小镇应该具有自己独特的文化主题以及思想意识，通过创新、深化、发展，形成具有当地特色的文化环境。这里的文化环境不仅包括当地社会环境以及人文环境，还包括对当地自然资源的保护、开发和利用等。文化传承型特色小镇不仅是功能综合体类型的小镇，还将是能够表现出特有文化传承功能的独特小镇，文化产业更是文化传承型特色小镇的核心内容。

第二，文化传承型特色小镇要有独特的文化态度和价值观念。小镇要不断借鉴外来优秀文化以完善自身，形成独有的文化态度以及价值观念。这种对于文化态度以及价值观念的创新，不仅能够通过吸纳外来优秀文化成果使特色小镇自身文化不断发展壮大，丰富自身文化底蕴，而且能够夯实特色小镇自身的文化基础，对自身原有文化进行凝练，提升文化品质。

文化传承型特色小镇，文化是核心。在对特色小镇原生态文化进行保护的同时，要重视对外来文化的吸纳与保护，通过原生态文化与外来文化的相互交融，最终形成具有独特文化气息的特色小镇模式。虽然我国目前已经出现了一些初具规模的文化传承型特色小镇，但是随着特色小镇建设的逐步推进，必然会遇到一些相关的政策性以及操作性问题。所以，在文化传承型特色小镇的建设中，一定要秉承文化传承是此类特色小镇建设的核心要义。在未来，中国将会出现一批特色鲜明的文化传承型特色小镇，其必将成为中国新型城镇化建设中的一道亮丽风景线，向国内外人民展示出中华文化的源远流长与博大精深。[1]

四、高效农业型模式

高效农业型特色小镇是城乡一体化发展、农业综合开发的一种新路径。高效农业型特色小镇是以农民为主体，集循环农业、创意农业、农事体验于一

---

[1]　方乐：《特色小镇建设中的文化功能定位》，《城市学刊》2018 年第 2 期。

体，以高效农业为基础、旅游为引擎、新兴农业科技为支撑，多方努力共同助力小镇发展。高效农业型特色小镇主要建立在我国的农业生产区，主要特点是以生产加工具有当地特色的农作物为主，此类小镇农业基础设施较为发达，农业大型机械化水平较高，有丰富的耕地资源，在发展高效农业方面有其他地区不可比拟的优势。

高效农业型特色小镇并不是指在小镇中种植大量的农作物，而是要聚焦传统农业和现代农业共同发展，转换传统的低效率农业模式，通过高效农业型特色小镇的建设推进新型城镇化，逐步缩小城乡差距，实现城乡一体化。我国首批特色小镇共有 127 个，但属于特色农业小镇的仅有 11 个，所占比例较少，其他大都是与自然景观以及人文特色相关的小镇。我国是世界上的农业大国，高效农业型特色小镇有较强的发展潜力。

高效农业型特色小镇以农业为主导产业，并且与旅游及社区居住等功能相互融合，所以其选址基础必须是农业资源丰富、环境优美的城市周边地区。高效农业型特色小镇和传统小镇不同，是对传统农业的升级，其发展有一个关键特点，即高效农业，需要利用现代化技术服务农业，将工业化、信息化的成果与传统农业进行融合，提高农业生产效率。建设高效农业型特色小镇是我国作为一个农业大国的必然选择，也符合我国大力推进新型城镇化建设的政策背景。2017 年，"田园综合体"概念在"中央一号文件"中被提出，主张利用乡村资源建立起集农产品加工、休闲观光以及农事体验为一体的多功能特色小镇；对农村自然资源以及地方特色美食等进行全方位的开发，建成具有特色的多功能高效农业型特色小镇。①

高效农业型特色小镇建设现在面临较大机遇，但是我国作为一个传统的农业大国，农村居民收入主要还是以传统种植业、养殖业为主，思想观念以及农业技能较为落后，生产效率较低。因此高效农业型特色小镇的建设必须坚持实事求是的原则，立足各地实际，在不同条件的地区采取多元化建设方式，积极

---

① 徐世雨：《特色农业小镇：概念、建设模式与实践路径》，《天津农业科学》2018 年第 7 期。

引进新品种、新技术、新方法，确保高效农业型特色小镇的可持续发展。在高效农业型特色小镇的建设过程中，应该注意以下三点。

第一，高效农业型特色小镇的建设要遵循城镇发展规律。高效农业型特色小镇是对小镇所在地区生产力要素的聚焦与整合，要做到传统农业生产与现代化城镇发展理念相结合，对小镇进行规划时要遵循城镇自身发展规律，发展适合当地自然环境、气候特征的特色农业，兼顾高效农业种植理念，做到特色农业高效发展，协调共进，推进高效农业型特色小镇建设。

第二，高效农业型特色小镇的建设要创新资源整合模式。高效农业型特色小镇建设中最大的制约因素就是技术、资金、人才的匮乏。要想升级传统农业，将农业做成高效特色，就必须有技术、资金、人才的支持。首先，小镇的建设要引进新型农业方面的实用型技术人才，当地政府要积极制定出各种有吸引力的人才政策，采用不同方式为高效农业型特色小镇提供人才支持。其次，要积极筹措资金，政府可以将土地资金用于高效农业型特色小镇建设；也可以积极引进外来企业，利用有着较高技术水平的本土企业、外来企业的技术和资金对小镇进行商业开发，社区、企业以及政府三方协作共同助力于高效农业型特色小镇的建设。

第三，高效农业型特色小镇建设要积极培育新型特色高效农业。特色高效农业是高效农业型特色小镇的核心内容，也是特色小镇可持续发展的动力。高效农业型特色小镇建设要立足本土农业特色，采用全新高效的农业技术，实现农业产业规模化生产，在特色小镇建设现代化农业产业园区，建立优质农产品供应基地，同时发展特色农业养殖、农业休闲观光以及高效农业体验观光等产业。

高效农业型特色小镇的建设并不是简单地在小镇中发展农业，而是一项系统工程，要在科学的规划下通过社区、企业以及政府各方面的努力，共同建设开发。目前，我国已经建成一批高效农业型特色小镇，比如陕西杨凌五泉镇、山东德州陵城西湖小镇等，但是数量较少。因此，在高效农业型特色小镇建设中，要充分发挥政府的主导作用，推进高效农业型特色小镇的建设，规划好小镇的未来发展路径。需要注意的是，高效农业型特色小镇不能只重视农业的高效性，却忽视了农业的特色性，要注意将传统的美丽乡村所特有的元素在小镇中保存下来，让小镇居民及外来游客在小镇中能够"看得见山、望得见水、记得住乡愁"，体验到浓浓的乡土风情。

五、资源整合型模式

资源整合型特色小镇本质上是由小镇的产业带动支撑发展的，核心是对小镇的供应链资源进行整合。现在特色小镇在建设中多存在资源整合意识缺乏、系统规划性差、资源选择不合理等问题，导致资源整合型特色小镇缺乏核心竞争力，因此在新型城镇化和乡村振兴战略的背景下建设资源整合型特色小镇，做好小镇产业发展布局，整合小镇核心资源，建立起小镇资源供应链，是促进资源丰富地区小镇发展的最佳路径。所谓资源整合型特色小镇，就是要将小镇内外不同层次、不同属性的资源进行整合，通过对这些资源进行重新优化配置、有机融合，打造出小镇独有的资源供应链。目前，特色小镇在全国如雨后春笋般出现，但是针对资源整合型特色小镇如何建设的经验却很少，缺乏成功案例，因此对于如何建立资源整合型特色小镇尚需进一步探索研究。

建设资源整合型特色小镇的前提是对小镇产业进行准确定位，如果对小镇的资源疏于整合或对小镇的产业发展定位不准，那么在小镇产业发展中稍有不慎便会整体坍塌。因此，在建设资源整合型特色小镇时，要注重创新资源整合模式，争取在建设中让小镇实现更大的经济效益。① 在建设资源整合型特色小镇时，应注重以下三点。

第一，资源整合型特色小镇要选择地理位置优越的地区。我国第一批特色小镇建设的地区大多集中于人口较为密集、经济发展较好的地区。这些地区人

---

① 王墨竹、姚建明：《特色小镇模式下的供应链资源整合研究——基于资源基础观的视角》，《未来与发展》2018 年第 7 期。

口数量较为集中，生活成本高，周边有丰富的城市资源，在此类地区建设资源整合型特色小镇不仅可以解决小镇发展资源短缺的问题，还能缓解大城市快速发展的弊端，降低小镇周边居民的生活成本。

第二，资源整合型特色小镇的建设与发展要注重生态效益导向。资源整合型特色小镇的建设选址需要在经济发达、生态环境优美及产业聚集较高的地方。生态环境优美、资源丰富是资源整合型特色小镇建设成功的基础条件，在建设资源整合型特色小镇时要注意保护生态环境，注重生态效益导向。

第三，资源整合型特色小镇在建设过程中要注重产业集聚效应。资源整合型特色小镇不仅可以作为小镇周边城镇资源供应链的核心，将小镇周边的上下游各种企业资源聚集起来，发挥资源整合效应，还可以作为一些大企业的上下游企业，形成独特的企业产业链布局，充分利用各种资源。

资源整合型特色小镇，顾名思义，就是要将特色小镇的资源进行整合，进而转化为小镇核心竞争力。所以资源整合型特色小镇建设的前提是找准小镇的核心资源，进而对小镇周围资源进行识别和引入，通过对小镇资源的整合明确小镇未来发展路径。建立资源整合型特色小镇的关键是对资源进行识别，这决定着建立资源整合型特色小镇的成败。因此，无论是利用小镇内部原有资源，还是吸引外部资源，都要对其辨别分析是否和小镇的未来发展规划相契合，通过对小镇的区位条件、政策因素以及产业优势等进行分析，综合评估资源与小镇是否能够联动发展，以此确定引入企业的类型、资源整合的方式，保证小镇的资源特色优势。

六、休闲旅游型模式

随着人们假日旅游观念的日趋成熟，旅游需求、旅游形式愈发呈现多样化趋势，单纯以观光为主要目的的旅游产品也发生变化，各种专项旅游项目日益增加，参与型、文化创意型旅游的比例正在逐步扩大。因此，休闲旅游型特色小镇的产生是旅游业发展的必然趋势和要求，是创造社会经济价值的重要方式。

休闲旅游是我国旅游产业发展的新战略，是旅游引导的区域经济发展新模式。休闲旅游型特色小镇主要是依靠小镇原有的自然景观或者由人文因素塑造历史景观、以商业街区为主要形态、以休闲旅游带动经济发展的小镇。目前已经出现了一些以休闲旅游为特色的小镇，比如以天津的佛罗伦萨小镇为代表的购物型旅游特色小镇，以河北省热河草莓公社为代表的创业农业型休闲旅游特色小镇，等等。① 虽然目前休闲旅游型特色小镇已经出现较多且其种类较为丰富多样，但是休闲旅游型特色小镇的建设仍然存在同质化严重、旅游配套设施不完善、社区居民参与度低等问题。因此，休闲旅游型特色小镇在打造过程中应注意以下三个问题。

第一，休闲旅游型特色小镇的建设需要政府的主导和监督。休闲旅游型特色小镇的发展首先要对休闲旅游产业进行定位，明确产业特色，这不能仅依靠小镇的自然环境，由市场确定其特色，还应该有旅游局、国土局及文化局等政府部门的统一规划。在深入挖掘当地自然文化资源的前提下，结合当地的区位条件及当地的相关产业政策确定其休闲旅游特色。

第二，休闲旅游型特色小镇的建设要依靠当地社区的参与。休闲旅游型特色小镇的发展依赖当地的风土人情以及长时间的历史文化积淀。小镇的社区居民是当地特色文化的承载者，其参与度的高低直接关系到休闲旅游特色小镇的未来发展。社区居民可以在小镇打造具有当地风俗特色的茶楼、农家乐、旅行社等，在游客较多时进行一些具有当地民俗特色的演出，为小镇的发展规划作宣传，吸引外来游客，提高当地居民的经济收入。

第三，休闲旅游型特色小镇的建设可以充分利用大数据来提升服务效率与品质。现在，互联网技术的发展日新月异，智慧旅游是未来旅游发展的大趋势，休闲旅游型特色小镇应该充分借鉴互联网技术，建立休闲旅游服务系统，将企业、旅游者及政府部门囊括其中，以提升小镇的旅游服务品质。

目前，我国的休闲旅游型特色小镇的建设正处于稳步发展阶段，休闲旅游

---

① 张丹：《中国旅游特色小镇发展现状研究》，《农村经济与科技》2018 年第 9 期。

产品从观光型产品向休闲度假型产品过渡是一个明显的发展趋势，旅游休闲消费正不断地趋向于个性化与多元化。因此，休闲旅游型特色小镇在建设中应该凸显小镇主题特色，避免同质开发，要注重文化体验与休闲旅游相融合，增强休闲旅游型特色小镇的市场吸引力和核心竞争力。

第二节　特色小镇建设的主要路径

一、确立"特而强"的特色产业

特色小镇的特质在于"特色"，其无限魅力也在于"特色"，其生命力源泉还在于"特色"。因此，保持特色小镇"特色"的鲜明性，是打造特色小镇的第一原则。不管是产业小镇、文化小镇、体育小镇，个性化才有竞争力、生命力。[①] 特色小镇是产业之镇，是一个产业的空间载体。特色小镇的生命力由产业赋予，只有小镇努力发展特色产业，推动产业的发展，力争在小镇中培育特色产业，强化小镇特色产品，将小镇的特色产业做大做强，确立"特而强"的产业定位，才能推动小镇的良好发展。围绕特色产业发展，很多小镇都做了积极的探索，积累了丰富的经验：山东济南中欧装备制造小镇，聚焦产业与资本融合，引入更多社会资本，通过股权、跨国并购方式成立产业引导基金，推动制造业国际联姻；黑龙江大庆赛车小镇以发展汽车产业为核心，创新实施项目代办制、驻场制，为项目建设提供精准高效服务；广东佛山禅城陶谷小镇以发展陶瓷产业为核心，创新企业联盟合作模式，其中众陶联平台已经打造为中国最大的陶瓷产业链服务平台。[②] 要在小镇中确立"特而强"的产业定位，应该

---

① 赵永平：《有的假小镇真地产　加大楼市库存》，《人民日报》2018 年 6 月 11 日。

② 邱海峰、汲梦喆：《特色小镇，多些"特色"少些"名不副实"》，《人民日报》（海外版）2019 年 7 月 25 日。

做到以下几点。

第一，特色小镇要找准自己的核心产业。《关于加快美丽特色小（城）镇建设的指导意见》中指出：特色小镇的建设不要"新瓶装旧酒""穿新鞋走老路"，要坚持从实际出发，挖掘特色优势，要做强、做精、做成当地最有潜力最具成长空间的特色产业，或"农"，或"林"，或"渔"，或"养"，努力打造特色鲜明的新型小镇。特色小镇建设的核心是特色产业，小镇的特色产业只有做到"特而强"，才能保证小镇产业的可持续发展，才能保证小镇有足够的经济实力面向未来。特色小镇的产业要想做到"特而强"，首先要有自己的特色产业，并且将产业做大做强，形成小镇特有的产业链，依托特色小镇产业链优势，将本土特色产业的发展与世界上其他地区的新产业、新业态、新技术相结合，通过提升小镇的特色产业融合发展能力来提高小镇的经济规模及经济水平，打造出小镇所独具的"特而强"的经济发展新形态。如国外格拉斯香水小镇，小镇从业者大部分与香水产业相关，香水特色主导产业将鲜花种植、鲜花运输、鲜花加工、香水生产、香水销售、旅游服务等产业有机融合、三产联动，形成主题鲜明的特色产业体系。①

第二，特色小镇要打造出独具一格的新兴产业业态。打造小镇新兴产业业态，不仅是对小镇当地既有区块经济的优化，还将是提高小镇科技、快速增加小镇产业附加值的最佳路径。党的十八届三中全会重新确立了政府与市场的关系，要让市场在资源配置中起决定性作用以及要更好地发挥政府作用。因此，特色小镇在建设时，政府要提前做好规划，对特色小镇的产业业态发展路径作出引导，以企业为主体，通过市场运作，运用新技术、新理念、新方法，打造小镇所独具的新经济发展模式。比如，福建宁德锂电新能源小镇积极打造新兴产业，以锂电产业为主导，推动新能源产业规模化、集群化，着力打造高端储能电池产业基地，重点加快延伸宁德新能源锂离子电池产业链，突破轻便、安全、大容量动力电池和强储能技术瓶颈，引进电动汽车生产制造企业，推进客

---

① 张登国：《我国县域城镇化发展路径研究》，人民出版社 2018 年版，第 190 页。

车、工程机械、环保等专用汽车新能源化。打造世界一流锂电新能源产业研发创新先导区、国家锂电新能源产业聚集示范区。①

第三，特色小镇的建设要凸显当地乡土特色。特色小镇生命力在于是否能够保证小镇特色的鲜明性，小镇特色是否鲜明又在于能否凸显乡土特色。因此，在建设特色小镇时要注重利用乡土特色，比如纺线、织布等生活文化，土布服饰展示、传统婚庆仪式等民俗文化，踩高跷、推铁环等游戏文化，充分展现小镇乡土特色的原生性。特色小镇的开发只有充分挖掘小镇的乡土特色，保留文化底色，才能保证小镇特色的鲜活性，才能保证小镇的持久繁荣。比如，在云南丽江，很多小镇围绕着玉龙雪山、纳西文化申报建设特色小镇，但是，唯独鹰猎小镇摆脱东巴文化的束缚，深耕纳西人游牧狩猎的民族特性，精选鹰猎这一主题，弘扬纳西民族的壮勇，独辟蹊径，打造中国首个运动加休闲的鹰猎小镇，相信未来的丽江，鹰猎小镇是所有游客不得不去的一个地方。鹰猎小镇的灵魂就是鹰的壮勇，纳西人的雄迈！这与所有依附纳西文化的小镇直接形成了差异。②

第四，特色小镇的发展要注重差异化定位原则。比如，都是以古镇为特色的周庄、乌镇、西塘等，各有千秋。乌镇的开发重点在于景色景观，展现了古镇与现代化的完美结合；周庄完整地保存了明清时期的建筑，数不胜数的古桥成为代表景观；西塘被称为活着的千年古镇，最大程度地保留了当地的原始状态，充满生活气息，是小家碧玉式的文艺小镇，独特性一经形成，很难被模仿复制。③再比如，云栖小镇、梦想小镇都是信息经济特色小镇，但云栖小镇以发展大数据、云计算为特色，而梦想小镇主攻"互联网创业＋风险投资"。④

需要注意的是，特色小镇建设在做强特色产业的同时不能忽视小镇社区空间的营造。小镇建设要通过融合产业转型升级，挖掘小镇独特的文化资源，强

---

① 王璐璐：《打造绿色宜居小镇，构建新兴产业生态圈》，《中国企业报》2019 年 7 月 31 日。

② 陈仁科：《特色小镇：地产思维埋下十大隐患》，2019 年 8 月 27 日，见 https://new.qq.com/rain/a/20190513A068KI。

③ 付晓东、蒋雅伟：《基于根植性视角的我国特色小镇发展模式探讨》，《中国软科学》2017 年第 8 期。

④ 李强：《特色小镇是浙江创新发展的战略选择》，《中国经贸导刊》2016 年第 4 期。

化小镇特色，建立全方位发展的"特而强"的产业小镇。特色小镇建设过程中不仅要考虑如何对当地的自然生态、产业发展等进行改造，还需要将小镇居民的生活融入到小镇建设中。因此，特色小镇建设要坚持以人为本的原则，将小镇的教育、医疗、娱乐等产业和小镇特色相融合，补齐特色小镇基础设施落后的短板，提升小镇公共服务质量。[①]

二、明确"小而强""小而精"的规划

特色小镇与大城市有所不同，特色小镇建设更强调小空间、大作为。从过去规模型的增长变为质量型的增长，改变发展思路，强调"小而强""小而精"。从浙江等地提出建设特色小镇，到后来出台的各种支持特色小镇发展的政策，所有出台的导向性政策，都是追求特色小镇"小"的特点。特色小镇的"小"是指其规划面积一般不会大于 3 平方公里，其建筑面积不会大于 1 平方公里。特色小镇规划必须遵循"小而强""小而精"的规划布局，做到麻雀虽小、五脏俱全，积极探索在"螺蛳壳里做道场"。小镇在小的基础上应该进行"小而强""小而精"的发展规划。

第一，小镇建设要明确"小而强"的发展规划。小镇的"小而强"是建立在小镇具有鲜明特色的基础上，每个小镇的建设都要围绕环境、健康、金融、文化等不同领域，根据小镇自身条件，选择符合其自身定位的产业作为主攻发展方向，避免和其他小镇出现特色雷同的情况。"小而强"中的"强"是指小镇在发展特色产业时，政府更要为小镇的发展搭建好公共平台，为小镇产业的发展加大投入力度，打造"小而强"的小镇产业群，紧密围绕产业升级，努力将小镇特色产业做大做强，为小镇的未来产业发展树立高端目标。比如浙江特色小镇，定位最有基础、最有特色、最具潜力的主导产业，也就是聚焦支撑浙江长远发展的信息经济、环保、健康、旅游、时尚、金融、高端装备等七大产

---

① 张齐：《特色小镇 重在特色》，《河南日报》2018 年 7 月 11 日。

业，以及茶叶、丝绸、黄酒、中药、木雕、根雕、石刻、文房、青瓷、宝剑等历史经典产业，通过产业结构的高端化推动浙江制造供给能力的提升，通过发展载体的升级推动历史经典产业焕发青春、再创优势。①

第二，特色小镇要有"小而精"的发展规划。中国是城乡二元社会结构，只要涉及城市的建设，无不都是非常宏大，都是追求人口数量以及城市面积的提升，追求 GDP 的高速增长。但是，特色小镇建设并不是要搞得规模宏大、高端大气，"小鸟依人""小巧玲珑""小而精"是特色小镇最重要的一个特征。特色小镇的建设要从外延式的数量规模的发展向内涵式的质量品质的发展转变，做到"小而精"。特色小镇的发展与集约式发展理念相契合，打造精致小城、精致小镇，只有小镇做到"小而精"，才能够将小镇发展的活力调动起来，让小镇的未来发展充满生命力。

三、厘清政府与市场在小镇中的职能

特色小镇建设的成效如何，关键是要厘清政府和市场的职责分工，关键取决于政府是否能够给政策、给优惠，市场对特色小镇建设是否有热情、有动力。如果特色小镇建设只是依靠当地政策优势及当地的原生资源发展，政府没有规划，市场没有热情，那么特色小镇的发展必定是不可持续的。因此，特色小镇建设应该是在政府主导下，充分发挥市场作用，应该注意以下两点。

第一，要划清政府和市场在特色小镇建设中的职责。在借力市场建设特色小镇时，首先要注意分清政府和市场的界限。政府在特色小镇建设中要简政放权，为特色小镇的发展创造出以市场为主体的良好商业发展环境，借助市场力量建设特色小镇，即特色小镇的建设要注重政府引导，企业自我管理。特色小镇建设中的产业发展要以企业为主导，人才引进等也要通过市场中的企业自主完成。政府的主要职责是对小镇的长远发展进行规划，主要包括企业引进、公

---

① 李强：《特色小镇是浙江创新发展的战略选择》，《中国经贸导刊》2016 年第 4 期。

共基础设施建设、生态环境保护、文化保护等方面，企业在特色小镇的建设中要在政府规划的前提下自主经营、自主管理，要让市场在特色小镇的建设中起决定性作用。同时，小镇政府还要学会引导市场以及小镇居民来参加小镇的规划建设，要让其成为小镇建设的主人，成为小镇开发和管理的主体，实现小镇的多中心治理。①

第二，特色小镇建设借力市场驱动需要激发市场热情。借力市场驱动建设特色小镇，就是要借助市场的力量激发企业的热情建设特色小镇，鼓励企业参与特色小镇建设。政府要积极做好政策创新，根据小镇定位以及结合供给侧结构性改革，创新制度、资源供给模式吸引企业参与。小镇政府要积极与本地企业合作，了解其发展方向，和企业共同探讨传统产业如何转型升级、新型产业如何打开市场，推动政企合作共同促进小镇经济发展。

需要注意的是，特色小镇的建设虽然需要政府推动，但是不能由政府大包大揽，要保证市场的自主性、企业本身的创造力，政府要对符合当地小镇发展、成长性较好及具有市场前景的产业进行扶持，积极探索政府、银行以及企业多方参股的小镇发展模式，注重发挥民间资本的优势，并且可以采用 PPP等模式来推进特色小镇的建设。借力市场驱动建设特色小镇就是要深入研究小镇特色，创新商业布局，争取吸引更多的市场主体来对特色小镇进行投资，着重强调小镇的建设要由市场做主。

四、注重旧城改造与新镇建设

特色小镇建设会涉及旧城改造与新镇建设的问题。旧城改造不仅是经济发展的必然要求，还是中国城市发展的必然趋势。但是在旧城改造与新镇建设中如果不经过科学规划乱拆乱改乱建，必定会对一些历史城区的古建筑物造成破坏，导致具有小镇特色的建筑物消失，最后造成小镇建筑风格趋同，失去小

---

① 翁建荣：《高质量推进特色小镇建设》，《浙江经济》2016 年第 8 期。

镇的核心特色。所以，特色小镇建设应该在对城市科学规划的前提下，对城镇空间进行合理布局，在旧城改造和新城镇建设的同时将旧城区的历史文化精髓传承下来。特色小镇建设在进行旧城改造与新城镇建设时应该注意以下三点。

第一，要坚持"以人为本"原则。对旧城改造的目的是要提高当地居民的生活水平以及对当地的生活环境进行改善，特色小镇的建设目的同样如此。[1]特色小镇建设成功与否的关键在人，因此在旧城改造与新城镇建设时要以城镇居民的视角对小镇进行规划设计，对居住环境以及配套公共基础服务设施等影响因素进行综合分析，全方位考虑小镇居民的生活需求以及精神需求，以达到小镇建设符合民意的目的。

第二，要坚持总体控制原则。特色小镇建设在涉及旧城改造与新城镇建设时，最重要的是要保护原有的生态与文化环境，因此要坚持总体控制原则：（1）特色小镇的建设是城市发展的一部分，新镇的建设必须满足城市的基本交通、住宅以及公共设施等要求，特色小镇在改造过程中不能仅仅追求小镇的美观，而是要在公共基础设施能够满足小镇居民生活的条件下对旧城进行改造。（2）旧城中的一些老旧建筑物，不能够采取"一刀切"的方式全部推倒重建，而是要对其进行局部的修缮和改造。要根据旧城原有的景观和形象，对老旧建筑进行改造，完美地将旧城和新城环境相衔接。旧城改造的核心是修缮加改造，对于一些必须拆除的建筑，要保留其原有的特点，设法对建筑原有的景观特色进行恢复保存。[2]

第三，要坚持保护历史文物的原则。特色小镇建设涉及旧城改造与新城镇建设，在此过程中要保护小镇的历史文物。历史文物是一个小镇的品牌形象，在对小镇规划时的基本要求就是要注重历史文化传承。特色小镇的选址大多是有着丰富历史文化渊源的地区，旧城改造和新城镇建设可能会对小镇的历史文

---

[1]　周上钦：《旧城改造中交通先行战略探究——以成都市北部城区旧城改造总体规划为例》，《交通建设与管理》2015 年第 8 期。

[2]　于春洋等：《城市规划下的旧城改造思考》，《建材与装饰》2018 年第 28 期。

物、名胜古迹等造成一定程度的破坏。对小镇进行改造是为其重新赋予生命力的过程，所以在建设特色小镇时，要对小镇原有的建筑特色、历史文物等进行保护，要注重用现代设计手法对文化元素进行提炼，对风貌识别进行强化，将乡土特色元素融入到小镇规划之中，以做到与小镇建设风格与小镇文化特色相协调统一，打造特色小镇总体的韵律感，构建特色小镇新形象。

五、塑造特色小镇的地标特色

特色小镇不仅是一个经济概念，更是一个文化概念。我国特色小镇建设应注重塑造属于地方的地标特色，包括精神地标、文化地标和产业地标等，具体表现在小镇的入口、节点、边界、交通和街区等，培育地域文化场所精神和可识别性，而不仅仅是发展以经济和产业为主的区域生产力空间格局。地标特色更多地体现本土化、中国式和地方性，具有唯一性、差异化、符号性等特征，是小镇的灵魂和魅力所在。小镇的地标特色除了需要有经济支撑和差异性定位概念以外，更需要体现本土文化基因、能为本地生活与生产持续注入活力的"有根的"地方文化，使特色小镇真正成为"富民""福民""养心""续命"的特色区域发展极。①

第三节　特色小镇建设的关键事项

一、注重文化传承，打造竞争力

斯宾格勒曾讲过，"一切伟大的文化都是城市文化"，"但是真正的奇迹是

---

① 张登国：《我国县域城镇化发展路径研究》，人民出版社 2018 年版，第 190—191 页。

一个城市的心灵的诞生"。① 文化是城市发展的根本动力所在，随着全球化所引发的城市竞争，文化策略已经成为当今城市生存的关键所在。② 中国古村落保护第一人，著名作家、文学家、艺术家冯骥才指出：城镇化不是去乡村化，如果乡村文化消失了，那么城镇化将是单调乏味的。③

对特色小镇来讲，文化也是其特色"灵魂"，更应该讲究文化策略和文化传承。文化传承是特色小镇发展的内生动力，真正决定特色小镇成败的是文化特色是否鲜明，是否能够通过传承、杂糅、创新淬炼出特色文化，打造出小镇之魂。我国很多特色小镇存在"千城一面、万镇雷同"的现象，就是因为很多小镇建设时没有充分挖掘利用小镇的历史底蕴，只是单纯模仿其他小镇的建构模式，没有用当地文化凸显出小镇的生命力。特色小镇的建设要想有特色，必须要挖掘小镇的历史文化，将小镇文化特色融入到小镇建设中，展现出小镇的鲜明特色。传统文化是中华民族的瑰宝，要积极支持特色小镇的文化传承、保护和发展，让特色小镇成为民族文化传承和发展的重要功能平台和载体，这不仅是经济新常态下推动供给侧结构性改革的战略选择，也是促进新型城镇化的有效路径。④

第一，要对小镇内的历史古迹等进行修缮和保护，以及建造博物馆、艺术馆等来保存当地的文化遗产。刘易斯·芒福德曾讲过："一个形式和规模合理的博物馆，不仅是相当于一个实实在在的图书馆，而且可以通过有选择的标本和样品，用作了解世界的一种方法，这个世界是如此庞大而复杂，不这样的话人类的力量将远远不能了解它。这样一个合理的博物馆，作为了解的一种工具

---

① [德] 奥斯瓦尔德·斯宾格勒：《西方的没落 世界历史的透视》上册，齐世荣等译，商务印书馆 1995 年版，第 200 页。

② Zukin, S., *The Cultures of Cities*, Cambridge:Blackwell Publishers, 1995, p.271.

③ 冯骥才：《传统村落的困境与出路——兼谈传统村落是另一类文化遗产》，《民间文化论坛》2013 年第 1 期。

④ 付莉萍：《云南特色小镇发展与民族文化传承互动关系研究——基于丽江市民族文化特色小镇发展的实证》，《四川民族学院学报》2017 年第 4 期。

手段，将是对城市文化的不可缺少的贡献。"① 因此，政府尤其要通过建设博物馆等方式来保存和传承文化资源。此外，政府要对小镇范围内具有特色和传承意义的历史文化资源进行统计分析，以便对这些文化资源进行挖掘改造和充分利用。

第二，特色小镇建设要保护好当地的非物质文化遗产。当地政府、企业以及小镇居民要加大对当地非物质文化遗产的保护和传承。可以在小镇中建立非物质文化遗产保护基地，加强培养、培训专业的非物质文化传承人，推动非物质文化的保护、传承与发展。吸引更多的人来从事非物质文化遗产的保护工作，加强小镇文化传承功能，提升小镇文化传承水平。比如，对于泸沽湖摩梭小镇的建设而言，摩梭人的婚俗文化是全世界绝无仅有的，这就是当地最大的亮点，摩梭小镇的建设应把民族习俗文化做深、做透。②

第三，要着力打造小镇特色文化品牌。以小镇内的文化资源为基础，与小镇内外乃至全国全世界的文化机构合作，通过文化演出等方式展示宣传小镇的特色文化，通过文化产业塑造宣传小镇的特色文化品牌，形成别具一格的文化特色，打造小镇核心竞争力。比如，如今提起乌镇，人们不仅是想到一个传统的江南旅游特色古镇，而是能够想象到一系列国际艺术文化节、世界互联网大会、木心美术馆等系列文化意象，乌镇的江南古镇风貌与这些现代、时尚的文化活动融为一体，扩展了人们的文化想象空间。因此，在特色小镇文化品牌建设过程中，若能打造一两个综合性的文化艺术平台，通过举办文化艺术活动或民俗节庆活动，对其文化品牌建设将有巨大的促进作用。③

第四，在特色小镇建设过程中要利用当地文化发展文旅产业。在打造特色小镇时，一方面要注重文化传承；另一方面要将小镇的文化和当地旅游业的发展结合起来，以小镇深厚的文化底蕴来促进旅游业发展。政府和企业要在小镇中加强公共文化设施建设，比如通过互联网搭建小镇公共文化服务平台、建设

---

① [美]刘易斯·芒福德：《城市文化》，宋俊岭等译，中国建筑工业出版社 2009 年版，第 408 页。

② 左超：《增强特色小镇可持续发展能力》，《云南日报》2018 年 1 月 15 日。

③ 江凌：《擦亮特色小镇的文化品牌》，《经济日报》2019 年 4 月 7 日。

一些供游客了解咨询及能够提供基础服务的特色小镇文化服务站等，利用文化促进文旅产业发展，实现当地经济发展和促进小镇文化传承的双功能。

二、保护生态环境，塑造宜居空间

建设一个具有吸引力的特色小镇必须注重生态环境保护，为特色小镇打造一个宜居优美的生态环境不仅会成为小镇可持续发展的基础和保障，还将会成为特色小镇的独有名片。小镇建设时要注重强化生态环境保护思维，尊重自然规律，坚持绿色发展理念，实现自然生态与小镇经济的和谐发展。体现人与自然和谐共生的关系，营造一种"城市在花园中，花园在城中，人在森林中，森林在城中，人在花丛中，花在人丛中"的理想生活空间。[①]

第一，国家要做好特色小镇建设中的生态保护立法工作。特色小镇的生态保护需要有法律作支撑，政府要力争制定出一部推动特色小镇生态保护的综合性法律，为探索建设生态文明小镇的法治路径发挥示范作用。在特色小镇生态环境保护的立法中要妥善处理"保护"与"开发"的关系，一方面要贯彻注重生态保护要求，以严格的制度和严厉的法律保护特色小镇生态环境；另一方面，还要着眼于特色小镇经济发展目标的实现，出台政策指导小镇如何在保护生态环境的过程中利用生态环境促进当地经济发展，兼顾指导小镇民生改善、文化传承等内容。[②]

第二，政府要加强特色小镇的生态保护。在特色小镇的环境设计、建筑设计、循环经济、资源的利用和保护等领域都要有机融入"生态"理念，打造低碳的生活方式、茂密的生态森林、发达的生态农业、绿色的产业体系、生态的城镇交通体系等。尤其是在休闲旅游型特色小镇中要倡导绿色出游，控制小镇中的车辆，减少城镇的拥堵以及汽车尾气污染；为了保证小镇有一个良好的环

---

① 张鸿雁等：《城市化理论重构与城市化战略研究》，经济科学出版社2012年版，第246页。

② 乔军：《三江源生态保护：立法需求、问题分析与制度设计》，《青海社会科学》2018年第2期。

境，需要在特色小镇中合理增加垃圾桶的数量，引导小镇居民、游客进行垃圾分类、回收；政府要加大力度保护小镇环境，采取措施提高小镇的绿化覆盖率等；政府要对中小型企业加强监督，为中小型企业制定严格的生产标准，控制中小型企业污水以及废气的排放，并积极引导高能耗、高污染的中小型企业转型升级，建立现代化、信息化、绿色的新型产业链条，推动生态良好城镇环境的构建。①

第三，企业及当地社区居民也要共同努力保护特色小镇的生态。首先，可以在特色小镇中设立具有特色的、语句优美的爱护环境的标语；定期对小镇企业和居民进行环保主题的宣传教育，通过多方面措施来提高小镇企业和居民的环保意识。其次，对游客的行为进行科学引导，对破坏生态环境的行为制定相应的惩罚措施，以减少游客在小镇中的不文明行为。最后，环保部门、旅游部门等还要对小镇中的最大游客量进行估算，当在节假日游客数量超过小镇的承载量时，要采取限流或者分流措施，减轻小镇的生态负担，保护小镇的生态环境，保证小镇的健康可持续发展。

三、创新商业模式，营造持续动力

商业模式是小镇运营的活力，运营体验式、交互式的商业模式，为小镇聚集了大量的人流、物流、财流，是小镇活力之源。虽然我国特色小镇建设已经取得了初步成果，但是我国对于特色小镇的研究尚有很多局限性，对于小镇的商业模式如何构建、如何创新的研究还较少。但是特色小镇要想做到可持续发展，必须有其独特的商业模式。

第一，特色小镇创新商业模式，就是要对特色小镇的商业功能进行创新。特色小镇的类型要根据小镇的生产、生活以及生态等各种条件来决定，小镇类型不同，所要选择的商业模式也将有所区别，而不同的商业模式又会主导小镇

---

① 张登国：《我国县域城镇化发展路径研究》，人民出版社 2018 年版，第 224 页。

发挥出不同的功能。因此，在对特色小镇的商业模式进行定位时，要对小镇资源进行分析，精准定位特色小镇的核心产业，将当地的特色资本和小镇的商业发展相结合。充分利用现代信息科学技术，使小镇商业模式和自然资源、社会资源等相结合，联动发展。小镇中心的主要商业业态必须自持，自持商业物业必须引进有良好口碑的品牌企业经营，企业需缴纳保证金。小镇由专业部门对引进商家进行管理考核，设置引进退出机制，提升小镇商业服务水平。

第二，特色小镇创新商业模式，必须注重协调发展小镇的商业组织关系。特色小镇商业模式的构建与普通企业的发展模式有所不同，小镇的组织关系多是政府和市场之间的关系，特色小镇在建设中必须在政府起主导作用的同时发挥市场的决定性作用。小镇商业模式可以采取政企合作、企业承包等模式。要在厘清政府和市场界限的同时充分发挥政府和市场的作用，在政府引导下促进小镇产业链和市场的有效对接。小镇的龙头企业以及特色企业要从自身产品特色出发，找准自身市场定位，探索出不易被模仿的商业模式，减少搭便车现象。除此之外，政府还要积极引导民间资本参与特色小镇建设，增进小镇的市场活力。①

第三，特色小镇创新商业模式，必须注重商业规划。通过商业规划对小镇商业发展路径进行明确定位，确定主力发展的小镇产业链优势环节，制定小镇的招商政策，注重商业业态与小镇特色相匹配，加大优惠力度吸引特色企业进驻小镇，在不断创新中发展新业态。与此同时，引进其他商业业态作为辅助业态，通过融合不同商业业态优势，打造小镇特色产业链，创新小镇商业模式。

四、遵循城镇规律，顺应自然成长

特色小镇是社会发展到一定历史阶段的一种区域空间与要素集聚的发展模

---

① 吕靖烨等：《供给侧改革背景下我国特色小镇商业模式创新路径》，《上海商业（理论版）》2017 年第 11 期。

式，很多小镇都经过几百年积累、演变的自然发展历程，慢慢成长为特色小镇。特色小镇并不是一个短期推动的建设项目，遵循了城镇发展的内在规律，其成长需要历史文化基因、区位条件、产业基础、创业创新土壤、人才机制、政策导向等要素。比如，瓦滕斯水晶小镇起源于 1895 年，随着施华洛世奇家族的成长而成长，历经百年历史才成长为成熟的特色小镇。因此，我们在对特色小镇充满期待的同时，更要充满耐心，用培育新生命的心态建设一批真正激发基层发展动力、具有可持续发展活力的特色小镇。在政府政策对小镇建设短周期的要求下，特色小镇建设更要注意产业升级、文化培育、旅游发展引发的长期要求，避免产生新的"形象工程"和"跟风运动"等短期效应现象。[1]

五、坚持因地制宜，尊重根植性特色

有学者提出根植性的概念，根植性对地方特色形成有着本质的根本性作用，不同的地理位置、历史渊源、文化特质都会催生出不同的特色产业，这些就是根植性的表现形态，主要包括自然资源、地理因素、历史要素、文化传统、社会制度、社会结构等等。[2]特色小镇建设应尊重这种根植性，本质就是坚持因地制宜的原则。各个小镇资源禀赋、历史传统各异，应突出地域特色、产业特色、传统手艺、名人文化等，强调不可复制的唯一性价值。特色小镇还要因地制宜地选择能人返乡创业、家族传统延续、企业总部引领、名人文化催生、新型产业带动等不同的发展路径，要遵循特色小镇生长发育的特殊历程，不能照抄照搬其他地区特色小镇的发展运营路径，避免造成同质化现象。特色小镇建设须严格遵循习近平总书记所倡导的"吃透精神不照搬，因地制宜出特色"的要求，打造基于各地特色的地域经济结构空间，创造全新的与各地经

---

[1] 张登国：《我国县域城镇化发展路径研究》，人民出版社 2018 年版，第 191—192 页。

[2] 李景海、陈雪梅：《产业集聚根植性机理：一个综合的分析框架》，《河南社会科学》2011 年第 4 期。

济社会发展相结合的"特色小镇"。① 比如，浙江德清莫干山小镇的"洋家乐"就不同，遵循因地制宜的原则，把当地能利用的旧东西、老东西几乎全部都利用了起来，充分发挥它们的价值。再比如，吉林安图红丰矿泉水小镇，也是遵循因地制宜的原则，充分利用长白山矿泉水的根植性特色，打造了集工业、旅游、休闲于一体的长白山天然矿泉水小镇。

六、树立国际视野，谋划全球定位空间

特色小镇的打造，要高起点定位，不仅要立足国内，更要放眼全球，越是本土化的特色小镇，越具有世界性。借鉴国外特色小镇的建设经验，一个重要特征是产业定位和影响力往往是面向世界，如国外的香水小镇、达沃斯会议小镇、总部基地小镇等，这类特色小镇的影响力是立足本国，放眼国际，覆盖全球。对我国特色小镇的产业应进行国内产业分工体系、国际产业定位体系的研究，寻找差异化定位空间，创造唯一性价值，在全球产业链中占有一席之地。②

比如乌镇，以世界眼光，练就乌镇"国际范"。乌镇坚持对标国际、放眼全球、心存世界，从规划建设之初就坚持世界眼光，高标准规划，高品质建设。乌镇的总体产业布局是"一区三地"，即高标准建设乌镇世界互联网创新示范区、世界互联网产业高地、世界一流旅游目的地和智慧城市全国样板地。乌镇旅游、乌镇发展的"国际化"路线越来越成熟，乌镇不仅是中国的，也是世界的。一年一度的世界互联网大会·乌镇峰会，来自全球上百个国家和地区的嘉宾齐聚乌镇，展示最前沿的互联网技术，展开对话交流，推动全球互联网产业碰撞交融。在第五届世界互联网大会期间，来自76个国家和地区的政府代表、国际组织代表、中外互联网企业领军人物、知名专家学者等约1500名

---

① 张登国：《我国县域城镇化发展路径研究》，人民出版社2018年版，第192页。
② 张登国：《我国县域城镇化发展路径研究》，人民出版社2018年版，第192页。

嘉宾齐聚乌镇，围绕"创造互信共治的数字世界——携手共建网络空间命运共同体"主题，纵论网络空间发展大势大计，为推进全球互联网发展治理进程注入新动力、作出新贡献；乌镇戏剧节经过几年的发展，摇身一变成为世界舞台，《纽约时报》将乌镇戏剧节与法国阿维尼翁戏剧节和英国爱丁堡戏剧节并称为世界三大戏剧节。在 2018 年为期 11 天的乌镇戏剧节上，来自 5 大洲、17 个国家和地区的 29 部特邀剧目，共计 109 场演出在这里上演；随着乌镇戏剧节的影响力增大，越来越多的具有"国际范"的艺术活动在乌镇开展。2016 年 3 月"乌镇国际当代艺术邀请展"在乌镇北栅丝厂艺术馆和西栅户外举行，包括玛丽娜·阿布拉莫维奇、弗洛伦泰因·霍夫曼、荒木经惟、奥拉维尔·埃利亚松等活跃在当代艺术界的 15 个国家和地区的 40 位（组）著名艺术家参展。[①] 乌镇为什么与众不同？答案显而易见：眼光不一样，未来就不一样！

---

① 张萌、徐潇卓：《以世界眼光，练就乌镇"国际范"》，《嘉兴日报》2019 年 2 月 15 日。

参考文献

著作

1. 陈根编著：《特色小镇创建指南》，电子工业出版社 2017 年版。

2. [美] 丹尼尔·贝尔：《后工业社会（简明本）》，彭强译，科学普及出版社 1985 年版。

3. 国家发展和改革委员会编：《国家新型城镇化报告 2016》，中国计划出版社 2017 年版。

4. [意] 卡洛·M.奇波拉主编：《欧洲经济史　第五卷　上册　二十世纪》，胡企林等译，商务印书馆 1988 年版。

5. 刘俊杰：《县域经济发展与小城镇建设》，社会科学文献出版社 2005 年版。

6. [美] 刘易斯·芒福德：《城市文化》，宋俊岭等译，中国建筑工业出版社 2009 年版。

7.《马克思恩格斯全集》第 3 卷，人民出版社 1971 年版。

8.《毛泽东文集》第七卷，人民出版社 1999 年版。

9. [法] H.孟德拉斯：《农民的终结》，李培林译，中国社会科学出版社 1991 年版。

10. 周红编著：《特色小镇投融资模式与实务》，中信出版社 2017 年版。

11. 张登国：《我国县域城镇化发展路径研究》，人民出版社 2018 年版。

12. 张鸿雁、张登国：《城市定位论——城市社会学理论视野下的可持续发展战略》，东南大学出版社 2008 年版。

13. 张鸿雁等：《城市化理论重构与城市化战略研究》，经济科学出版社 2012 年版。

期刊和报纸

1. 柏源、马梓墨：《上海万科助力安亭新镇蝶变　共创特色小镇新标杆》，《中国经营报》2017 年 7 月 28 日。

2. 蔡禹龙、顾珣、马一宁：《从"田园市"到新城镇：中国城镇化的再思考》，《学理论》2016 年第 5 期。

3. 成岳冲：《发掘优秀文化资源　创建现代特色小镇》，《行政管理改革》2017年第12期。

4. 程兆君、徐飞：《打造特色小镇"扬州样本"　特色小镇：为何建　在哪建　怎么建》，《中国战略新兴产业》2018年第9期。

5. 陈建忠：《特色小镇建设重在打造特色产业生态》，《浙江经济》2016年第13期。

6. 陈李萍：《我国田园综合体发展模式探讨》，《农村经济与科技》2017年第21期。

7. 陈占江：《乡村振兴的生态之维：逻辑与路径——基于浙江经验的观察与思考》，《中央民族大学学报（哲学社会科学版）》2018年第6期。

8. 段小平、朱哲江、李鸥：《关于佛光山生态文化旅游产业园区"五位一体"创新"大区小镇"精准脱贫模式的调研报告》，《经济论坛》2016年第10期。

9. 付晓东、蒋雅伟：《基于根植性视角的我国特色小镇发展模式探讨》，《中国软科学》2017年第8期。

10. 范柏乃、胡超君：《地方治理理论视域下PPP模式在中国的运行困境及优化路径》，《中共杭州市委党校学报》2011年第6期。

11. 方乐：《特色小镇建设中的文化功能定位》，《城市学刊》2018年第2期。

12. 方创琳、马海涛：《新型城镇化背景下中国的新区建设与土地集约利用》，《中国土地科学》2013年第7期。

13. 方叶林、黄震方、李经龙、王芳：《中国特色小镇的空间分布及其产业特征》，《自然资源学报》2019年第6期。

14. 顾利民：《以"五大发展理念"引领特色小镇的培育建设》，《城市发展研究》2017年第6期。

15. 胡柏：《统筹城乡发展"五位一体"解决方案》，《中国国际财经（中英文）》2018年第8期。

16. 韩长赋：《新形势下推动"三农"发展的理论指南——深入学习领会习近平总书记"三农"思想》，《求是》2017年第2期。

17. 黄静晗、路宁：《国内特色小镇研究综述：进展与展望》，《当代经济管理》2018年第8期。

18. 金晶：《演化经济学视角下特色小镇与产业集群协同发展研究》，《经济视角》2017年第4期。

19. 贾中华：《基于增长极理论的新常态下中小城市经济发展战略研究》，《中国发展》2016年第4期。

20. 蒋卓晔：《特色小镇"特"在何处》，《人民论坛》2019年第22期。

21. 蒋婷：《浙江省特色小镇旅游功能评价体系构建》，《中国农业资源与区划》2019年第6期。

22. 蒋卓晔：《特色小镇不能没有"特色"》，《人民论坛》2019年第1期。

23. 刘欣英：《产城融合：文献综述》，《西安财经学院学报》2015年第6期。

24. 刘薇:《PPP 模式理论阐释及其现实例证》,《改革》2015 年第 1 期。

25. 刘荣增、王淑华:《城市新区的产城融合》,《城市问题》2013 年第 6 期。

26. 刘宇、张辰:《城市更新理论推动下的资源型城市矿业遗产活化利用研究》,《青海社会科学》2017 年第 1 期。

27. 刘士林、王晓静:《特色小镇建设实践及概念界定》,《中国国情国力》2017 年第 6 期。

28. 刘合光:《乡村振兴战略的关键点、发展路径与风险规避》,《新疆师范大学学报(哲学社会科学版)》2018 年第 3 期。

29. 刘馨秋:《农业特色小镇:如何定位与怎样建设》,《中国农史》2019 年第 3 期。

30. 刘晓萍:《科学把握新时代特色小镇的功能定位》,《宏观经济研究》2019 年第 4 期。

31. 吕靖烨等:《供给侧改革背景下我国特色小镇商业模式创新路径》,《上海商业(理论版)》2017 年第 11 期。

32. 李周:《推进生态文明建设 努力建设美丽乡村》,《中国农村经济》2016 年第 10 期。

33. 李文彬、陈浩:《产城融合内涵解析与规划建议》,《城市规划学刊》2012 年第 S1 期。

34. 李柏文等:《特色小城镇的形成动因及其发展规律》,《北京联合大学学报(人文社会科学版)》2017 年第 2 期。

35. 李凌岚、安诣彬、郭成:《"上""下"结合的特色小镇可持续发展路径》,《规划师》2018 年第 1 期。

36. 李小兰:《"田园城市理论"视域下浙江特色小镇发展探究》,《山西农业大学学报(社会科学版)》2017 年第 6 期。

37. 李志刚:《特色小(城)镇建设中的文旅融合》,《人民论坛·学术前沿》2019 年第 11 期。

38. 李宇军、张继焦:《从历史文化遗产角度,探讨特色小镇的内源型发展》,《宁夏社会科学》2019 年第 3 期。

39. 李娜、仇保兴:《特色小镇产业发展与空间优化研究——基于复杂适应系统理论(CAS)》,《城市发展研究》2019 年第 1 期。

40. 林峰:《特色小镇的 PPP 投融资模式》,《中国房地产》2017 年第 5 期。

41. 林向阳、廖中武:《特色小镇田园综合体的定位与规划》,《城乡建设》2017 年第 20 期。

42. 林辉煌、贺雪峰:《中国城乡二元结构:从"剥削型"到"保护型"》,《北京工业大学学报(社会科学版)》2016 年第 6 期。

43. 蓝枫:《PPP 模式助力特色小镇建设》,《城乡建设》2017 年第 1 期。

44. 罗清和、许新华:《转型时期经济特区与非特区如何协调发展的思考》,《广东社会科学》2014 年第 3 期。

45. 娄淑珍、王节祥:《平台企业主导型特色小镇》,《中国社会科学报》2018 年 8 月 15 日。

46. 芦楚屹、钟永恒、刘佳、王辉:《特色小镇信息服务平台构建研究》,《科技管理研究》2019 年第 6 期。

47. 闵学勤：《精准治理视角下的特色小镇及其创建路径》，《同济大学学报（社会科学版）》2016 年第 5 期。

48. 闵祥晓：《地方理论视角下的特色小镇建设》，《重庆社会科学》2018 年第 10 期。

49. 马仁锋、周小靖、李倩：《长江三角洲地区特色小镇地域类型及其适应性营造路径》，《地理科学》2019 年第 6 期。

50. 潘道远：《供给侧改革背景下的广东特色小镇：问题、思路与方向》，《城市观察》2017 年第 6 期。

51. 潘悦：《开放条件下中西部的区域开发：影响因素与路径选择》，《中国党政干部论坛》2011 年第 7 期。

52. 谯薇、邬维唯：《我国特色小镇的发展模式与效率提升路径》，《社会科学动态》2018 年第 2 期。

53. 谯薇等：《我国特色小镇发展现状、主要问题及发展路径探析》，《当代经济》2018 年第 8 期。

54. 乔军：《三江源生态保护：立法需求、问题分析与制度设计》，《青海社会科学》2018 年第 2 期。

55. 苏斯彬、张旭亮：《浙江特色小镇在新型城镇化中的实践模式探析》，《宏观经济管理》2016 年第 10 期。

56. 苏毅清、游玉婷、王志刚：《农村一二三产业融合发展：理论探讨、现状分析与对策建议》，《中国软科学》2016 年第 8 期。

57. 单卓然：《本期聚焦：特色小镇建设路径与发展机制研究》，《现代城市研究》2019 年第 5 期。

58. 盛世豪、张伟明：《特色小镇：一种产业空间组织形式》，《浙江社会科学》2016 年第 3 期。

59. 谭荣华、杜坤伦：《特色小镇"产业 + 金融"发展模式研究》，《西南金融》2018 年第 3 期。

60. 田翠杰等：《产城融合城镇化发展现状分析——基于全国 7 省（市）的调查》，《江苏农业科学》2016 年第 1 期。

61. 唐刚：《发展特色产业与实现新型城镇化——"特色小镇"模式的理论机制与经济效应研究》，《商业研究》2019 年第 6 期。

62. 吴健：《产、城、人、文四位一体建设特色小镇分析》，《智能城市》2018 年第 15 期。

63. 吴德进、陈捷：《要素集聚下特色小镇建设引领乡村振兴研究》，《福建论坛（人文社会科学版）》2019 年第 1 期。

64. 吴碧波、张协奎：《民族地区特色小镇脱贫攻坚的机理和模式——以广西为例》，《广西民族研究》2019 年第 1 期。

65. 卫龙宝、史新杰：《浙江特色小镇建设的若干思考与建议》，《浙江社会科学》2016年第3期。

66. 魏后凯：《实施乡村振兴战略和区域协调战略　推进中国特色社会主义现代化建设》，《财经智库》2017年第6期。

67. 温锋华：《中国特色小镇规划理论与实践》，《经济学动态》2018年第3期。

68. 王松、李金海：《特色小镇助推浙江省产业集群转型升级——以桐庐制笔业为例》，《中国经贸导刊》2017年第11期。

69. 王登海：《产城融合新态势：补齐"民生短板"　防范"假小镇　真地产"》，《中国经营报》2018年1月1日。

70. 王晖：《新型城镇化视角下特色小镇产业发展路径研究》，《经济研究导刊》2018年第25期。

71. 王丹：《中国特色小镇建设的文化融入》，《华南师范大学学报（社会科学版）》2019年第1期。

72. 王旭阳、黄征学：《推进中国特色小镇建设研究》，《区域经济评论》2017年第5期。

73. 王晓轩、张璞、李文龙：《佩鲁的增长极理论与产业区位聚集探析》，《科技管理研究》2012年第19期。

74. 王晓玲、安春生：《我国新型城镇化发展的对策建议》，《宏观经济管理》2017年第6期。

75. 王永昌：《云栖小镇快速崛起的特点》，《浙江日报》2016年1月4日。

76. 王国华：《特色小镇是政府主导的市场经济行为》，《经济》2017年第8期。

77. 王振坡等：《我国特色小镇发展进路探析》，《学习与实践》2017年第4期。

78. 王墨竹、姚建明：《特色小镇模式下的供应链资源整合研究——基于资源基础观的视角》，《未来与发展》2018年第7期。

79. 王竞一：《新时代特色小镇创新创业存在的问题及对策研究》，《当代经济管理》2019年第8期。

80. 王长松、贾世奇：《中国特色小镇的特色指标体系与评价》，《南京社会科学》2019年第2期。

81. 徐林：《政府主导的特色小镇模式亟待改变》，《中国农村科技》2018年第2期。

82. 徐林：《全新战略条件下特色小镇建设的意义、问题和健康发展的基本要素》，《中国经贸导刊（理论版）》2018年第5期。

83. 徐倩：《特色小镇的上海样本：产城融合塑造国际汽车城》，人民网，2017年7月28日。

84. 徐军、周慧敏：《打造美丽幸福的首善之区》，《中国改革报》2016年6月1日。

85. 徐伟、高帆：《特色小镇在中国城市边缘农村中的发展浅析》，《国土与自然资源研究》2018年第4期。

86. 徐梦周、潘家栋:《特色小镇驱动科技园区高质量发展的模式研究——以杭州未来科技城为例》,《中国软科学》2019 年第 8 期。

87. 席丽莎、刘建朝、王明浩:《"文化源"+"产业丛"——新时代特色小镇发育的动力及其机制》,《城市发展研究》2018 年第 10 期。

88. 许嫣然:《美国特色小镇——纳帕谷》,《中国城市报》2017 年 9 月 11 日。

89. 许正:《打造特色小镇,"融合"是关键》,《人民论坛》2018 年 4 月 25 日。

90. 谢天成、施祖麟:《农村电子商务发展现状、存在问题与对策》,《现代经济探讨》2016 年第 11 期。

91. 熊正贤:《乡村振兴背景下特色小镇的空间重构与镇村联动——以贵州朱砂古镇和千户苗寨为例》,《中南民族大学学报(人文社会科学版)》2019 年第 2 期。

92. 熊正贤:《特色小镇政策的区域比较与优化研究——以云贵川地区为例》,《云南民族大学学报(哲学社会科学版)》2019 年第 2 期。

93. 于水等:《特色小镇建设的国际经验及对江苏的启示》,《江南论坛》2018 年第 8 期。

94. 余婷婷:《解码杭州龙坞茶镇》,《中国房地产》2018 年第 2 期。

95. 余茜、许彦、李冬梅:《农业特色小镇发展水平研究——来自成都的证据》,《世界农业》2019 年第 6 期。

96. 余构雄、曾国军:《特色小镇专项政策文本传递的流变研究——基于内容分析法》,《城市发展研究》2019 年第 5 期。

97. 尹晓敏:《对当前浙江特色小镇建设存在问题的思考》,《浙江经济》2016 年第 19 期。

98. 阴映月:《乡村振兴战略提出的背景及意义探讨》,《现代化农业》2018 年第 4 期。

99. 姚尚建:《城乡一体中的治理合流——基于"特色小镇"的政策议题》,《社会科学研究》2017 年第 1 期。

100. 杨紫薇:《论资源型城市转型发展的机遇与挑战》,《中国经贸》2014 年第 21 期。

101. 杨梅、郝华勇:《特色小镇引领乡村振兴机理研究》,《开放导报》2018 年第 2 期。

102. 杨靖三、何建敏:《精准扶贫与特色小镇建设的对接研究》,《云南社会科学》2019 年第 3 期。

103. 曾江、慈锋:《新型城镇化背景下特色小镇建设》,《宏观经济管理》2016 年第 12 期。

104. 周睿超:《中小城市在增长极战略中的作用及其发展》,《东北师大学报(哲学社会科学版)》2010 年第 2 期。

105. 詹国辉、刘邦凡、王奕骅:《中心边缘理论与区域经济的研究脉络——兼评中心边缘理论与核心外围理论的逻辑差异》,《南京财经大学学报》2015 年第 4 期。

106. 张传秀:《欧洲国家特色小镇建设经验对我国的启示》,《党政干部论坛》2017 年第 8 期。

107. 张小依妮:《美国特色小镇的经营之法》,《新理财(政府理财)》2017 年第 5 期。

108. 张道刚:《"产城融合"的新理念》,《决策》2011 年第 1 期。

109. 张熠：《特色小镇产业集群的文献综述》，《现代商贸工业》2017年第26期。

110. 张立：《特色小镇政策、特征及延伸意义》，《城乡规划》2017年第6期。

111. 张永奇：《"田园综合体"与"城市综合体"的对立统一与运营策略——兼及"特色小镇"等概念的思考》，《农村经济与科技》2017年第20期。

112. 张鸿雁：《论特色小镇建设的理论与实践创新》，《中国名城》2017年第1期。

113. 张鸿雁：《中国新型城镇化理论与实践创新》，《社会学研究》2013年第3期。

114. 张许颖、黄匡时：《以人为核心的新型城镇化的基本内涵、主要指标和政策框架》，《中国人口·资源与环境》2014年第S3期。

115. 张浩：《从农村电商到特色小镇——"遂昌模式"详解》，《中国房地产》2016年第29期。

116. 张橙：《特色小镇功能定位与发展模式研究》，《现代商贸工业》2017年第25期。

117. 张冰超、史达、刘睿宁：《风险感知、政府信任与在地居民参与特色小镇建设意愿关系的研究》，《云南民族大学学报（哲学社会科学版）》2019年第4期。

118. 张继焦、宋丹：《民族地区的新型城镇化——以特色小镇为例》，《广西大学学报（哲学社会科学版）》2019年第3期。

119. 张丽萍、徐清源：《我国特色小镇发展进程分析？》，《调研世界》2019年第4期。

120. 张霞儿：《景观人类学视角的非遗特色小镇建构路径探析》，《贵州民族研究》2019年第3期。

121. 张颖举、程传兴：《中西部农业特色小镇建设的成效、问题与对策》，《中州学刊》2019年第1期。

122. 赵庆海：《国外特色小镇建设的经验与启示》，《人文天下》2017年第22期。

123. 钟娟芳：《特色小镇与全域旅游融合发展探讨》，《开放导报》2017年第2期。

124. 祝丽生：《擦亮特色小镇的"特色"名片》，《人民论坛》2019年第21期。

责任编辑：高华梓
版式设计：庞亚茹
封面设计：汪　阳
责任校对：黎　冉

图书在版编目（CIP）数据

中国特色小镇建设的理论与实践研究／张登国 著 . —北京：人民出版社，2019.11
ISBN 978－7－01－021497－9

I.①中… Ⅱ.①张… Ⅲ.①小城镇－城市建设－研究－中国 Ⅳ.① F299.21

中国版本图书馆 CIP 数据核字（2019）第 249592 号

中国特色小镇建设的理论与实践研究
ZHONGGUO TESE XIAOZHEN JIANSHE DE LILUN YU SHIJIAN YANJIU

张登国　著

人民出版社 出版发行
（100706　北京市东城区隆福寺街 99 号）

环球东方（北京）印务有限公司印刷　新华书店经销

2019 年 11 月第 1 版　2019 年 11 月北京第 1 次印刷
开本：710 毫米 ×1000 毫米 1/16　印张：15.5
字数：224 千字

ISBN 978－7－01－021497－9　定价：56.00 元

邮购地址 100706　北京市东城区隆福寺街 99 号
人民东方图书销售中心　电话（010）65250042　65289539